크레디토크라시

 V 아우또노미아총서52

크레디토크라시 Creditocracy

지은이 앤드루 로스
옮긴이 김의연 · 김동원 · 이유진
펴낸이 조정환
책임운영 신은주
편집 김정연
디자인 조문영
홍보 김하은
프리뷰 김상철

펴낸곳 도서출판 갈무리 등록일 1994. 3. 3. 등록번호 제17-0161호
초판인쇄 2016년 4월 30일 초판발행 2016년 5월 1일
종이 화인페이퍼 출력 경운출력 인쇄 예원프린팅 라미네이팅 금성산업 제본 일진제책

주소 서울 마포구 동교로18길 9-13 [서교동 464-56]
전화 02-325-1485 팩스 02-325-1407
website http://galmuri.co.kr e-mail galmuri94@gmail.com

ISBN 978-89-6195-138-8 94300 / 978-89-6195-003-9(세트)
도서분류 1. 사회과학 2. 사회학 3. 경제학 4. 정치학 5. 문화이론 6. 사회문제 7. 사회운동
8. 인문비평 9. 경제이론 10. 사회사상

값 20,000원

이 도서의 국립중앙도서관 출판예정도서목록(CIP)은 서지정보유통지원시스템 홈페이지(http://seoji.nl.go.kr)와 국가자료공동목록시스템(http://www.nl.go.kr/kolisnet)에서 이용하실 수 있습니다.(CIP제어번호:CIP2016010966)

크레디토크라시
CREDITOCRACY

부채의 지배와 부채거부

—

앤드루 로스 ANDREW ROSS 지음
김의연 · 김동원 · 이유진 옮김

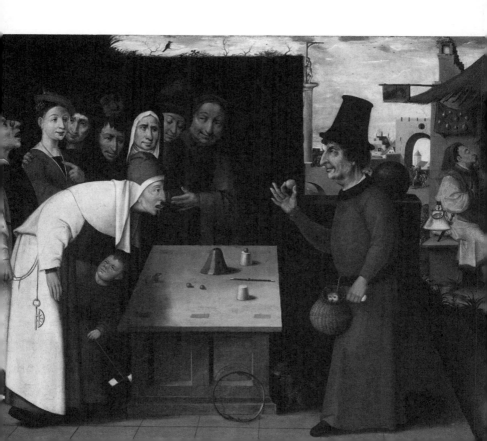

일러두기

1. 이 책은 Andrew Ross, *Creditocracy and the Case for Debt Refusal*, New York and London : OR Books, 2013을 완역한 것이다

2. 인명, 도서명 등은 필요한 경우 한 번만 원어를 병기하였다.

3. 외래어로 굳어진 외국어는 표준 표기대로 하고, 기타 고유명사나 음역하는 외국어는 발음에 가장 가깝게 표기하였다.

4. 단행본, 전집, 정기간행물, 보고서에는 겹낫표(「」)를, 논문, 논설, 기고문 등에는 홑낫표(「」)를 사용하였다.

5. 단체(위원회), 회사, 학회, 협회, 연구소, 재단, 법률, 조약 및 협약에는 필요한 경우 가랑이표(〈 〉)를 사용하였다. 정부 부처임을 쉽게 알 수 있는 고유명사에는 가랑이표를 사용하지 않았다(예 : 고등교육국, 주택국).

6. 지은이 주석과 옮긴이 주석은 같은 일련번호를 가진다. 옮긴이 주석에는 [옮긴이]라고 표시하였다.

2012년 말 한국의 가처분소득 대비 가계부채 비율은 163.8%에 이르렀다. 이는 OECD 회원국 평균인 134.8%보다 상당히 높을 뿐만 아니라 미국의 120.1%를 훨씬 웃도는 수치다. (2014년 2/4분기 들어 다시 증가세로 접어들긴 했지만) 2008년 이후 가계부채가 감소세를 보인 미국과는 달리 한국의 가계부채 총액은 2004년 이후 꾸준한 증가세를 유지하고 있다. 급기야 한국의 가계부채는 2013년 1천조를 넘어섰다. 국민행복기금 관리자들이 자랑삼아 내세우는 성과에도 불구하고 경제 분석가들에게는 이처럼 팽창하는 부채 총계가 머잖아 파멸적인 시나리오로 귀결될 것이라고 믿을 만한 근거가 충분하다.

북대서양 국가들의 경제학자, 심지어 신자유주의에 비판적인 학자들조차 부채위기는 종료되었으며, GDP 성장을 다시 제 궤도에 올려놓기 위해서는 차입을 재개하는 조치가 불가피하다고 결론 내린 듯하다. 이는 부적절한 분석이자 해로운 권고다. 무엇보다도 여러 가지 증거가 GDP 중심의 성장이야말로 환경 파탄의 원인임을 말해 주고 있기 때문이다. 하지만 이러한 진단은 오늘날 우리가 살아가고 있는 사회의 특성을 반영한다. 즉, 이 책에서 부채의 지배(크레디토크라시)로 묘사하는 사회 말이다. 부채가 지배하는 사회에서 채권자·계급의 권위는 마치 난공불락처럼 보인다.

1970~80년대 내내 그토록 많은 개발도상국에서 진보를 향한 상승의 동력을 억압했던 부채의 덫은 그 후 산업화한 사회들로 확산되어 왔다. 이제 부채의 덫은 북반구 전역의 주권국가와 가계를 침범하고 있다. 이 책은 문제의 전환이 어떻게 해서 발생하게 되었으며, 왜 "파산한 민주주의"를 초래하고 있는지에 관한 설명을 제공한다. 선출된 공직자들에게는 [2008년 금융공황 이후] 시민들의 채무를 덜어 줄 6년의 시간이 주어졌지만 정작 그들은 그럴만한 능력이 없음을 여실히 보여 주었다. 이러한 상황에서 민중들이 경제적 불복종 행동에 나서는 것은 당연하다. 남반구에서 제창된 부채거부 운동은 선진 경제권의 민주주의를 방어하는 행동으로 채택되어야 한다. 부채거부 행동을 옹호하는 채무자들의 운동은 반드시 그 모습을 드러낼 것이다. 일찍이 노동운동이 그랬던 것처럼……

2014년 6월 뉴욕에서,
앤드루 로스

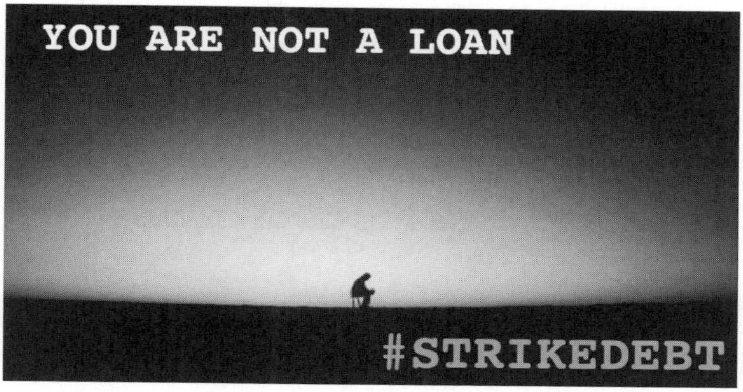
YOU ARE NOT A LOAN
#STRIKEDEBT

차례

서문

중절도 은행사업
부채의 형벌을 폐지한다는 것

2013년 4~6월 미국 은행들은 422억 달러라는 사상 최대의 분기별 이익을 기록했다. 고수익 보고서들이 공개될 때마다 늘 환호성을 내지르던 자들조차 잠시 멈칫거릴 만한 실적이었다. 아마도 그 일은 요란하게 선전되어서는 안 될 [따라서 조용히 자축해야 할] 고무적인 금융계 뉴스거리 가운데 하나였을 것이다. 무엇보다 수익의 가장 큰 몫이 정확히 6개 은행들(뱅크오브아메리카, 시티그룹, 웰스파고, JP모건체이스, 골드만삭스, 모건스탠리)에 돌아갔고, 산하 금융기관들의 탐욕이 2008년 세계경제를 파탄으로 내몰기 전보다도 이 은행들 모두가 한층 더 거대하고 강력해졌기 때문이다. 금융붕괴 후 5년 만에 규제기관의 권한 너머에서 활동하는 저들의 능력은 훨씬 더 확연해졌다. 2013년 3월 6일 미 법무부 장관 에릭 홀더^{Eric} Holder는 연방 상원 법사위원회에 출석해 다음과 같이 실토했다. 은행들의 수중에 과도하게 권력이 집중되어서 "은행가들을 기소하기는 어려우며⋯⋯법사위가 기어이 형사고발을 강행할 경우 국민경제는 물론 세계경제에도 부정적인 영향을 미치리라"는 것이다. 미국의 최고위 법률집행 당국자가 세계적인 불황을 초래한 은행가들에게 철저히 복무하는 (오늘날에는 대마불감大馬不監으로 간주되는) "대마불사"의 교리 앞에 속수무책임을 노골적으로 시인하는 광경을 신선하다고 해야 할까, 그도 아니면 그저 놀라울 따름이라고 해야 할까?

국제회계기준을 적용할 경우 [2013년] 미국 6대 은행의 결합자산 총액은 14.7조 달러(2012년 미국 GDP의 93%)로, 미국의 전체 은행자산 가액은 GDP의 170%로 평가되었다. 유럽의 상황은 한층 더 심각했다. 예컨대 독일의 은행 부문 총자산 가액은 GDP의 326%를, 투기적 급등세를 보이던 영국 은행들의 경우 492%를 기록했다.[1] 미국 은행들의 파생상품 위험 노출액만 하더라도 232조 달러까지 증가했다. 이는 저 위험한 내기의 단계적 확대가 금융붕괴를 재촉하던 2008년 이전보다 거의 3분의 1 이상 늘어난 액수다. 이와 같은 수치들은 GDP 대비 국채 총액 비율보다 훨씬 더 많은 것을 말해 준다. 비록 세간의 이목이 온통 GDP 대비 국채 비율에 쏠리고, 재정적자 강경반대론자들이 조소를 퍼부으면서 부당하게도 이 비율을 긴축 엔진에 시동을 걸 구실로 활용해 왔지만 말이다. 미국의 6대 은행들이 총 8.7조 달러에 이르는 부채 부담을 안고 있다는 뉴스 역시 그 못지않게 끔찍했다. 부채 간접비용 debt overhead, 사기적인 파생상품 위험노출, 국민경제 전반에 만연한 차입자본 이용, 변함없이 미약한 규제·감독의 조합으로 인해 2008년과 같은 금융붕괴가 재발할 위험성이 매우 높은 실정이다. 실제로 다수의 금융업계 종사자들은 2008년 위기 못지않게 파멸적인 몰락이 이미 준비되고 있는 것으로 보고 있다.

널리 알려진 은행가들의 강탈 증거들에도 불구하고 미국 정부에는 저들을 처벌할 수단이 없다는 홀더의 자인은 의미심장한 사건이었다. 특히 그 한복판에서 금권정치가들의 악영향을 억제하기 위한 투쟁들이 오랫동안 벌어져 온 민주주의 체제에서는 더욱더

---

1. Yalman Onaran, "U.S. Banks Bigger Than GDP as Accounting Rift Masks Risk," *Bloomberg News* (Feb 19, 2013), accessible at http://www.bloomberg.com/news/2013-02-20/u-s-banks-bigger-than-gdp-as-accounting-rift-masks-risk.html.

그러했다. 정부를 예속시키는 월가 거물들의 능력은 새삼스러울 것도 없다.[2] 1933년의 어느 서한에서 프랭클린 델라노 루스벨트는 다음과 같이 썼다. "당신도 나도 알다시피 이 문제의 실체적 진실은 앤드루 잭슨 시대 이래로 줄곧 다수의 중심 가운데 일개 금융 분파가 정부를 장악해 왔다는 것입니다."[3] 입법자들에 대한 장악이야 미국 금융업자들의 오랜 특권이라고 할 수도 있지만 전면적인 부채의 지배creditocracy가 출현한 것은 더욱 최근의 일이다. 채권자 계급의 권능이 절대적이고 확고한 지위를 획득하기 위해서는 금융화가 가계 구석구석까지 은밀히 침투해야 했다.

다시 말해 고삐 풀린 시장문명에서처럼 모든 사회재가 시장에서 거래되는 상품으로 전환되는 것만으로는 충분치 않다는 것이다. 널리 거래되는 재화든 아니든, 재화 각각의 구매비용이 부채로 조달될 수밖에 없을 때, 더 나아가 부채가 물질적인 삶의 질 향상은 물론 기본적인 생활 필수재에 접근하는 데서도 전제조건으로 자리 잡을 때 비로소 부채의 지배는 모습을 드러낸다. 금융업자들은 갖가지 자산과 소득의 흐름을 부채로 에워싸려는 시도를 통해 각각의 흐름에서 이자가 산출될 수 있도록 보장한다. 여기에 더해 ("나는 마스터카드로 비자카드를 막는 사람"이라는 1990년대의 범퍼 스티커 선전 문구에서 교묘하게 표현되었듯이) 기존의 부채를

2. Nomi Prins, *All the Presidents' Bankers: The Hidden Alliances that Drive American Power* (New York: Avalon, 2013)을 참조하기 바란다.

3. Letter to Col. Edward Mandell House (21 November 1933) in *F.D.R.: His Personal Letters, 1928~1945*, edited by Elliott Roosevelt (New York: Duell, Sloan and Pearce, 1950), p. 373.

갚기 위한 추가적 신용 공급원들이 일상적으로 요구될 때,[4] 우리는 한층 더 고도화된 채권자 지배의 단계로 접어들고 있음을 확실히 알 수 있다. 이러한 유형의 강요된 차입은 노동 빈곤층에게는 흔하디흔한 방식으로서 봉건제, [기한부] 계약노예제, 노예제 하의 전통적인 방식들보다 더 오랫동안 지속되어 왔다. 이 부채노예 시스템들은 각기 분익소작제sharecropping [5], 회사전표會社錢票, 고리대금업과 같은 동류의 후속 제도들로 이어졌다. 그리고 그 유산들은 소멸되지 않았으며, 오늘날 비우량 고객을 대상으로 하는 프린지 금융fringe finance [6] 분야에서 광범위하게 활용되고 있다. 문제의 부문에서 "빈자의 은행들"은 대부업체 밀집 지역Loan Alley을 따라 한 집 걸러 하나꼴로 길거리 점포들을 운영하고 있다. 그러나 가계부채의 굴레는 상위 계층으로도 확산되어 이제 대다수 인구에 영향을 미치고 있

---

4. Robert Manning, *Credit Card Nation: The Consequences of America's Addiction to Credit Cards* (New York: Basic Books, 2000), p. 27[로버트 매닝, 『신용카드 제국: 현대인을 중독시킨 신용카드의 비밀』, 강남균 옮김, 참솔, 2002].

5. [옮긴이] 분익소작제(sharecropping): 토지를 점유·경작하는 소작농이 토지 소유자에게 정률의 지대를 납부하는 소작형태. 지주-소작인 간의 투입재 비용분담, 지주의 신용 제공자 역할이라는 측면에서 봉건제 하의 생산물 지대형태와 구별된다. 맑스는 『자본』 III권 6편에서 분익소작을 본원적 지대로부터 자본주의적 지대로의 이행형태라는 견지에서 다룬 바 있다.(칼 마르크스, 『자본론』 III권, 김수행 옮김, 비봉출판사, 1990, 986~88쪽.) 그러나 역사적으로 볼 때 분익소작은 세계 곳곳에서 다양한 모습으로 존속해 왔다. 미국의 경우 노예제에 기초한 남부의 플랜테이션 경제에 뒤이어 출현한 분익소작제는 옛 흑인노예들에게 생존선 이하의 생활을 강요했다. 토지개혁의 실패로 '경자유전' 원칙이 뿌리내리지 못한 필리핀에서는 20세기에도 카사마(casama)나 아파르세로(aparcero) 등의 분익소작농이 빈농인구의 다수를 차지했다.

6. [옮긴이] 프린지 금융 부문은 전당업, 수표할인업, 페이데이 론 대부업, 소유권 이전 조건부 물품 대여업 등에 종사하면서 신용등급이 낮거나 아예 은행 계좌를 개설할 수 없는 도시 주변부의 빈민들과 금융소외 계층을 대상으로 폭리를 취하는 대부업체·유사금융업체를 망라한다.

으며, 대학교육을 받은 두 세대7마저 속박하고 있다. 미국의 소비자 부채 총액이 무려 11조 1천3백억 달러(2012년 미국의 국내 총생산은 15조 6천8백억 달러였다)에 이른 가운데 77%의 가계가 과중한 부채를 안고 있다. 게다가 미국인 7명 가운데 1명은 채권추심업자에게 시달리고 있거나 시달린 적이 있다.[8] 수익자 편에서 보면 부채의 지배로 향하는 극적인 전환점은 부채 레버리징, 자본이득, 파생상품을 통한 증권 시세조작, 그리고 그 밖의 금융공학에 따라 산출되는 "경제적 지대"가 더는 보충적인 소득원이 되는 데 그치지 않고 부와 영향력을 축적하기 위한 신뢰할 만하고 효과적인 수단으로 자리 잡을 때 출현한다.

중절도 은행사업

입수 가능한 증거들 전부와 — 선출된 고위 공직자로 일하든 빈손

---

7. [옮긴이] 〈제대군인원호법〉(G.I. Bill)의 시행과 함께 대학교육을 받은 구성원의 비율이 급증한 2차 세계대전 참전자 세대, 그리고 〈고등교육법〉 제정 등 일련의 국가적 지원책으로 인해 한층 더 확대된 대학교육의 수혜자로 등장한 베이비붐 세대(1946년~1964년 출생)를 가리킨다. 더욱 자세한 내용은 이 책 3장의 "지난날"을 참조하기 바란다.

8. 뉴욕 연방준비은행의 2013년 8월 보고서에 의하면 전체 신용평가서 중에서 (어림잡아 3천만 명의 소비자들을 망라하는) 15%가량이 채권추심에 따른 징수 내역을 기재하고 있는 것으로 나타났다. 다시 말해 미국인 7명 중 1명은 채권추심업체들로부터 시달리고 있거나 시달렸다는 것이다. *Quarterly Report On Household Debt and Credit* (August 2013), accessible at http://www.newyorkfed.org/research/national_economy/householdcredit/DistrictReport_Q22013.pdf.

으로 채권추심업체에 쫓기며 비참하게 살아가든 – 우리 자신의 많은 경험은 오늘날 완숙한 부채의 지배가 이루어지고 있음을 시사한다. 이러한 부채의 지배는 생산부문에서 산출된 이윤이 주를 이루던 독점자본주의의 이전 형태들과는 뚜렷이 구별된다.[9] 이 새로운 역사적 국면을 예증하는 방식들은 다양하다. 은행-정부 간 힘의 균형을 고려해 보기 바란다. JP모건은 1895년에 (그리고 1907년에 다시 한 번) 미 재무부를 채무불이행 위기에서 구해달라는 요청을 받았다. 하지만 재무부가 JP모건체이스에 구제금융을 제공할 수밖에 없었던 2008년 무렵 형세는 역전되었다. 그리고 향후 이 역관계가 또다시 뒤집힐 수밖에 없으리라는 전망에 의문을 품는 사람들은 거의 없다. 변화는 기업들의 이윤 창출 방식에서도 드러난다. GE와 GM처럼 산업 생산력을 활용해 경제를 지배하던 거대기업들은 이제 금융 자회사들이 창출하는 수익에 더욱더 의존하고 있다. 기본적으로 기업들은 더 이상 유형의 산출물을 낳는 생산적 대부의 적합한 수취자로 간주되지 않는다. 기업들은 이제 막대한 부채를 짊어진 채 금융 수수료와 이자를 뽑아내는 데 가차 없이 활용되는

---

9. Greta Krippner, *Capitalizing on Crisis: The Political Origins of the Rise of Finance* (Cambridge, Mass.: Harvard University Press, 2011); Costas Lapavitsas, *Profiting Without Producing: How Finance Exploits Us All* (London Verso, 2014); Joseph Stiglitz, *The Price of Inequality: How Today's Divided Society Endangers Our Future* (New York: Norton, 2012)[조지프 스티글리츠, 『불평등의 대가』, 이순희 옮김, 열린책들, 2013]; John Lanchester, *I.O.U.: Why Everyone Owes Everyone and No One Can Pay* (New York: Simon and Schuster, 2010); Michael Hudson, *The Bubble and Beyond: The Road from Industrial Capitalism to Finance Capitalism and Debt Peonage* (New York: Islet, 2012)를 참조하기 바란다.

차입매수leveraged buyouts의 표적으로 간주된다. 밋 롬니Mitt Romney의 베인 캐피털Bain Capital 경력과 그의 부친이 아메리칸 모터 컴퍼니 American Motor Company에서 쌓은 경력 간의 차이는 산업자본주의에서 금융자본주의로의 전환을 압축적으로 보여준다.[10] 오늘날 평범한 개인인 우리는 주요 신용평가회사들(에퀴팩스Equifax, 익스페리언Experian, 트랜스유니언Trans Union)의 상시적인 금융 감독 아래 놓여 있다. 채무자로서의 우리의 품행에 대한 신용평가회사들의 신용보고서, 신용평점, 신용등급은 수많은 경제적 필요와 욕구의 영역에 접근하는 수단을 통제한다. 신용평가회사들은 공적인 감독 시스템의 테두리 밖에서 영업활동을 수행하면서 오직 채권자 계급의 요구에만 반응을 보인다. 저들이 우리에게 귀속시키는 특징들은 우리의 현재와 미래의 사회적 지위 및 계급을 구분 짓는 인식표와 같다. 그러한 특징들이 미래의 행동을 예측하는 데 활용되기 때문이다.

우리는 99%에 속하는 사람들 가운데 점점 더 많은 이들이 결코 상환 불가능한 금융적 청구권 형태의 과중한 채무부담에 시달리고 있음을 알고 있다. 하지만 과연 누가 채권자 계급인지는 분명한가? 마거릿 대처의 "연기금 자본주의" 선동에 이끌려 노동자의 연기금 역시 금융시장으로 유입되었다. 게다가 이제 연기금은 공채, 특히 오늘날 긴축정책을 강행하기 위한 명분으로 활용되는 지방채

---

10. Matt Taibbi, "Greed and Debt: The True Story of Mitt Romney and Bain Capital," *Rolling Stone* (August 29, 2012).

municipal debt의 상당 부분을 보유하고 있다. 공식적이거나 법률적인 측면에서 보면 노동자는 채권자다. 따라서 파산절차 진행 과정에서 무차별적인 채권상각이 이루어지면 노동자는 손실을 보게 된다. 대처와 그녀의 신자유주의 계승자들이 조장한 "대중 자본주의적" 사고방식과의 교감하에 다른 모든 투자와 마찬가지로 연기금 투자 역시 위험에 노출된다. 게다가 연기금 관리자들은 가입자들과의 장기 계약조건 (자그마치 8%나 되는 연수익률) 이행을 위한 고도의 투기성 투자를 강요받는다. 따라서 그들은 과도한 수수료를 청구하고 고위험 파생상품을 떠넘기기 위해 기를 쓰는 월가의 모리배들에게 자산을 신탁한다. 기업 연기금은 기업 사냥꾼들에게 일상적으로 약탈당하고 있다. 국민연금기금의 경우 회계장부 결산을 위한 현금이나 헤지펀드와 사모펀드로 전환할 자산을 찾는 고용주 또는 정부들의 구미에 딱 맞는 먹잇감이 되어 왔다.

그러나 노동자들의 이익 전반에 피해를 주는 월가 펀드들의 투자 대행에 따른 모순들이 분명하게 나타나더라도, 퇴직저축 투자사업은 임노동으로서의 노동자 본연의 정체성과는 거의 관련이 없다. 설령 수십 년 후에 약속대로 연금이 지급된다 하더라도, 부채 지배의 일차적인 수혜자들의 경우와 마찬가지로 연금 수령자들의 주요 소득 역시 투자에서 창출되고 있는 것은 아니기 때문이다. "실물" 경제의 중요한 구성요소인 임금이 정체되는 동안 가계부채 증가에 시달려 온 노동자들이 금융공학적으로 설계된 과소[자본]과세의 세계에서 불로소득에 기식하는 게으름뱅이로 살 수 없음은 분명하다. 진정한 1% 채권자들의 수중으로 부의 순 이전이 이루어져 왔다는 자료 분석 결과는 경제적 지대가 저들의 수입과 자본주의적 소유권에 결정적이라는 사실을 보여 주었다. 이러한 지대 추출은 저 한 줌의 인구가 지난 30년 동안에 증가한 소득의 대부분, 더 나아가 사실상 최근 5년간의 소득 증가분 전부를 획득해 온 이유를 말해 준다.[11] 확실히 연기금 운용의 다각화와 401(k) 퇴직연금 제도의 확장은 이전보다 훨씬 더 많은 실물경제 영역의 생산적 노동 종사자들이 금융의 세계에 연루됨을 의미한다. 그러나 이 상황이 세계 내 존재로서의 우리의 의식을 실질적으로 바꿔놓지는 못했다. 우리 자신과 우리가 알고 있는 사람들 모두가 은행업자들이 쳐놓은 부채의 덫에 걸려들고 있다는 사실이야말로 문제의 상황에 비해 훨씬 더 엄중하기 때문이다.

은행, 증권 중개업체, 헤지펀드, 사모회사 등 그림자 금융 시스템 내에서 영업하고 있는 모든 법인은 그들 자신의 영향력과 특권

---

11. 에마누엘 사에즈(Emmanuel Saez)와 토마 피케티(Thomas Piketty)의 자료 보고서 시리즈 "Striking it Richer: The Evolution of Top Incomes in the United States"는 [최상위] 1%가 소득 증가분을 차지하게 된 경위를 개괄적으로 설명한다. 이 시리즈의 최초 보고서는 "Income Inequality in the United States, 1913~1998"로서 *Quarterly Journal of Economics,* 118(1), 2003, 1~39에 수록되어 있다. 최신 보고서는 http://elsa.berkeley.edu/~saez/saez-UStopincomes-2012.pdf에서 찾아볼 수 있다. 이 보고서는 경기후퇴가 공식적으로 종료된 이후 최상위 1% 소득자들이 이자 및 배당 수익의 95%를 차지했다는 사실을 보여준다. 또한, 조슈 바이븐스(Josh Bivens)와 로런스 미셸(Lawrence Mishel)의 "The Pay of Corporate Executives and Financial Professionals as Evidence of Rents in Top 1 Percent Incomes," *Journal of Economic Perspectives* (Summer 2013), 그리고 에드워드 N. 울프(Edward N. Wolff)의 "The Asset Price Meltdown and the Wealth of the Middle Class"(New York University, 2012)도 참조하기 바란다. 울프의 논문은 https://appam.confex.com/appam/2012/webprogram/Paper2134.html에서 접할 수 있다.

을 증진하는 데 관여한다. 하지만 이 회사들은 무엇보다 먼저 소유주, 고객, 주주, 직접 수익자들을 위한 축적 수단으로 기능한다. 이 회사들의 본업 그 자체는 다른 모든 사람을 가능한 한 오랫동안 빚을 진 상태로 붙들어 둠으로써 최대한의 경제적 잉여를 손에 넣는 것이다. 일부 부문들, 특히 주택 부문에서는 국가부채, 상업부채, 가계부채 등 금융붕괴를 초래한 모든 종류의 부채 증가 속도가 둔화되어 왔다. 그러나 의료 부문과 자동차 할부금융 부문, 특히 교육 부문의 부채는 지속적인 증가세를 보이고 있다. 머잖아 미국 국민의 교육부채 총액은 1조 2천억 달러에 근접할 것이다. 문제의 채무들이 결코 전액 변제될 수 없을 것이라는 탄식은 일상적이다. 혹자들에게서는 이러한 전망이 고민거리일지도 모르겠다. 하지만 그러한 고민은 핵심에서 벗어나 있다. 부채의 지배 아래에서 살아가는 시민들은 그들에게 지워진 빚을 청산하리라는 기대도 청산하라는 권고도 받지 않는다. 만약 우리가 어떻게 해서든 과거의 채무를 청산한다면, 결국 우리는 채권자들에게서 더는 쓸모없는 존재가 되기 때문이다. 연대보증인들의 경우에서 볼 수 있듯이, 문제의 핵심은 우리의 채무 상환이 생의 마지막 날까지, 심지어 사후까지도 연장된다는 데 있다. 부채, 특히 복리부채가 상환 능력보다 훨씬 더 빠른 속도로 늘어나는 것은 엄연한 사실이다. 최초 대부자들은 이 사실을 익히 알고 있으며, 이야말로 저들이 대출채권을 최대한 신속하게 팔아 치우는 이유다.

평생 부채상환의 짐을 짊어지고 살아가는 것은 이제 대다수의 실존조건이라고 할 수 있다. 그렇다면 이러한 삶이 시민권에는 어떠한 영향을 미치는가? 채무노예제의 길로 접어든 민주주의 체제가 과연 어떻게 살아남을 수 있을까? 정치적 자유를 향한 투쟁의 역사는 신용의 성장과 밀접하게 결부되어 있다. 제임스 맥도널드가 보여주었다시피 자유주의 사회의 민주적 제도들은 국채, 특히 전시공채 [강매]를 통해서 저리 자금을 차입한 덕분에 살아남아 번영을 누릴 수 있었다.[12] 그러나 지구적 네트워크로 구성되어 헤지펀드들의 투기적 베팅에 민감한 오늘날의 채권시장들에서는 정책 결정자들의 목표에 충실히 복무하기보다는 오히려 그들에 대해 "평가"하고 "규율"하며 "보상"하려는 경향이 더욱 강하게 나타난다. 날이 갈수록 중앙은행들은 국가부채 문제에 대처하느라 골머리를 썩이는 주권 정부들이 아니라 [상업]은행들의 지불능력을 보증하는 활동을 수행하고 있다. 오늘날 유기적 통일체를 이룬 채권자들의 고압적 간섭은 선출된 국민 대표자들의 민의 복종 의무를 일상적으로 유린한다. 급기야 세계 전역에서 "실패한 민주주의"가 출현하고 있다. 심지어 2012년 금융권력에 대한 민중적 저항을 무디게 만들기 위해 이탈리아 총리에 지명된 온건 기술 관료 마리오 몬티Mario Monti 조차 그 자신이 유럽에서의 "부채의 지배" 출현이라 불렀던 시스템에 반대한다는 의사를 공개적으로 표명한 바 있다. 몬티는 특히 외국계 국채 보유기관들에 부여된 선취권[우선 변제권]이 어떤 식으로 주권국가의 협치 실행을 방해하는가에 대한 주의를 환기했다. 이러

---

12. James MacDonald, *A Free Nation Deep in Debt: The Financial Roots of Democracy* (New York: Farrar, Straus & Giroux, 2003).

한 경향은 독일·프랑스·스위스·네덜란드계 거대 은행들의 행태를 통해서도 드러난 바 있다.

미국과 같은 나라의 신생 시민공화주의는 당연히 부채의 도덕 경제 육성을 통해 대부자와 차용자 간의 공정한 계약조건과 처우, 지급불능 사태 발생 시의 평등한 보호 수단을 보장해야 했다. 그러나 채권자들은 늘 우위를 점해 왔다.[13] 제퍼슨Thomas Jefferson은 투기꾼들의 약탈 행위를 맹렬히 비난하고 여전히 구세계를 괴롭히던 채무노예제의 종식을 염원한 당대의 유일한 인물이 아니었다. 제퍼슨은 특히 이전 세대가 지운 부채로부터의 자유를 일종의 자연권으로, 즉 "전쟁과 뒤이은 [전시]부채의 부과라는 시대적 경향에 대한 유익한 억제책"으로 간주했다. "부채의 영속화에 관한 현대의 이론은 온 세계를 피로 적셔 왔으며, 이 세계의 거주자들을 끊임없이 쌓여가는 무거운 짐에 짓눌리게 했다."[14] 그러나 신생 공화국이 최우선적인 과제로 삼은 것은 독립전쟁 부채 상환 비용을 누가 부담할 것인가를 둘러싼 결정이었다. 과세를 통해 독립 자영 농민들에게 비용을 전가하려던 시도들은 무장봉기를 촉발했다. 먼저 매사추세츠 중부와 서부 지역에서 세이스Shays의 반란이 일어났다. 반란자들은 법원을 봉쇄하고 수감된 채무자들을 석방했다. 그 후 펜실베이니아 동부 지역에서 위스키 반란이 발발했다.

---

13. Bruce Mann, *Republic of Debtors : Bankruptcy in the Age of American Independence* (Cambridge, Mass. : Harvard University Press, 2003).
14. Thomas Jefferson, Letter to John W. Eppes (June 24, 1813), in William Parker and Jonas Viles, eds., *Letters and Addresses of Thomas Jefferson* (New York : Unit Books, 1905), p. 221.

세이스의 반란에 참여한 농민-채무자들에 대한 공포는 미국 헌법 입안자들이 민주주의를 제한하고 소유권 보호를 정부의 지배적 기능으로 신성시하는 헌법을 서둘러 채택한 이유 가운데 하나였다. 주 대표자들이 독립기념관에서 만들어 낸 노예제도 타협안의 저 사악한 결과는 아프리카 노예무역을 출현케 한 부채노예화의 순환과 별반 다를 것이 없었다. 이러한 타협안 덕분에 여러 나라의 백인 자산 소유자들과 그 후손들은 지속적으로 이득을 보았다. 19세기 동안 월가 은행들이 농민들의 어깨 위에 걸머지운 막대한 부채, 과도하고 상환 불가능한 청구로 인한 파산, 채권자들의 요구에 따른 구금은 공화주의적 독립이라는 미국인의 이상을 한층 더 심각하게 훼손했다. 일방적인 채권자-채무자 관계는 정치적 자유의 신조와 미국적 삶의 현실 사이에 놓인 심연을 보여주는 더욱 섬뜩한 실례들 가운데 하나다. 여전히 대부자들에게 압도적으로 유리한 파산법령은 이러한 일방적 관계를 강화한다.

물론 채무노예제가 정치적 이상을 위험에 빠뜨린다는 우려는 미국의 공화정체가 수립되기 훨씬 전부터 제기되어 왔다. 역사적 기록은 채권자 계급의 권력을 억제하지 못하는 사회는 곧 채무노예제의 출현을 목격하게 되리라는 것을 가르쳐 준다. 즉, 민주정치가 과두정치로 변질되고, 신용이 더 많은 경제적 잉여를 흡수하기 위한 노골적 수단^{blunt instrument 15}으로 전화하며, 지대는 비생산적 자

---

15. [옮긴이] 'blunt instrument'는 즉각적이고도 강력한 효과를 기대할 수는 있지만, 실행 과정에서 막대한 사회적 고통과 부작용을 수반하기 때문에 지속 가능성의 측면에서 의심스러운 (정책) 수단을 뜻한다. 대체로 이러한 수단의 선택에는 만만치 않

"99%를 얽어매는 속박": 〈부채타파운동〉 디지털 밈(2012년 7월)

산들로부터 추출된다는 것이다. 우리는 다시 한 번 그러한 방향으로 나아가고 있는 것일까? 많은 논평자들이 채무자 감옥의 부활을 환기하거나 학자금부채를 기한부 노예계약의 한 형태로 비난하면서, 혹은 월가와 대부업계의 금융 관행들을 가장 극단적인 고리대 형태와 비교하면서 그와 같은 주장을 펼친다. 마찬가지 이유로 개발도상국은 물론 북반구에서까지 되살아나고 있는 부채 희년제 debt jubilee에 대한 관심은 고대 세계의 통치자들이 고안한 거시적 해결책을 상기시킨다. [안정적인 통치의 조건을 확보하기 위해] 은전恩典을 베풀어서라도 민중들 사이에서 '힘의 균형'을 복원하려고 사력을 다하던 고대 세계의 통치자들은 기존의 부채를 전면 폐기하고 채무노예를 해방했으며, 원소유자들에게 토지를 되돌려주었다.

이러한 논의는 현재 진행 중인 부채위기의 극단성을 보여준다. 모

은 정치적 위험 부담이 뒤따른다. 종종 '졸수'(拙手), (권력의) '과잉행사' 등으로 번역되기도 하지만 여기서는 전후 맥락을 고려해 '노골적 수단'으로 옮긴다.

든 증거는 전면적인 구제조치가 필요하며, 케인스가 "금리생활자의 안락사"라 부른 것에서 취할 바 있는 새로운 종류의 비수탈적 경제를 건설해야 함을 가리키고 있다. 아마도 신용의 생산적 사용을 지침으로 하는 사회를 지향하는 대안적 경로의 추구야말로 민주주의를 구해 낼 유일한 방법일 것이다. 그러나 기성 경제학자들, 심지어 신자유주의적 신조에 이의를 제기하는 경제학자들조차 위기의 존재 자체를 부인하고 있다. 존재하는 것은 오직 차입조달에 입각한 성장이 정상적인 효력을 재발휘할 때까지 관리 가능한 수준으로 제한되어야 할 채무"과잉"뿐이라는 식이다.

나는 이 책의 마지막 장에서 부채-성장 방식으로 복귀하는 것이 불가능한 이유를 분명히 보여줄 것이다. 1970년대의 소득 정체 이후로도 상당한 수준의 성장률이 달성될 수 있었던 것은 오직 연쇄적인 투기적 자산 거품 때문이었다. 우리는 거품 붕괴기마다 부채-성장 방식이 어떤 식으로 가공의 토대에 의존하는지를 확인할 수 있었다. 지속적인 호황이 유지되는 한, 호황 그 자체는 다분히 허구적이며 기껏해야 가공의 부를 창출할 뿐이라고 보아야 한다. 따라서 부당하게 시세를 부풀리려는 향후의 시도들 역시 똑같은 방식으로 끝날 수밖에 없다. 하지만 생태적 관점에서 볼 때 이러한 성장 방식이 결코 지속 불가능하다는 사실에는 의심할 여지가 없다. 1974년[1972년]에 발표된 중대 보고서 『성장의 한계』를 시작으로 GDP 중심의 성장이 생태계에 미치는 참혹한 효과를 입증하는 과학적 증거들은 이제 산더미처럼 쌓여 있다. 저 성가신 "채무과잉"이 해소되자마자 종전과 다름없는 사태가 재개된다면 생태계 붕괴는

가속화될 수밖에 없다.

여느 부당한 사회 제도들과 마찬가지로, 부채 지배 [시스템]의 현행적인 권력 장악이 종식되기 위해서는 사람들의 의식 속에 자리 잡은 이 시스템의 정당성에 대한 관념부터 사라져야 한다. 우리는 과연 그 길에서 얼마나 진전을 이루어 왔는가? 지난 5년간 은행가들에게 쏟아졌던 통렬한 비난을 고려할 때, 부채 지배의 정당성에 대한 관념[이 지금도 유지되고 있다는 겟은 은행가들의 자기투사적인 신비화가 먹혀들고 있다는 증거다. 자신들이 필수불가결한 사회적 구성요소로서의 지위 가운데 극히 일부까지 여전히 장악하고 있다는 식의 신비화 말이다. 은행가들의 사기 행각이 연이어 폭로되면서 하루걸러 한 번꼴로 저들의 불법행위와 부당이득에 관한 머리기사가 새롭게 쏟아져 나오고 있다. 사법당국의 수사는 급증하고 있지만, 가뭄에 콩 나듯이 (그것도 겨우 하위직에 한에서만) 유죄판결을 이끌어 낼 뿐이다. 훨씬 더 많은 경우에는 벌금, 변상금, 기타 과징금의 부과로 종결된다. 일부 민·형사소송의 합의금 액수는 막대하다. 이를테면 2013년 가을 무렵 JP모건체이스는 부실 주택담보대출채권을 묶어서 주택저당증권을 판매한 데 따른 130억 달러 규모의 합의 금액을 둘러싸고 미 법무부와 협상을 벌였다. 그중 벌금으로 부과될 액수가 20억 달러 미만이었고, 주택 보유자[구매자] 구제 몫으로 배정될 금액이 고작 40억 달러에 그쳤다는 점은 주목할 만하다.[16] 반면 손실을 본 투자기관들의 몫으로 할당된 액수는 70억 달러를 웃돌았다. 어떻든 JP모건과 동종업계 회사들의 수익은 그깟 과징금쯤은 대수롭지 않게 영업비용으로 처리할 수 있을 만큼 막대하다. 은행들이 거래를 위해 관습적으로 의지해 온 공공신탁public trust이라는 중대한 규준은 장기간에 걸쳐 심각하게 훼손되었다. 우리는 은행들이 판매하는 교묘한 금융상품들을 신용 사기나 다름없는 것으로 간주하게 되었다. 그리고 이제 우리는 저들의 위험한 행동에 수반되는 비용이 결국 우리에게 고스란히 전가되리라는 것도 알고 있다. 그런데도 은행들은 사회적으로 유익한 독립적 기관으로 전환시키는 것은 물론이고 개혁하는 것조차 쉽지 않을 만큼 절대적으로 중요한 기관으로서의 위신을 유지하고 있다. 무엇보다 중요한 것은 은행들의 로비 능력이 입법자들로 하여금 언제나 저들의 이익을 보호하도록 만든다는 사실이다.

아나트 아드마티Anat Admati와 마르틴 헬비히Martin Hellwig는 『은행가들의 새 옷』에서 다음과 같이 주장한다. "은행과 은행 업무는 특별하며 경제 영역의 여타 기업들과는 다르다는 신화가 널리 퍼져 있다. 그러한 신비주의적 경향과 날조된 주장들에 이의를 제기하는 사람들은 논의에 참여할 자격이 없는 자로 낙인찍힐 위험에 처한다."[17] 우리는 금융이란 비전문가들이 이해하기에는 너무나 복잡한 분야라고 믿도록 종용받는다. 이러한 신비주의적 분위기가 낳은 결과 가운데 한 가지는 너무도 많은 사람이 어떻게든 빚을 갚아야 한다는 고정된 사고방식에 갇혀 있다는 것이다. 우리는 자신들이 진

---

16. Peter Eavis, "Cost Aside, JP Morgan May Have a Good Deal," *New York Times* (November 20, 2013).

17. Anat Admati and Martin Hellwig, *The Bankers' New Clothes: What's Wrong with Banking and What to Do About It* (Princeton: Princeton University Press, 2013), p. 2.

빚은 상환하려 들지 않으면서도 고위험 대출채권을 타인들에게 고스란히 팔아치우는 거대 채권기관들의 무책임성과 사기 행위를 점점 더 분명하게 깨닫고 있다. 그런데도 우리는 여전히 저들에게 진 빚을 갚지 못하는 상황을 비도덕적인 것으로 여긴다. 물론 변호사, 법원, 경찰은 언제든 이러한 상황의 도덕률에 대한 복종을 강제할 태세를 갖추고 있다. 게다가 채무를 이행하지 못하면 평생을 따라다닐 신용평점도 곤두박질친다. 그러나 문제의 수단들은 어디까지나 강제의 수단들이다. 따라서 이 수단들은 동의의 메커니즘이 약화될 때 그 대용물로 기능한다. 오늘날 서서히 변화가 나타나고 있듯이, 동의하는 채무자의 심리가 체념에서 망설임으로, 더 나아가 저항으로 바뀌어 나가면 채권자들의 자기본위적 도덕주의가 누리던 권위는 영향력을 잃기 시작한다. 그 후에야 비로소 우리는 저 [벌거숭이] 은행가들의 [있지도 않은] 새 옷이 빚어내는 환상만 아니라면 틀림없이 강탈에 관여한 것으로 드러날 개인이나 기관들에 무엇 하나라도 빚진 것이 있는지를 실제로 문제 삼을 수 있다.

부채의 형벌을 폐지한다는 것

채권자 지배creditor rule의 유지 방식에 관한 시민교육은 더욱 확대되어야 한다. 이 책이 가계부채 거부의 가치를 옹호하는 것도 바로 그 같은 취지에서다. 정부가 지대를 추출하는 자들이 가하는 위해로부터 인민들을 보호할 수 없을 때, 채무부담이 자유 시민들에게 실존적 위협을 가할 때, 상환거부는 옹호할 만한 가치가 있는 시민 불복종 행동이 된다. 민주주의를 재발명하고자 하는 사람들에게는 아마도 그러한 거부가 일종의 책무나 다름없을 것이다. 〈남반구 주빌리 운동〉에 소속된 단체들이나 협력단체들은 이미 개발도상국의 부채탕감을 옹호해 왔다.[18] 이 부채탕감 옹호 단체들은 개발도상국 정부들의 외채 파기를 지지하는 도덕적·법적 근거를 마련해 왔으며, 세계에서 가장 빈곤한 지역 주민 일부의 채무경감을 이끌어 내는 데서도 일정한 성과를 거두어 왔다. 오늘날 북반구의 공적 부채[문제]는 만신창이가 된 유로존 주변부에서 디트로이트와 볼티모어처럼 사면초가에 빠진 구 공업도시군에 이르기까지 곳곳에서 실행되고 있는 긴축정책의 근저에 자리 잡고 있다. 이러한 공적 부채들 가운데 어떤 것이 정당하고 상환되어야 할 부채인지, 또한 어떤 것이 마땅히 거부되어야 할 부당한 짐인지를 가려내는 조사 과정은 이미 진행 중이다.[19] 이 책에서 주장하는 바와 같이 이제 그러한 절차를 가계부채, 특히 고작 기본적인 사회재에 접근하기 위해 가계들이 짊어져야 했던 부채로 확장할 때가 되었다.

아래에서 나는 부채거부 주장을 뒷받침하는 논거들 가운데 일부를 개괄하고자 한다. 논거들 대부분은 계량화할 수 있는 규정들

---

18. Damien Millet and Eric Toussaint, *Who Owes Who?: 50 Questions about World Debt* (London: Zed Books, 2004)[에릭 뚜생·다미앵 미예, 『신용불량국가』, 조홍식 옮김, 창비, 2006]; 그리고 *Debt, the IMF, and the World Bank: Sixty Questions, Sixty Answers* (New York: Monthly Review Press, 2010).
19. François Chesnais, *Les dettes illégitimes: Quand les banques font main basse sur les politiques publiques* (Paris: Liber, 2012).

이 아니라 포괄적인 도덕적 원칙들에 호소한다. 그렇더라도 이 원칙들을 어느 정도 구체적인 수치를 산출하는 방법에 적용하지 못할 이유는 없다.

·채권자에게 일방적으로 이익을 안겨 주거나 개인, 가족, 공동체에 사회적·환경적 손상을 입히는 대출은 피해 보상을 위해 재협상 되어야 한다.

·상환 능력이 없는 차용자들에 대한 대부는 부도덕하다. 따라서 그러한 채권에 대한 추심은 인정되지 않는다.

·수익이 넘쳐나는 은행들과 그 수혜자들은 호황을 누려왔다. 저들은 이미 충분하게 돌려받았으므로 추가적인 상환은 불필요하다.

·대부금은 원래 저들의 소유가 아니었다. 저들은 대부재원 대부분을 부분지급준비제도와 파생상품의 "마법"에 의지하는 수상쩍은 신용창조의 효력을 매개로 입수했다. 그처럼 손쉽게 창출된 부채에 근거한 불로소득 청구권은 구속력을 갖는 것으로 볼 수 없다.

·비록 정치적 제약조건들처럼 의도적으로 부과되지는 않았을지라도, 가계부채는 불가피하게 우리의 자유로운 사고 능력, 양심에 따른 행동 능력과 민주적 책임 수행 능력을 억압한다. 경제적 불복종은 민주주의를 보호하는 정당한 행동으로 인정된다.

·생존수단이나 교육·의료·공공기반시설 같은 필수적 공통재의 이용과 관련된 단기적 필요로부터 장기적 수익을 뽑아내는 행위는 고리대에 해당한다. 따라서 그러한 행위는 법적으로 무효화되어야 한다.

·각각의 채무원리금 상환은 은행의 대차대조표에 산입되는 비생산부문의 이익금으로, 또한 일자리를 창출하고 사회적 지출에 들어가는 적정 수준의 자금을 제공하며 공동체의 행복을 유지하는 "실물"경제 부문의 공제분으로 간주해야 한다.

·채무자에게 미래소득의 박탈을 강요하는 행위는 임금절도나 다름없다. 따라서 단지 일자리를 얻기 위한 육체적·정신적 예비교육 과정에서 발생한 부채는 거부되어야 한다.

·은행가들이 자행한 사기와 협잡, 그리고 앞으로도 저들이 그러한 반사회적 행동을 쉽게 중단하지 않으리라는 점을 고려할 때, 저들에 대한 우리의 추가적 보상은 도덕적으로도 유해할 것이다.

위에서 언급된 것은 완전한 목록이 아니라 시작일 뿐이다. 나는 독자들에게 이 목록을 새로운 문구들로 채워 줄 것을 요청한다. 이러한 도덕적 근거들과 더욱 실질적인 측정기준들의 정연한 결합을 통해서 과연 어떤 채무가 거부되고 또 어떤 채무는 이행되어야 하는지를 가려낼 수 있을 것이다. 무엇보다 중요한 것은 배경에 자리 잡은 광범위한 운동의 활발한 지원을 받으며 단결을 이루어 나가는 채무자들이야말로 가장 강력한 도덕적 근거를 제시할 수 있다는 점이다. 채권자들과의 개별적 협상이 얼마간의 개인적인 채무경감을 가져다줄 수 있을지는 모른다. 하지만 그러한 협상으로는 부채의 지배를 존속하게 하는 행위 규범들의 대체는커녕 변경조차 이루어 낼 수 없다.

일단 부채를 둘러싼 사람들의 일반적 심리가 상환의 도덕률에 대한 자동적 순응에서 결정적으로 벗어날 경우, 이 새로운 심적 경향은 어떻게 행동으로 전환되는가? 정부가 채무경감 대책을 공포할 가능성이 없다면, 채무자들은 필요한 수단을 모두 강구해서라도 자력으로 채무경감을 전취해야 할 것이다. 연간 수백만 명이 가계부채 상환불능 상태에 빠지며, 개인적으로 그 결과에 따르는 처벌을 받는다. 대규모 부채파업 형태의 집단적 채무불이행이 강렬한 정치적 충격을 던질 것이라는 점에는 그다지 의심할 여지가 없지만, 현시점에서 그러한 수준의 저항이 일어날 가능성은 크지 않아 보인다. 채무자들 각자가 처한 상황은 마치 지문과도 같아서 [지문처럼 서로 달라서] 부채를 둘러싼 조직화는 쉬운 일이 아니다. 하지만 채무자 운동의 출현 조건이 지금보다 더 무르익은 적은 드물다.[20] 비록 현시점에서는 우리가 조만간 출현할 채무자 운동이 어떤 형태를 취할지, 어떠한 경로를 밟아 나갈지, 무슨 전술을 채택할지 예측할 수 없다 하더라도 그러한 운동의 필요성은 자명하다. 깔끔한 구분 짓기를 선호하는 사람들이라면 다음과 같이 역사적 국면을 요약할 수 있을 것이다. 산업시대에는 임금을 둘러싼 분쟁이 중심적이었다면, 우리 시대의 주요한 갈등은 부채를 둘러싼 투쟁으로 전개되고 있으며, 진정한 해결책은 어떤 것이든 적어도 전성기의 노동운동만큼이나 비상한 수준의 조직화를 요구한다.

물론 기존의 부당한 부채를 폐기하는 것으로는 충분치 않다.

---

20. George Caffentzis, "Debt and/or Wages: Organizing Challenges," *Tidal* (February 2013).

기존 부채의 청산 그 자체로는 부채 레버리징이 계속해서 부를 상향적으로 재분배하고 민주주의를 억제하는 수단으로 사용되는 상황을 바꿔 낼 수 없다. 부채탕감은 단지 첫걸음일 뿐이다. 경제계획에 대한 월가와 여타 금융센터들의 통제력을 결정적으로 약화시키기 위해서는 사회적으로 생산적인 신용에 의해 운영되는 대안경제가 실현되어야만 한다. 대다수 사람들은 그러한 기대를 품기 어려울 것이다. 국가권력의 획득을 통해서만 성취될 수 있을 것처럼 보이는 현행 시스템의 방대한 해체 수리overhaul를 환기시키기 때문이다. 하지만 대안경제를 지지하는 수많은 제도와 활동은 이미 현존하며, 자력으로 성공을 일구어 내고 있다. 상호부조적이고 비영리적인 데다 공통적인 것에 기초하면서 공동체 지향적이기도 한 이 제도와 활동들의 영향력은 그 총계 면에서 일반적으로 알려진 것보다 훨씬 더 광범위하다. 신용협동조합, 노동자협동조합, 공동체지원농업Community-supported agriculture, CSA은 곳곳에서 뿌리를 내리며 구성원을 확대해 나가고 있다. 더 나아가 주류 경제가 붕괴한 그리스와 스페인 등지에서는 시간은행time banks, 소셜머니, 공동체 화폐를 망라하는 더욱 실험적인 활동들이 이루어지고 있다. 어쩌면 이처럼 현존하는 공통적 기획을 기반으로 삼는 것이 공적 부문의 신자유주의적 사유화를 중단시키는 것보다 더 쉬울 수도 있다. 그러나 교육·의료·사회기반시설과 같은 일부 사회재들, 특히 에너지에 관한 한 공적 급여는 여전히 매우 중요하다. 대안경제는 틀림없이 혼합경제, 즉 공적이자 공통적인public and commonist 경제체제일 것이다. 공적인 부문과 공통적인 부문이 어떠한 비율로 혼합되더라도 문제의 경제체제는 금융서비스 산업을 살찌우는 광적인 지대추구 행위 대부분을 용인하지 않을 것이며, 그럴 필요도 없을 것이다.

후속할 경제체제는 새로운 정치적 표현과 연합의 형태 없이는 유지될 수 없다. 역사적으로 채권자들은 공적 채무 상환에 대한 시민들의 동의를 보장할 대의 정부를 필요로 했다. 차용자로서의 절대군주가 그 자신의 채무에 대해 변덕스러운 태도를 보여 왔기 때문이다. 마이클 허드슨Michael Hudson에 따르면 "르네상스 이래," "은행가들의 정치적 지지는 민주정체 쪽으로 이동해 왔다. 이러한 변화는 흔히 말하는 평등주의나 자유주의라는 정치적 신념들이 아니라 자신들의 대부금에 대한 더욱 안전한 보호책을 갈구하는 은행가들의 욕망을 반영한다."[21] 민주적인 정부들은 좀 더 신뢰할 만한 고객으로 입증되었다. 비록 이 정부들도 여전히 정기적으로 국가채무를 이행하지 않았지만 말이다. 어느 추정치에 따르면 1800년 이래 국가채무 불이행 사태는 250차례 이상에 이른다.[22] 그러나 오늘날 입법자들은 점점 더 채권자들의 요구 앞에 속수무책으로 노출되고 있다. 그들에게는 정책 결정에 미치는 거대 금융기관의 영향력을 견제할 능력도 없다. 너무도 많은 청년이 이제 현행 대의민주주의의 작용을 부패한 막장 게임으로 간주한다. 대의민주주의는

---

21. Michael Hudson, "Democracy and Debt: Has the Link been Broken?" *Frankfurter Allgemeine Zeitung* (December 5, 2011) accessible in English at http://michael-hudson.com/2011/12/democracy-and-debt/.

22. Carmen Reinhart and Kenneth Rogoff, *This Time is Different: Eight Centuries of Financial Folly* (Princeton: Princeton University Press, 2009)[케네스 로고프·카르멘 라인하트, 『이번엔 다르다』, 최재형·박영란 옮김, 다른 세상, 2010].

이제 더는 의미가 없다. 이는 단지 채권자 계급 편에서 권력을 강탈했기 때문만은 아니다. 청년 활동가들은 1990년대 후반 이래 흔히 수평주의적인 것으로 불리는 다양한 방식에 따라 민주주의를 실천하고 있다. 협동적 네트워크 형성과 상호부조의 사회적 관습처럼 지도자 없는 정책 결정과 실행의 과정은 이제 적어도 한 세대 안에서는 기본 성향으로 자리 잡았다.[23] 아마도 우리는 이제 그러한 활동을 더욱 인간적인 미래를 "예시하는" 실험적인 실천으로 불러서는 안 될 것이다. 정치적 의식을 지닌 사람들 사이에서 그것들은 지극히 규범적인 성향이 되어 왔으며, 향후 시민사회의 주된 흐름으로 자리 잡아 나갈 가능성이 크다. 그러한 일이 일어날 때 우리는 비인격적인 화폐적 채무관계들이 실제로 따뜻한 사회적 유대로 전환될지를 가늠할 수 있을 것이다. 서로를 북돋는 빚, 즉 우리의 자유를 영위하는 과정에서 서로에게 지는 빚 말이다.

나는 경제학자가 아니며, 이 책에서 활용되는 금융지식은 전문가의 전유물이 아니다. 신용에 대한 나의 이해 가운데 많은 부분은 2011년부터 월가 점거운동과 전 세계 저항운동들 내부에서 출

---

23. Marina Sitrin and Dario Azzelini, *They Can't Represent US! Reinventing Democracy from Greece to Occupy* (New York : Verso Press, 2013); David Graeber, *The Democracy Project : A History, a Crisis, a Movement* (New York : Spiegel and Grau, 2013)[데이비드 그레이버, 『우리만 모르는 민주주의』, 정호영 옮김, 이책, 2015]; Michael Hardt and Antonio Negri, *Declaration* (New York : Hardt and Negri, 2012)[안또니오 네그리·마이클 하트, 『선언』, 조정환 옮김, 갈무리, 2012]; A.J. Bauer, Cristina Beltran, Rana Jaleel, and Andrew Ross, eds., *Is This What Democracy Looks Like?* (New York : Social Text, 2012), accessible at http://what-democracy-looks-like.com/.

현한 부채저항 행동계획 참여자로서의 독학의 산물이다. 또한, 이 책은 도덕적 논평과 정치적 옹호의 결과물이지 학문적 분석은 아니다. 이 책이 학술 연구에 기초를 두고 있는 것은 사실이지만 말이다. 예컨대 나는 부채 감사의 장점들을 논하지만 어떤 부채들이 부당하고, 또 어떤 부채들은 상환되어야 하는지를 판정하기 위한 진전된 기술적 규약을 제시하지는 않는다. 그러한 작업은 여기서 제시된 상환거부의 도덕적 원칙들을 기반으로 앞으로도 계속해서 수행되어야 한다. 이 책은 드문 예외를 제외하고는 채무자들 자신의 목소리나 이야기를 특별히 중요하게 다루지 않는다. 그러한 사례들은 인터넷이나 그 밖의 매체들에서 손쉽게 찾아볼 수 있다. 그러나 이 책은 공공연히 표출되는 그들의 주장에서 직접적인 영감을 얻었다. 그것은 억눌려 있던 비통함, 분노, 연대의식의 생생한 분출이었으며, 많은 사람의 의식 속에 더는 수치심과 채무자의 숙명인 죄책감에 사로잡혀 침묵하지 않는 자들을 위한 커밍아웃의 순간으로 각인되었다. 마지막으로 이 책에서 제기된 주장들이 문제의 순간에 대응한 〈부채타파운동〉과 〈오큐파이 학자금부채운동〉Occupy Student Debt Campaign 동료들 사이에서 공유된 논의와 직접행동의 산물이라는 점 또한 강조해 두고자 한다.[24] 바로 그 점에 비추어 볼 때 이 책은 운동의 책이다. 비록 부채타파 운동이 여전히 자신의 목소리와 설 자리를 찾아 나가는 중일지라도.

---

24. Occupy Student Debt Campaign at http://www.occupystudentdebtcampaign. org and Strike Debt at http://www.strikedebt.org.

1장

우리 모두는 회전결제자다

박탈당한 권리들?
빚을 갚는 순간 우리는 말라죽을 것이다
북반구의 이중고

1975년 삼각위원회에 제출된 악명 높은 보고서는 서구 엘리트들이 새로운 위협에 직면하고 있음을 시사했다. 보고서 작성자들은 이러한 위협을 "민주주의의 과잉"으로 묘사했다. 문제의 보고서에 따르면 유권자들은 더는 수동적으로 지배받으려 들지 않았고, 그로 인해 여성·게이·소수민족집단·도시빈민·학생·탈식민화된 국가들의 야심만만한 시민 등 전에 없이 대담해진 시민들로부터 온갖 요구들이 쏟아져 나오고 있었다. 보고서 작성자들의 눈에는 통상적으로 무관심한 태도를 보이던 시민들이 정부에 "과부하를 거는 것" 자체가 위험한 사태로 비친 것이다. 이들은 선진공업국들이 필요로 하는 것은 "훨씬 더 절제된 민주주의"라는 말로 보고서를 끝맺는다. 절제된 민주주의가 확립되지 않을 경우 새롭게 터져 나오는 그 모든 요구는 기대상승의 혁명을 유발하리라는 것이다.[1]

그 후 수십 년간 음모이론가들의 단골 소재인 삼각위원회의 지위에 온통 관심이 집중되는 바람에 덮여 버리긴 했지만, 저 모반의 목소리들을 엄중히 단속하라는 메시지는 매우 불길한 징조였다.[2] 우익 자경단원들은 세계 단일정부에 관한 객담을 늘어놓으며 재계 거물, 정계 중진, 정력적인 정책 전문가로 구성된 삼각위원회의 선출되지 않은 유력자들을 잔뜩 치켜세웠다. 그 바람에 삼각위원회

---

1. Michel Crozier, Samuel Huntington, and Joji Watanuki, *The Crisis of Democracy: Report on the Governability of Democracies to the Trilateral Commission* (New York: New York University Press, 1975).

2. "The Carter Administration: Myth and Reality," in *Radical Priorities* (Montreal: Black Rose Press, 1981)에 수록된 삼각위원회에 관한 노암 촘스키(Noam Chomsky)의 분석을 참조하기 바란다.

가 엘리트 집단의 여론과 정책 결정에 미치는 실질적 영향력은 대체로 무시되고 말았다. 하지만 드러내지 않고 활동하는 이 비밀결사 역시 공교롭게도 주권국가의 유권자들 앞에 책임을 지지 않고 운용되는 가협정에 따라 출현한 – 세계무역기구, 유럽연합 집행위원회, 세계지적재산권기구, G8, 트로이카[3] 등 – 선출되지 않은 여러 국제기구 가운데 하나였을 뿐이다.

이 기구들이 특유의 수법을 동원해 민주주의의 "절제"를 전면적으로 부추겨 왔다는 사실은 의심할 여지가 없다. 아마도 이 기구들은 민주주의의 퇴행까지 불러왔을 것이다. 그러나 훨씬 더 효과적인 수단들이 활용될 수도 있다. 이 수단들은 절박하게 신용을 필요로 하거나 더욱 안정된 삶을 간절히 꿈꾸는 사람들 누구에게나 제시되는 채무계약서의 형태를 취한다. 설령 그러한 계약서들이 인정하기도 어렵고 감내할 수도 없는 구속과 무거운 짐을 부과하더라도 말이다. 물리적 억압을 제외할 경우 저마다의 어깨 위에 지워진 부채는 현대의 자유시민들에 대한 가장 확실한 억제 수단으로 입증되었다. 이러한 자유의 구속이 평등한 접근권이라는 미명 아래 이루어진 신용팽창의 의도치 않은 결과에 불과할지라도 사회적·정치적 훈육 수단으로서 그보다 더 쓸 만한 방도는 없었을 것이다. 2차 세계대전 이후 상당수의 북반구 사람들 사이에서 그러했듯이, [한때] 부채 차입은 중산층 편입과 소비자 편의를 도모하는 방

---

3. [옮긴이] 포르투갈, 아일랜드, 그리스, 스페인 등 금융위기가 발생한 유로존 국가에 구제금융을 제공해 온 국제 채권단을 가리킨다. 국제통화기금(IMF), 유럽중앙은행(ECB), 유럽연합 집행위원회(EC)로 구성된다.

편으로 기꺼이 활용되었다. 하지만 이제 빚을 내고 말고는 타산적인 선택의 문제가 아니다. 부채는 보편적이고 영속적인 조건이 되어 왔다. 따라서 대다수에게서 부채는 종속되지 않고서는 어찌할 도리가 없는 조건으로 경험된다.

쥐어짜기 기술의 대가들에게는 준수해야 할 두 가지 황금률이 있다. 1) 어떤 경우에도 채무자들의 부채상환이 중단되지 않도록 할 것, 2) 채권자들의 금융 손실이 항상 변제되게 만들 것. 첫 번째 규칙의 실행 메커니즘은 신용평가회사, 채무자에게 결정적으로 불리한 법률, 임금과 사회보험 급여를 압류할 수 있는 채권자의 권력, 새롭게 부활한 채무자 감옥을 망라한다. 부채의 짐에서 벗어나기를 꿈꾸는 채무자들을 에워싸고 무력하게 만드는 강력한 도덕주의도 그 못지않게 효과적이다. 부채의 지배 아래에서 상환 약속을 어기는 것은 매우 강력한 금기 사항이다. 금융서비스 산업의 가공할 만한 권력은 입법자들로 하여금 대부자 권리 옹호의 의무를 다하기 위해 점점 더 채권자들의 이익을 우선시하도록 내몰고 있다. 너무도 많은 선출직 공무원들이 주요 은행들의 조종을 받고 있다. 각국 정부들은 채권시장의 초법적 징벌 [시스템]에 휘둘려 거대 채권단이 구원을 요청할 때마다 공적 구제금융을 승인하지 않을 수 없다. 반면 정부들은 은행가들의 무모한 투기로 인해 파산한 소액 채무자들의 더욱 정당한 요구에는 퇴짜를 놓는다.

이 규칙들은 단순한 경제적 처방에 그치지 않으며, 어떻게든 불로소득 수혜자들의 최대수익을 보장하도록 교묘하게 설계되어 있다. 이 규칙들은 또한 최근 수십 년 사이에 케인스주의의 얕은 무덤에서 깨어난 지대추구 사회의 실질적인 협치 원리이기도 하다. 정치계급은 은행가들의 왕당파적인 행동을 견제할 수 있을 때조차도 더는 자신들이 그와 같은 조치를 취할 수 있으리라고 생각지 않는다. 2008년 공황 직후에도 반복적으로 그랬듯이, 은행들은 대출을 거부할 수 있지만, 정치인들은 구제금융 기한 연장을 거부할 수 없다. 미국의 경우 양적 완화를 통한 유동성 살포 규모는 지금도 매월 850억 달러에 이른다. 고작 이러한 사회에 채무자–시민debtor-citizens으로 참여하기 위해 우리가 치러야 할 대가는 무엇인가? 우리는 오로지 월부 상환 부담에 시달리며 근근이 살아가도록 짜인 자기 강제의 행위규범을 받아들인다. 채무 변제를 위해 현재의 우리를 더욱 긴 시간 동안 한층 더 고된 노동으로 몰아넣는 세계, 복리의 이자가 미래를 잠식해 버린 세계에서는 대안사회를 창조하는 노동은 물론이고 그러한 사회를 상상하는 노동까지도 간단히 무시되어 버린다. 결국, 이제는 근근이 먹고 살아가는 일조차 매우 어려운 지경이 되고 만 것이다.

이러한 조건이 금융 "혁신"에 의해 유지되는 방식을 분명히 보여주기 위해서는 회전신용 기법을 검토할 필요가 있다. 회전신용 기법은 1960년대 무렵 백화점 고객을 대상으로 한 외상거래에 최초로 도입되었다. 그 후 이 기법은 신용카드 발행사들에 의해 채택되어 오늘날 가장 수익성이 높은 소비자 대출 수단 가운데 하나로 자리 잡았다. 회전신용 약정하에서는 이용자들이 그들 각자의 [한도]대출 상황을 통제할 수 있는 것처럼 보인다. 따라서 이용자들은 월별 상환액을 선택한다. "자격" 심사에 의존하는 신용조사 담당자는 더 이상 차용자들을 상세히 조사하거나 [회전신용 계약 기간을 넘기지 않는 한] 상환 일정을 못 박아 제시하지 않는다. 은행들은 여전히 신용한도를 설정한다. 하지만 우리가 한도액을 모두 사용하자마자 은행들은 아주 기꺼이 새로 발행된 사전승인 카드를 우편으로 보내준다(미국에서 사용 중인 신용카드는 15억 매에 달하며, 이는 거의 인구 1인당 5매에 해당하는 발행량이다). 회전결제자를 옭아매는 사고의 덫은 매우 정교하게 고안된다. 우리는 대체로 상품 구매나 그 밖의 지불을 위해 신용카드를 사용하는 순간 사실은 우리 자신이 은행에서 돈을 빌리고 있음을 의식하지 못한다. 한편으로 부채 상환의 도덕률은 우리에게 채무이행을 위해 노력하면서 최소금액 결제 의무 불이행의 발단이 되는 잠재적 행동에 대해서는 [우리 스스로] 책임을 지도록 요구한다. 다른 한편으로 카드 발급 은행들은 결코 매월 말 고객들의 비자카드와 마스터카드 대금이 완불되기를 원치 않는다. 은행 수익은 가맹점 수수료와 연체금의 지속적인 유입에 의존한다. 따라서 은행들은 부채 상환의 무기한 연장을 목표로 삼는다. 이용자들이 점점 더 학자금부채, 의료비 부채, 주거부채를 상환하는 데 신용카드를 사용함에 따라 중단 없는 수익 흐름은 필연적 현상이 된다. 신용카드 발행사들은 실제로 약 15%의 현행 이율 수준에서 (15,185달러의 빚을 지고 있는) 평균적인 채무자로부터 금융 수수료와 위약금 수수료[4] 명목으로 연간 2,277달러를 거

---

4. [옮긴이] 위약금 수수료(penalty fees)는 연체이자와 승인한도 초과사용 수수료로 이루어진다.

뒤들인다. 게다가 대다수 신용카드 발행사들처럼 이자를 일일복리로 계산할 경우 그 액수는 훨씬 더 커진다.[5] 이러한 부의 이전은 채무자들의 절망을 대가로 한다. 그런데도 부의 이전은 완전히 자동적인 방식으로 진행되며, 마치 합법적인 형태의 조세징수처럼 작동한다.

심지어 이용자들에게 부여된 재량의 여지조차 가공의 선택권에 불과하다. 적정한 교육·주거·의료와 같은 사회적 필요를 충족하는 데 드는 비용을 지불할 책임이 점점 더 개인들에게 부과되는 한, 사적 부채를 통해 그러한 기본재를 조달하는 것은 불가피하다. 국가가 적정한 기본재 공급 의무를 회피함에 따라 금융산업은 지대를 거둬들이기 위한 징수소를 연쇄적으로 설치할 수 있게 된다. 이러한 추가적인 [가계]재정 부담의 결과가 뜻하는 바는 회전결제 신용카드가 근근이 생계를 유지하기 위해 발버둥 치는 개인과 가구들이 붙들 수 있는 생명선이 되어 왔다는 것이다. 그들은 매월 미결제 잔액을 청산하고 싶어 하거나 청산하려는 계획을 세울지도 모른다. 하지만 그들 대부분은 빚을 지지 않고는 살아갈 수 없다. 신용카드 사용자의 60%를 넘는 이 "회전결제자들"은 은행업자들 사이에서 특수번호가 부여된 채 이윤을 거두어들이기 위한 주요 공략 대상으로 간주된다. 그들은 또한 '부채의 지배'에 적합한 이상적인 시민이기도 하다. 반면 카드대금 잔액을 완불할 수 있는 사람들은 "기

5. "American Household Credit Card Debt Statistics : 2013," Based on Federal Reserve Data, accessible at http://www.nerdwallet.com/blog/credit-card-data/average-credit-card-debt-household/.

식자들"deadbeats로 통한다. 즉, 무상으로 신용을 이용함으로써 자신들에게 주어진 의무를 다하지 않는다는 것이다. 물론 신용등급을 뜻하는 카드 색깔에 따라 분류되는 시장 내의 또 다른 집단들도 있다. 그러나 은행업계가 가장 선호하는 고객들은 한때 "우수한 평판"과 미래의 재무건전성에 대한 기대를 동시에 충족시킨다는 이유로 선호되던 사람들이 아니라 단연코 장기 회전결제자들이다. 오늘날 은행업계는 결제금 전액을 성실하게 완불함으로써 우량한 신용평점을 유지하는 사람들을 그다지 바람직하게 여기지 않는다. 실제로 그들에게 보조금을 지급하는 쪽은 [은행들이 아니라] 회전결제자들인데도 말이다. 부채의 지배가 최대한의 지대수취를 보증하기 위해서는 약정채무를 이행하기에는 수입이 부족한 프레카리아트, 그리고 가급적 늘 일부 또는 최소 금액만 결제할 수 있는 사람들이 요구된다. 결국, 복리의 셈법은 부채가 언제나 상환 능력보다 훨씬 더 빠르게 증가할 수밖에 없는 이유를 명확히 보여 준다. 회전결제자들은 결코 전부를 받아낼 수는 없다는 것을 잘 알고 있는 채권자들에게 끊임없는 지대의 흐름을 제공한다.

시민적 행동과 결부된 이러한 가치의 전회는 실로 인상적이다. 실제로 대부업계에서 기식자[빚 떼어먹는 자]란 자산을 압류당한 채무불이행자들을 따라다니던 꼬리표였다.[6] 비록 언제나 성취되지는

---

6. 역사가 스콧 레이놀즈 넬슨(Scott Reynolds Nelson)의 아버지는 대금미납상품 회수원이었다. 그의 책 제목 *A Nation of Deadbeats:An Uncommon History of America's Financial Disasters* [빚 떼어먹는 자들의 나라:널리 알려지지 않은 미국 금융재앙의 역사](New York:Knopf, 2012)는 여기서 유래한다.

않았지만, 생산성을 중시한 사회에서 분명히 확인되곤 했던 검약을 통한 사회적 상향이동의 통로는 엄격한 노동윤리를 체화한 모범시민들의 의욕을 자극하는 유인으로 작용했다. 반면 불로소득에 포획된 사회에서는 **위험 감수자**를 높이 평가하는 경향이 두드러진다. 이 경우 위험 감수자란 그/그녀의 신용옵션을 최대한 효율적으로 조직하고, 부채를 통합해서 관리하거나 근근이 살아가기 위해 더 많은 빚을 내는 사람들이다. 신용도가 좀 더 양호한 사람들은 파산을 면하기 위해 부채상환을 무기한 유예하고 부채 이용조건을 재협상하면서 능력껏 회전결제자 신세를 유지하도록 훈련받는다. 은행계좌가 없는 채무자들은 최소결제액을 지불하기 위해 페이데이 론이나 전당포 대출을 통해 [급전을] 융통하고 있을지도 모른다. 이 위태로운 기교에 능통한 자들은 (타인의 돈을 활용한) 위험천만한 내기와 투기 놀음으로 시장우위를 점하기 위한 술수를 획책하는 투자은행, 헤지펀드, 사모펀드의 직업적인 재정거래자[7]들이다.

새롭게 떠오르는 이 배역들에 그다지 많은 자유의지가 부여되는 것도 아니다. 신용카드 결제는 우리의 일상생활 양식에 대한 상세한 기록들을 남긴다. 이 기록들은 신용평가를 위해 조사·분석되며, 더 나아가 채무자-시민으로서의 우리에 대한 자료 분석표를 구

---

7. [옮긴이] '동일재화-동일가격'의 일물일가 법칙(law of one price)이 교란될 경우 가격 차이를 활용한 '재정거래'의 여지가 생겨난다. 매수가격과 매도가격의 차익 실현을 의도한다는 점에서 차익거래로 불리기도 한다. 금융시장에서는 환차익거래와 금리 차익거래가 주종을 이룬다. 전자는 특정 시점의 환시세 불균형을 이용하는 외환거래로서, 2개국 간의 불균형을 활용하는 직접 재정거래와 3개국 이상에 적용되는 간접 재정거래로 구분된다. 후자는 국가 간 금리 차가 존재할 때 고금리 국가로의 자금 이동을 통해 금리차익을 노리는 거래이다.

체화한다. 종전과 다름없이 궁극적인 목표는 상환 기한의 연장을 통해 우리를 종신 채무자로 훈육하는 데 두어진다. 만약 우리가 죽거나 실제로 계속해서 원금을 갚아 나간다면, 우리는 이제 더는 쓸모없는 존재가 된다. 가계부채 부담이 노년층, 심지어 대공황에 관한 가족 기억을 간직하고 있는 부채혐오 세대로까지 옮아가고 있다는 것은 놀랄만한 일이 아니다. 전후의 생애주기 대출 모델은 노년기에 빚을 지지 않고 살아갈 권리를 어느 정도 당연한 전제로서 수용했다. 노년층 사이에서는 대출 수수료를 한 푼도 물지 않는다는 사실이 자부심의 증표로 통했다. 이제 사정은 예전과 다르다. 이러한 변화는 부채에 대한 내성을 지닌 베이비붐 세대가 은퇴자 대열에 합류했기 때문만은 아니다. 표면상 미국의 가계부채 총액은 2008년 금융공황 이후 몇 년간 감소 추세를 보여 왔다. 2007년 말 세후 소득의 14%를 웃돌았던 채무원리금 상환 비율은 2013년 4월에 이르자 10.5%까지 하락했다.[8] 하지만 그러한 감소는 대부분 채무변제가 아니라 채무불이행의 결과였다. 은행들이 심각한 채무불이행 상태로 분류된 채권들을 대손상각 처리해 왔기 때문이다. 게다가 과중한 부담이 노년층의 어깨 위에 지워져 왔다. 노년층의 부채는 같은 기간 내내 증가했다.[9] 노인들은 검약한 성향을 지니고 있지만, 그들 중 다수는 자녀와 손자녀들의 채무, 특히 학자금 대출

---

8. Jeff Madrick, "A Bit of Good News," *Harper's* (April 2013).

9. Craig Copeland, "Debt of the Elderly and Near Elderly, 1992~2010," Employment Benefit Research Institute, Vol. 34, No. 2(February 2013), accessible at http://www.ebri.org/pdf/notespdf/EBRI_Notes_02_Feb-13_DebtEld-Contribs.pdf.

에 연대보증을 설 수밖에 없다. 뉴욕 연방준비은행에 따르면 [2012년] 1/4분기 말 기준으로 60대 이상 미국인 220만 명이 연방정부 학자금 대출액과 사적 학자금 대출액 430억 달러에 대한 지불의무를 지고 있는 것으로 나타났다. 2007년 당시 그 액수는 150억 달러에 머물렀다.[10]

회전신용과 우리의 관계는 흔히 일종의 중독과 같은 병리 현상으로 취급되며, "막대한 빚을 진 사람들의 사연"debt porn은 리얼리티 TV 형식의 오락물 소재로 제공되기도 한다.[11] 일부 이용자들의 경우 이러한 상황은 근본적으로 자초한 것이며, 그들 자신의 심각한 성격 결함을 보여준다고 믿는다. 따라서 그들은 상황을 완화할 최후의 방법을 동원한다. 그러나 여기에 개인적인 병리 따위가 있을 리 만무하다. 따라서 신용카드를 잘라 버리는 것으로는 아무것도 "치유"할 수 없다. 더 정확히 말하자면 새로운 사회계약은 우리 모두에게 회전결제자와 똑같은 방식으로 처신하라고 촉구한다. 언제나 능력의 한도를 넘어서는 생활양식을 좇아가기 위해 고분고분하게 적자지출을 감수하는 것이 바람직한 소비자 행동양식이라는 것이다. 더구나 은행산업은 이를 적극적으로 부추기고 조장하기까지 한다. 전후의 사회계약은 임금과 기업이윤 양쪽 모두를 떠받치는 것을 목표로 한 정부·자본·노동 간의 협약이었다. 소비자 신용

---

10. Kelly Greene, "New Peril for Parents: Their Kids' Student Loans," *Wall Street Journal* (October 26, 2012).
11. Brett Williams, *Debt for Sale: A Social History of the Credit Trap* (Philadelphia: University of Pennsylvania Press, 2004).

의 확대는 미래소득의 증대를 기반으로 했다. 신자유주의적 계약 하에서 소득은 더는 당연한 것으로서 전제되지 않는다. 정부는 은 행에 한해서만 보증자로서의 임무를 다한다. 따라서 항구적 채무 만이 장차 도래할 단 하나의 확실한 사건이 된다. 의지와 인내를 발 휘하기만 한다면 습관성 의존증에서 벗어날 수 있을지도 모르는 소비중독자들보다는 회전신용에 철저하게 길든 연체자들이 선택 적 역할모델에 더 가깝다는 것이다.

박탈당한 권리들?

이러한 상황을 시민권의 약화 상태로 묘사하는 것은 무척 그럴 듯해 보인다. 하지만 과연 박탈당할 실질적 권리라는 것이 지금도 남아 있기나 한 것일까? 그럴 것이다. 적정한 교육, 주거, 의료를 기 본적 권리로 간주한다면 말이다. 복지국가의 잔존 기능들이 크리 스티안 마라찌가 "부채"국가[12]라 부르는 것으로 이양되자 이러한 기 본적 사회재에 접근하는 수단은 점점 더 월가의 주요 수익원으로 변형되고 있다. 따라서 사실상 기타 필수재의 적정한 공급에 기초

---

12. Interview with Christian Marazzi by Ida Dominijanni, "The State of Debt — The Ethics of Guilt," *Il manifesto* (March 12, 2011), translated by Jason Francis Mc-Gimsey, in *Uninomade* (December 5, 2011), accessible at http://www.uninomade.org/state-of-debt-ethics-of-guilt/[크리스티안 마라찌, "부채의 국가, 죄책감의 윤리", 『금융자본주의의 폭력:부채위기를 넘어 공통으로』, 심성보 옮김, 갈무리, 2013, 171~87쪽].

하는 노동권마저 애초에 고용 적격성을 갖추느라 짊어졌던 부채를 상환하기 위한 수단을 취득하는 것으로 나날이 축소되고 있다. 무엇보다 끔찍한 것은 강화되는 부채의 지배가 우리 앞에 놓인 장기간의 시간에 대한 갖가지 청구권들을 은행가들에게 부여함으로써 미래를 열어 나갈 우리의 권리를 박탈해 왔다는 사실이다. 우리의 미래는 저당 잡히고, 계산되며, 선점된다. 따라서 상황을 개선할 수 있는 우리의 민주적 권리도 사실상 극소화된다.[13]

이러한 권리의 옹호를 위해 선출된 정치적 대표자들의 응답을 검토해 보면, 그 결과들은 빈약하기 짝이 없다. 미국의 입법자들은 금융 약탈자들로부터 유권자들을 보호하는 데서 거의 무능력함을 스스로 입증해 왔다. 금융붕괴의 직접적인 여파에 휩싸인 2009년 5월 민주당 상원의원 딕 더빈(일리노이)은 동료 의원들을 움직여 파산법 개정안을 통과시키려던 그의 노력이 헛수고로 끝난 데 대한 소회를 압축적으로 피력했다. "수많은 은행이 초래한 금융위기에 직면한 이 순간에도, 신뢰하기 어려운 저 은행들은 여전히 미 의회에 가장 강력한 영향력을 행사하는 압력단체로 남아 있다. 은행들은 노골적으로 의회를 지배하고 있다." 더빈이 비탄에 젖어 있을 무렵 깡통주택 보유자들이나 압류 위협에 직면한 주택보유자들을 위한 채무탕감 주장은 유례없이 강력해졌다. "잃어버린 세대" 전체가 막대한 액수의 채무불이행 상태로 빠져들기 시작하자 학자

13. Maurizio Lazzarato, trans. Joshua David Jordan, *The Making of the Indebted Man* (New York:Semiotexte, 2012)[마우리치오 라자라토, 『부채인간:인간 억압 조건에 관한 철학 에세이』, 허경·양진성 옮김, 메디치미디어, 2012].

금 채무탕감을 요구하는 운동 또한 그 못지않게 격렬해졌다. 그러나 효과적인 대응을 위한 연방정부의 전면적 노력은 전혀 찾아볼 수 없었다. 오바마 행정부가 내놓은 최상의 제안은 기껏해야 은행들에 주택보유자들의 월별 부채 상환액을 낮춰 주도록 촉구하는 자발적 주택융자 재조정 프로그램Home Affordable Modification Program 정도였다. 이 프로그램의 실패는 예정된 것이나 다름없었다. 문제의 은행들은 오바마의 경제 보좌진이 파렴치하게도 무려 수십조 달러에 이르는 연방준비은행권을 긴급구제 자금으로 쏟아부은 바로 그 회사들이었다.[14] 연방정부의 막대한 퍼주기에도 불구하고 정책 결정자들의 수중에는 정부부채 감축은커녕 은행의 대부를 강제할 만한 실행 가능한 수단조차 남아 있지 않았다. 불황이 깊어질수록 상위 6대 은행들의 몸집은 커져만 갔다. 이 은행들은 점점 더 많은 자산을 관리하면서 (〈도드-프랭크 법안〉[15]이라는 형태의) 미약하기 짝이 없는 규제의 효력마저 약화할 수 있는 수완을 향상시켜 왔다.

---

14. Neil Barosky, *Bailout: An Inside Account of How Washington Abandoned Main Street While Rescuing Wall Street* (New York: Free Press, 2012).

15. [옮긴이] 〈도드-프랭크법〉(Dodd-Frank Wall Street Reform and Consumer Protection Act): 2008년 금융붕괴 이후 오바마 행정부에 의해 재발 방지책으로 마련되어 2010년 7월 발효된 법. 3,500쪽에 걸친 400여 개 법안을 담고 있어 양적으로는 사상 최대 규모의 금융감독 개혁법으로 불릴 만하다. 주요 내용은 시스템 위험 예방책 마련, 고위험 파생상품 거래 규제 강화, 금융소비자 보호기구 신설, 대형 금융회사 감독·규제책 신설 등이다. 이 법은 금융지주회사 감독강화 방안의 일환으로 상업은행과 투자은행의 분리를 규정한 볼커 룰(Volcker Rule)을 포함하고 있다. 이 때문에 일각에서는 1930년대 〈글래스-스티걸법〉(Glass-Steagall Act)의 부활로 평가하기도 한다. 공화당과 금융계의 반발로 인해 실행을 담보할 세부 규정이 제대로 마련되지 않아 정작 시행에 들어간 법안은 90여 개에 불과하다.

유로존 각국의 중앙은행들은 자국 정부의 재정적자 보전을 지원하기 위해 화폐를 발행할 수 없다. 따라서 은행에 대한 구제금융 비용은 직접적으로 납세자들의 몫이 된다. 외국계 은행들과 국채 보유자들로부터 차입한 국가부채를 상환하기 위해 강요된 긴축정책은 시민들을 한층 더 혹심하게 쥐어짰다. 가장 심각한 타격을 받은 사람들은 유럽연합 집행위원회, 유럽 중앙은행, IMF로 이루어진 트로이카의 요구에 따라 대폭 삭감된 공적 복지 서비스에 의지해 살아가는 사회적 취약계층의 주민들이었다. 최빈국의 선출직 공직자들은 확실히 속수무책이었다. 최빈국 선출직 공무원들의 무력함이 백일하에 드러나자 그들의 위신은 참담한 지경까지 손상되었다. 사회·경제 정책을 좌우할 수 있는 권능을 보유한 국제금융 기관들은 – 민주적 주권의 소재지인 – 대의 정부를 무시했다. 오늘날 트로이카는 과거 전 세계 남반구 채무국들과의 협상에서 IMF가 취했던 것과 한 치도 다를 바 없는 고압적인 태도를 보이고 있다. 의료 및 교육 예산 축소, 공공부문 정리해고, 국민연금 삭감, 국유자산(항만, 공익설비, 토지, 사회기반시설)의 사유화 촉진과 같은 요구들은 모두 외국계 국채 보유자들에 대한 우선 상환을 명분으로 내걸고 있다. 이러한 요구조건을 수용한 정부들은 사실상 국채보유자와 은행의 채권추심기관 역할을 하고 있다. 그 결과는 채무부담 증가와 결합한 임금폭락, 대규모 실업, 마이너스 경제성장 등 개발도상국에서 나타난 현상들과 유사하다. 공중보건의 후퇴와 기대수명의 감소, 공동체의 약화, 자살률의 상승, 증가하는 파시즘 신봉자들의 애국주의적 행동과 같은 인간적 고통은 아예 음울함 그 자체다.

미국의 연방부채가 사뭇 다른 차원의 문제라는 것은 사실이다 (연준은 뜻대로 화폐를 발행할 수 있으며, 전능한 달러는 세계 준비 통화이다). 하지만 허리띠 졸라매기라는 바로 저 처방은 수많은 미국 도시들에서도 시행되고 있다. 지방채 구성 내역은 지금까지 늘 전체 도시 주민들, 그 가운데서도 특히 공적 급여 삭감, 연금보장 철회, 사회적 프로그램의 대폭 축소, 역진적 과세의 형태로 가장 주변적인 계층의 주민들에게 상환 부담이 전가되도록 짜여 왔다. 균형예산에 목을 매는 지방 정부들은 연방 보조금이 삭감되고 조세 수입까지 고갈되는 가운데 불황의 여파로 사회복지 지출을 증대하라는 압박마저 받게 되자 이제 필사적으로 차입에 매달리면서 월가 신용평가사들의 볼모로 사로잡히고 있다. 그 후 월가의 탐욕스러운 시선이 향한 곳은 수조 달러 규모의 지방채 업종이었다. 한때 사업[부문]청산과 구조조정에 적합하고 외부 공격에 취약한 기업들을 먹잇감으로 삼았던 헤지펀드 매니저들은 미국 전역의 상처 입은 지방자치단체들로 주목을 돌렸다. 2013년 7월 디트로이트[미국 자동차산업계]가 도산으로 내몰릴 무렵 이 도시의 1만2천여 퇴직 공무원들은 상당한 액수의 연금을 포기하도록 요구받았다. 이러한 요구는 UBS, 뱅크오브아메리카 등의 채권자들이 그전까지 쏠쏠한 수익을 누렸던 위험한 파생금융상품 거래에서 입은 손실을 보전해주기 위한 것이었다.[16] 약탈을 일삼는 월가는 여러 나라의 국채 시

---

16. Ann Larson, "Cities in the Red: Austerity Hits America," *Dissent* (November 16, 2012). 매트 타이비(Matt Taibbi)는 현재의 지방채 위기가 당국자들이 공적 연기금을 고위험 투자에 전용한 데 따른 결과이기도 한 이유를 명백히 보여준다. "Looting

세를 인위적으로 조작하는 것으로도 모자라 이제 지방 정부들의 세입 흐름을 포획하고 노략질하는 데 골몰하고 있다. 자치단체들은 새로운 차입 방식[지방채 발행]을 도입함으로써 이자를 지불하고 디트로이트 방식의 부도를 간신히 모면하게 된다. 사실상 모든 납세자가 이 지방채의 덫에 발목이 잡혀 있는 한 그 누구도 (심지어 개인 부채가 없는 사람들조차도) 이러한 곤경에서 벗어날 수 없다. 바로 저 디트로이트의 사례에서 볼 수 있듯이 대의민주주의가 방해물로 작용할 때마다 언제든 이를 교묘하게 회피하기 위한 수단이 재빨리 강구된다. 디트로이트 시는 "비상재정담당관"으로 임명된 케빈 오어Kevin Orr에게 선출된 공직자의 수중에 있던 재원 관리권 전부를 인수할 수 있는 권한을 부여했다.

우리는 연방 의회 의원에서 시 의회 의원에 이르기까지 대의제 민주주의의 모든 수준에서 기본권이 무효화하는 상황을 목격할 수 있다. 이는 아무리 의심스럽거나 부당할지라도 어쨌든 채권자들의 청구권이 시민들의 절박한 욕구보다 우선시되면서 나타나는 현상이다. 부도라는 유령, 그리고 은행들의 이익을 대표하는 저 유령의 세속적 권력civil power을 강화하는 도덕주의는 기본권들을 무효화하는 노골적인 수단이다. 그리고 2013년 가을 연방정부의 부채 상한선 증액을 둘러싼 싸움에서 명확히 드러나듯이 이러한 강탈의 권력은 정점에 이르고 있다. 16일간의 정부폐쇄에 대한 분노는 공공의 안녕을 보호하는 입법자들의 능력에 대한 신뢰를 더욱더

the Pension Funds," *Rolling Stone* (September 26, 2013).

약화시켰다. 물론 민주주의의 찬탈에 맞서는 민중적 저항은 "모두에게 개방된 공간들", 특히 타흐리르^{Tahrir}, 신타그마 ^{Syntagma}, 뿌에르따 델 솔^{Puerta Del Sol}, 파터노스터^{Paternoster}, 주코티^{Zuccotti}, 탁심^{Taksim} 등 도시 광장들에 대한 점령을 통해 이미 그 존재를 극명하게 알린 바 있다. 이 야영지들과 관련 운동단체들의 행동주의를 겨냥한 경찰의 야만적인 억압은 공공의 실질적 저항권을 철저하게 파괴함으로써 거대 금융기관의 권력을 보호하려는 국가의 행동이 어디까지 갈 수 있는지를 똑똑히 보여주었다.[17]

2010~12년의 지구적 운동에 참여했던 분노한 사람들^{indignados}의 소규모 집단이나 대체로 대학교육 이수자들로 이루어진 실업자들의 대열을 넘어서 분노가 얼마나 멀리까지 퍼져나갔는지를 가늠하기란 더욱 어렵다. 권리를 박탈당하고 있다는 느낌은 북부의 백인 중간계급 대다수, 심지어 그들 중 가장 비관적인 사람들 사이에서조차 비교적 생소하다. 따라서 그러한 심리의 확산 정도는 매우 불균등하다. 스펙트럼의 한쪽 끝에는 시민적 소유물을 갑작스럽게 빼앗긴 채 각자도생의 생지옥에 내던져진 지중해 연안 유로존의 긴축정책 희생자들이 놓여 있다. 다른 한쪽 끝에는 캘리포니아, 애리조나, 플로리다 주변 도시들을 휩쓴 압류 쓰나미로 주거 안정성을

---

17. 하버드, 뉴욕대학교, 스탠포드, 포드햄 법률상담소가 발간한 집회 및 시위의 권리에 관한 보고서 *Suppressing Protest: Human Rights Violations in the U.S. Response to Occupy Wall Street* (July 25, 2012)를 보기 바란다. Accessible at http://chrgj.org/wp-content/uploads/2012/10/suppressingprotest.pdf. 또한, 〈시민정의 기금을 위한 파트너십〉이 발간한 보고서, "FBI Documents Reveal Secret Nationwide Occupy Monitoring"(December 22, 2012), accessible at http://www.justiceonline.org/commentary/fbi-files-ows.html도 함께 참조하기 바란다.

박탈당한 사람들이 자리 잡고 있다. 전자의 경우 대체로 소비자로서의 자아 이미지보다는 시민권에 더욱 강한 일체감을 보인다. 따라서 그들은 독일, 프랑스, 스위스, 네덜란드계 은행가들이 자국의 입법기관을 유린하도록 묵인한 권력 핵심부에 보다 직접적으로 분노의 초점을 맞춘다. 선벨트 Sunbelt 지역 주들의 깡통 자산 보유자들에게서 발견되는 소비자의 권리라는 심리는 장기 자산 붐 시기에 형성되었다. 이러한 자산 붐은 저리 대출 시대의 마지막 불꽃으로 타오르면서 30여 년 동안 감소하는 소득의 위태로운 대용물로 기능했다. 아메리칸 드림이라는 달콤한 불량식품이 더는 제공되지 않자 불안해진 깡통 자산 보유자들은 연방정부와 월가를 향해 분노를 마구 쏟아냈다. 그 덕분에 거대 금융기관들은 티파티 복화술 Tea Party ventriloquism 18을 구사해 자신들이 장악한 정치과정에 이목이

---

18. [옮긴이] 티파티는 2009년 미국에서 출현한 우익 포퓰리즘 운동 단체이다. 티파티라는 명칭은 1773년 영국 정부의 증세 조치에 항의해 일어난 '보스턴 차 사건'(Boston tea party)에서 유래한다. 티(TEA)라는 약어에는 '세금이라면 낼 만큼 냈다'(Taxed Enough Already)는 의미도 담겨 있다. 티파티는 출범 이래 전통적 가치의 복원, 건전 재정, 개인 소득세와 기업 소득세 인하, 보수적 이민정책, 국가안보 강화 등을 강력하게 주장해 왔다. 복화술이란 입 모양의 변형을 최소화하면서 배를 통해 소리를 내는 기술을 말한다. 오늘날 이 기술은 주로 인형극에서 활용되며, 목소리의 출처를 은폐함으로써 눈앞의 존재(ventriloquist's dummy; 복화술사의 인형)를 발화자로 착각하게 하는 효과(시각 포착)를 유발한다. '복화술사의 인형'은 2010년 중간선거에서 티파티의 집중적 지원에 힘입어 당선된 의원들을 경멸적으로 지칭하는 용어로 사용되었다. 문제의 의원들이 이른바 '티파티 코커스'(Tea Party Caucus)로 불릴 만큼 티파티의 복심을 충실히 대변했기 때문이다. 그러나 여기서 말하는 '티파티 복화술'에서는 거꾸로 티파티가 복화술사(거대 금융기관)의 인형으로 등장해 대중의 시선을 고정하는 역할을 맡는다. 즉, 티파티가 오바마 행정부의 정책을 리버럴의 음모로 몰아붙이면서 서로 간에 가시 돋친 정치적 공방을 유도하는 사이에 거대 금융기관들은 은밀한 로비 공세를 펼쳐 입법과정을 장악해 나갈 수 있었다는 것이다.

쏠리는 것을 피할 수 있었다.

2008년 이후 신용상태가 악화되자 다수의 깡통 자산 보유자들이 하루아침에 궁지로 내몰렸다. 그들의 곤경은 지난 40여 년간 남반구 전역의 주민들에게 강요되었던 부채의 덫과 별반 다를 바 없었다. 물론 중요한 차이들도 있었다. 이 차이들은 근본적으로 북반구가 수 세기에 걸친 식민지 약탈의 공모자였다는 사정과 관련된다. 더구나 그러한 약탈의 역사가 5장에서 논의될 기후부채 문제에도 적용되는 한 이 차이들은 각별한 중요성을 지닌다. 따라서 백인 중간계급의 분노 속에는 자신들이 외채를 짊어진 갈색 피부의 남반구인들이나 오랜 세월 시민권을 박탈당하고 악성 부채에 시달려온 북반구의 소수자 집단들처럼 취급받고 있다는 사실에 대한 반발이 다분히 섞여 있는 셈이다. 그렇더라도 (탈식민 세계에서 구 사회주의 국가들로 이루어진 주변부에 이르는) 개발도상국에 대한 구조조정 정책이 가하는 강제와 (펠로폰네소스 반도 마을 주민들에서 시에라네바다 산맥의 구릉 지대 도시인들까지를 포함하는) 북반구인들을 덮친 혹심한 긴축정책 간의 연속성을 이해하는 데서 배울 수 있는 것들은 많다. 각각의 경우에 경제적 결과들(부유층으로의 부의 이전)과 그 기저에 놓인 정치적 이유(희망을 품은 사람들을 훈육하기, 자립적 발전과 자조self-reliance를 좌절시키기, 특히 갓 해방된 남반구 대중들을 과거의 지배자들에게 다시 묶어두기)를 분리해서 다루기란 불가능하다.

그러나 아르헨티나, 러시아, 부르키나파소와 같은 나라들에서의 외채상환 거부 경험을 인정하는 것은 이들 나라의 경험이 이질적이라는 사실 못지않게 중요하다. 채권자들이라고 해서 언제든 마음대로 행동할 수는 없는 법이다. [그 점에서] 독재정부들은 대부기관들에 특히 유용한 존재이다. 시민들 각자에게 외채 상환 책임을 지울 수 있기 때문이다. 그러나 후임 정부가 채무불이행을 결단하면 대부기관들이 의지할 수 있는 수단은 오히려 줄어든다. 혐오스러운 것으로 간주되는 외채의 경우가 특히 그러하다. 실제

『타이들(Tidal)：점거 이론, 점거 전략』 3호 뒤표지, 2012년 9월 (사진 제공：R. Black)

로 국채파기에 관한 역사적 기록들은 풍부하다. 남반구 주빌리 운동의 지지자들은 1990~2000년대에 외채 탕감의 강력한 도덕적 근거를 확립했다. 그리고 이 외채들 가운데 일부는 2005년의 글렌이글스 G8 정상회담에서 제시된 다자간 채무경감 계획Multilateral Debt Relief Initiative에 의해 탕감되었다.

부채 경감을 주장하는 논의들은 대체로 북반구 은행으로부터 차입된 외채가 그 불법성 여부를 떠나서 채권자들에게 이미 충분히 상환되었다는 증거에 기초를 두고 있다. 500여 년간의 자원 수탈과 최근의 탄소배출에서 비롯된 기후부채를 고려하면 거의 모든 경우에 북반구가 지고 있는 생태적 부채는 이러한 외채 규모를 웃

돈다. 따라서 주빌리 운동이 던진 결정적 물음―누가 누구에게 빚지고 있단 말인가?―은 단순히 경제적 계산의 문제에 그치지 않는다. 이러한 질문을 충분히 다룬다는 것은 곧 부채노예화의 형태를 검토한다는 뜻이다. 부채노예화는 채무원리금 상환을 통해 식민시대의 과거를 신자유주의적인 현재 속에 단단히 고착시키고 있으며, 이미 미래의 민주적인 발전 가능성을 상당히 잠식해 왔다. 만일 북반구에서도 자체적인 부채저항운동이 출현해야 한다면, 그러한 운동은 반드시 남반구에 지워진 부당한 채무를 말소하기 위해 출범한 주빌리 운동의 교훈에 주의를 기울여야 할 것이다.

빚을 갚는 순간 우리는 말라죽을 것이다

냉전의 절정기에 미국의 동맹국들에 배분된 원조금의 집적을 통해 형성된 유로달러를 가장 수익성 있게 운용하는 방식은 문제의 자금을 개발도상국에 차관으로 공여하는 것이었다. 그러나 마셜 플랜(1948~)과 〈상호안전보장법안〉(1951~)으로 대표되는 원조 계획들이 유럽에서의 공산주의 확산 방지를 겨냥한 것과 마찬가지로 신생 독립국들에 대한 개발차관 역시 이 국가들을 자본주의 진영에 묶어 두려는 의도에 따라 실행되었다. 2차 세계대전 말미에 체결된 〈브레튼우즈 협정〉의 일환으로 국제경제 관계를 감독하기 위해 설립된 다자간 기구에 대한 미국의 지배력은 이 정형화된 방식을 효과적으로 보완했다.

IMF는 단기 국제수지 곤란을 겪는 국가들에 대한 지원을 목적으로 창설되었다. 시작부터 IMF의 최우선적 지침은 선행한 〈브레튼우즈 협정〉에 의해 인정되던 국가 간 자본 흐름을 통제하는 국민국가들의 권리를 제한하는 것으로 설정되었다. 다시 말해서 이 지침은 외국인 투자자들의 국내시장 접근을 촉진하기 위한 것이었다. 그리고 이 지침의 조기이행은 1980~90년대의 철저한 자유무역 장려 노선으로 나아갈 길을 닦았다. 세계은행은 사적 투자자들에게는 채산성이 없는 개발차관을 공여한다는 목적에 따라 설립되었다. 그러나 세계은행의 차관 공여는 초기부터 노골적으로 미국 정부의 의지에 굴종한 포르투갈, 남아프리카공화국, 칠레, 아르헨티나, 우루과이, 루마니아, 필리핀 등의 권위주의 정권들을 후원하는 방식으로 실행되었다.[19] 그 기저에 자리 잡은 후견주의 원칙은 살바도르 아옌데의 임기 내내 지속된 칠레에 대한 차관 제공 중단 조치를 통해 더욱 분명하게 드러났다. 이 조치는 아옌데 사회주의 정부에 대한 워싱턴의 "보이지 않는 경제봉쇄"의 일환으로 시행되었다.

1960~70년대는 흔히 "개발연대"開發年代로 불린다. 비동맹운동이 활발하게 전개되었고, 개발도상국들로 이루어진 77그룹은 새로운 국제질서에 대한 기대를 높였다. 또한, 수입대체 정책과 핵심적인 산업 및 자원의 국유화를 통한 경제적 자립도 촉진되었다. 인도, 인도

---

19. 체릴 페이어(Cheryl Payer)는 *The Debt Trap:The International Monetary Fund and the Third World* (New York:Monthly Review Press, 1974); *The World Bank:A Critical Analysis* (New York:Monthly Review Press, 1982)에서 이러한 사정을 한층 더 상세하게 묘사한다.

네시아, 유고슬라비아 등 규모가 큰 나라들은 냉전의 전선을 헤쳐 나가는 자립적 경로의 낙관적 전망을 보여주는 기수가 되었다. 그러나 이 원대한 목표의 실현에 필요한 재원은 파렴치한 서구 은행들로부터의 차입을 통해 조달되었다. 석유수출국기구의 석유 [이익] 잉여금으로 조성된 오일달러가 서구 은행들에 예치되면, 이 자금들은 곧바로 남반구의 자원 부국들에 대부되었다. 이 업계의 시장 선도기업 씨티코프Citicorp의 경우, 개발차관으로 벌어들인 수수료와 국채이자는 "1980년대 초반 내내 단연 최대 규모의 기업소득원"이었다.[20] 그러나 급증하는 채무불이행으로 인해 차관 붐이 예상치 못한 결과로 이어지자 그 후 몇 년간 씨티코프는 과도한 위험 요인에 노출되면서 막대한 손실을 기록했다.

1980년대 초반 무렵 "멕시코의 주말"Mexican Weekend을 시작으로 수십 개 국가의 외채 상환이 지연되면서 대부분의 개발도상국은 부채 위기에 휩싸였다. IMF의 새로운 구조조정 정책이 제시한 가혹한 처방 앞에서 자립적 발전이라는 지난 수십 년간의 꿈은 이내 흩어지고 말았다. 1991년에 이뤄진 인도의 IMF "개방"안 수용은 야망의 시대가 끝이 났음을 알렸다.[21] IMF와 세계은행의 교묘한 차관 통제가 기회의 창을 닫아 버린 직접적 원인이었다고 결론을 내리더

---

20. Manning, *Credit Card Nation*, p. 73[로버트 매닝, 『신용카드 제국』].

21. Walden Bello, "Global Economic Counterrevolution: How Northern Economic Warfare Devastates the South," in Kevin Danaher, ed., *Fifty Years is Enough: The Case Against the World Bank and the International Monetary Fund* (Boston: South End Press, 1991)[케빈 대나허·월든 벨로 외, 『50년이면 충분하다: 세계은행·IMF의 신자유주의에 맞서 싸운 사례와 대안』, 최봉실 옮김, 아침이슬, 2000].

라도 그다지 무리한 주장은 아닐 것이다. 다자간 기구, 양자 간 기구, 민간 금융기관을 포함한 모든 국제 투자기관들이 IMF의 여신 승인을 얻지 못한 나라에 대한 차관 제공을 거부했다. 그러나 차관 승인조건은 거의 악운이나 마찬가지였다. 해당 국가들은 자본주의 열강들이 선호하는 경제개혁 방안에 관한 국제기관의 "편견 없는" 권고를 수용해야만 했다. 사회주의는 물론 일체의 자립화 경향마저 철저한 감시 아래 놓이면서 사전에 차단되었다. 가혹한 조건을 감수하고 차관을 도입하라는 압력은 북반구는 물론 개발도상국 내부에서도 가해졌다. 즉, 개발도상국의 엘리트들은 능란한 언변으로 정치계급을 움직이면서 자발적인 제5열 임무를 수행했다.

도둑정치[부정축재의 정치]Kleptocracy는 더욱 심각한 영향을 미쳤다. 개발연대기에 도입된 차관 가운데 상당한 액수는 독재자들에 의해 인수되었다. 따라서 문제의 자금은 결국 독재자들의 해외 계좌에 예치되어 대부를 실행한 바로 그 은행들의 통제 아래 놓였다. 이렇게 본다면 대부금은 아예 이동할 필요조차 없었다. 개발도상국들의 부채 총계는 1970년대에 여덟 배나 증가했다. 1979년 연준 의장 폴 볼커Paul Volker가 미국 내의 스태그플레이션을 진정시키기 위해 일방적인 금리인상 결정을 내리자 개발도상국의 국채 이자비용이 일제히 급등했다. 원자재 가격은 곤두박질치고, 많은 국가가 국제수지의 한 축을 이루는 수출 부문의 붕괴를 겪었다. 남반구 국가들의 채무불이행 사태가 급증하자 IMF는 이 국가들의 곤경을 외국자본의 시장침투로부터 보호받던 경제부문들의 개방을 강요할 호기로 활용했다. 볼커의 화폐적 충격요법 직후 최초의 구조조정차관이 집행되었다. 뒤이은 20여 년간 구조조정차관은 가장 완강하게 저항하는 국가들에서조차 경제의 탈규제화와 사유화를 위한 비장의 무기로 활용되었다.

　로널드 레이건의 재임기에 제3세계 채무위기는 이른바 워싱턴 컨센서스에 부합하는 정책들을 촉진할 최적의 기회로 간주되었다. 구조조정차관은 채무불이행을 예방하기 위한 비상조치로 표현되었지만, 그로 인해 차입국은 막대한 희생을 감수해야 했다. 차입국이 치른 대가는 고금리에 그치지 않았다. 대대적인 사유화, 대폭적인 공공 서비스 감축과 정부부문 급여 삭감, 금융규제 완화도 동시에 이루어졌다. 수입관세가 점진적으로 철폐되고, 생산의 지향점도 지역적 필요에서 해외 수출시장 쪽으로 옮겨 갔다. 이러한 요법은 선출된 지도자들이 독자적인 길을 추구했던 나라들에서 가장 엄격하게 실행되었다. 자메이카의 마이클 맨리Michael Manley는 일종의 본보기였다. 맨리 정부가 구상한 카리브 해 사회주의라는 자립적 경로는 IMF의 "안정화" 종합대책과 그를 더욱 고분고분한 지도자로 교체하려는 정치적 탈안정화 프로그램의 결합에 부딪혀 결국 좌초하고 말았다. 맨리를 대신한 인물은 1980년에 취임하자마자 "씨아이에이가"CIAga라는 별명을 얻은 에드워드 씨아가Edward Seaga였다.[22] 그 후 15년 동안 자메이카는 자유무역 제도의 모범으로 선전되었다. 그러나 자메이카는 인구 1인당으로 환산할 경우 IMF에

---

22. Kathy McAfee, *Storm Signals:Structural Adjustment and Development Alternatives in the Caribbean* (London:Zed Books, 1991).

가장 무거운 빚을 진 국가이기도 했다. 게다가 자메이카의 부채 총
액은 계속해서 증가했다. 맨리는 1986년 재집권에 성공했지만, 그에
게는 IMF에 대항할 힘이 전혀 남아 있지 않았다. 오늘날 자메이카
는 여전히 총 정부지출액 중 무려 55%를 외채 원리금 지불에 사용
하고 있다.[23]

IMF의 권고를 제대로 수용하지 않은 그 밖의 지도자들도 정권
에서 축출되었다. 반면 [IMF의 지시에] 맹종한 지도자들은 자국 민
중들의 분노에 직면해야 했다. 1983년의 군사 쿠데타에 뒤이어 부
르키나파소 대통령에 취임한 토마 상카라Thomas Sankara는 곧 부채
의 덫에 대한 가장 거침없는 저항가로 판명되었다. 상카라는 1987
년 7월 아디스아바바에서 개최된 〈아프리카단결기구〉 회의에서의
인상적인 연설을 통해 북반구 채권자들이 어떻게 채무위기를 조
성해 왔고, 남반구를 더욱 단단히 속박하기 위해 어떻게 이 위기를
활용하고 있는지를 명확하게 보여주었다.

우리에게 자금을 대부하는 자들은 일찍이 우리를 식민화한 자들
이다 ……그들은 늘 우리의 나라와 경제를 마음대로 주물렀다. 식
민지배자들은 저들의 대부업자 동료들 손을 빌려 아프리카 대륙
을 빚으로 옭아매었다. 우리는 그 빚과 아무런 관련이 없다. 따라
서 갚아야 할 이유도 없다. 부채는 새로운 식민정책이다. 식민지배
자들은 이 새로운 식민정책 아래서 '기술적 조력자'의 탈을 쓰고 나

---

23. "Jamaica Agrees to $750m IMF Loan Terms," *The Guardian* (February 17, 2013).

타난다. 차라리 '기술적 암살자'라고 하는 편이 옳을 것이다. 부채는 교묘한 방식을 동원한 아프리카 재정복 운동이며, 그 목적은 외부에서 강요되는 규칙을 통해 아프리카의 성장과 발전을 통제 속에 두는 데 있다. 이리하여 우리들 각자는 우리에게 받아 낼 빚으로 우리의 나라들에 투자를 실행할 만큼 기만적인 자들의 금융노예, 즉 진정한 노예로 전락한다. 우리가 빚을 갚지 않더라도 빌려준 자들은 죽지 않을 것이다. 그 점은 분명하다. 그러나 만약 우리가 빚을 갚는다면, 우리 자신은 살아남지 못할 것이다. 이 또한 의심할 여지가 없다.

카리스마적인 상카라는 블레즈 콩파오레Blaise Compaoré가 주도한 쿠데타 발발 후 정확히 석 달 만에 암살되었다. 콩파오레는 상카라의 정책들을 신속하게 "바로잡았고" IMF와 세계은행에 대한 보상을 실행했다. 상카라의 죽음은 두 방면 — 밖으로는 IMF/세계은행, 안으로는 수출부문 자본과 연계된 토착 엘리트들 — 에서 이루어지는 강탈에 맞서 남반구 채무국들의 연대를 옹호하던 지도자들에게 하나의 본보기로 던져졌다. 그런데도 대중적 저항의 불길은 쉽게 잡히지 않았다. 구조조정차관을 매개로 부과된 긴축정책에 대한 저항은 즉각 "IMF 봉기"라는 이름표를 달고 남반구 전역으로 퍼져 나갔다. 페루, 이집트, 인도네시아, 칠레, 볼리비아, 브라질, 그리고 그 밖의 수십 개 국가에서 봉기가 이어졌다. 저항은 2000년 꼬차밤바에서 전개된 물 사유화 저지를 위한 봉기의 성공으로 정점에 이르렀다.[24] 이 반란들은 2000년대 대안 세계화 운동의 전형을 창출했다. 그 후 경제 붕괴의 여파 속에서 유럽인들의 긴축정책에 맞선 저항의 물결이 리투아니아, 라트비아, 프랑스, 아이슬란드, 아일랜드, 영국, 이탈리아, 스페인, 그리스 등을 휩쓸고 지나갔다. 이윽고 튀니지에서 자행된 공적 몰수 행위로 인해 촉발된 저 아랍의 봄이 뒤를 이었다.

외채 위기는 남반구를 발전의 "잃어버린 10년"으로 몰아넣었다. 그러나 한편으로 북반구의 채권자들에게서 외채 위기는 채권 전액을 확실하게 회수할 기회이기도 했다. 실제로 구조조정차관 제공은 거대 상업은행 보유 채권에 대한 수취기관의 우선변제 책임을 조건으로 했다. 공여된 자금은 민간인들에 대한 식량, 주거 또는 교육 제공의 목적에 사용될 수 없었으며, 오직 채권자들의 손실 보전을 조건으로 할 때만 승인되었다. 이 원칙은 위기 이후에도 살아남아 뒤이은 수십 년 동안 제도적 규범으로 정착되었다. 차입국에 대한 IMF의 기고만장한 "기술적 권고"는 규정대로 차관을 운용해서 기존 채무의 이행에 필요한 추가융자 도입자격을 취득하기 위한 방안을 지시하는 내용으로 채워져 갔다. 차입국 민중들의 필요를 충족시키기 위한 경제발전 방안이나 갓 도입된 민주주의하에서 시민사회를 강화할 방안과 관련된 지침은 보잘것없었다. 시간이 흐를수록 채무국들 역시 회전결제자 신세로 전락했다. 채무국들은 고작 기존 외채의 이자를 지불하느라 분할지급 방식으로 제공되는 차관

---

24. Oscar Olivera and Tom Lewis, *¡Cochabamba! Water War in Bolivia* (Boston: South End Press, 2008).

들을 이리저리 변통해야 했다. 언제고 원금이 상환될 가능성은 없을지라도 그 자체만으로도 대단한 수익을 안겨주는 분할상환의 틀은 중단 없이 이어져야만 했다. 오늘날 이 원칙은 1996년에 개시된 지속 불가능한 채무과잉 국가들을 대상으로 한 IMF의 과다채무빈 곤국 프로그램[25]에도 적용되고 있다. 세네갈 대통령 압둘라예 와데 Abdoulaye Wade의 표현처럼 과다채무빈곤국 프로그램은 "암 환자에게 아스피린을 투여하는 것과 마찬가지다."[26]

상카라는 1987년의 연설을 통해 대중의 이목이 〈파리클럽〉에 쏠리도록 만들었다. 〈파리클럽〉은 강력한 힘을 보유하고 있지만 드러내지 않고 움직이는 협의체로서 채권국들의 추심기관 역할을 한다. 이 협의체는 채권국들의 수익을 극대화하고 채무국들의 상환계획을 조정한다. 〈파리클럽〉은 몇몇 이례적인 경우에만 극빈국들

---

25. [옮긴이] IMF와 세계은행은 1996년 과다채무빈곤국 외채경감 프로그램(HIPC initiative)을 제안하고 1999년부터 시행에 들어갔다. 외채경감 프로그램 협상 절차는 채무국의 상환능력 분석, IMF와 세계은행의 '개혁안' 수용 이후 잠정적 구제절차를 개시하는 '결정', 빈곤퇴치와 구조조정 성과에 따라 추가적 경감 여부를 확정하는 '완료'의 3단계로 이루어진다. HIPC 프로그램이 시행된 이래 누적 경감액은 '심각한 채무국'과 '적정 채무국'이 짊어진 외채 총액의 3% 정도에 불과했다. 개도국 부채 문제의 복마전과 같은 성격은 여기서도 고스란히 드러난다. 외채상환 조건이 재조정되는 와중에도 서구 은행가들은 해당 국가들의 고위 관료와 사적 자본이 자금을 빼돌릴 수 있도록 은밀한 거래를 계속했다. 채권 은행들은 '심각한 채무국'으로부터의 채권회수 방안을 강구하는 추심 부서 이외에도 이 국가들에서 흘러나오는 도피자본을 예치하기 위해 물밑에서 움직이는 자산관리 부서를 운용했다. 소위 자산 관리자들(private bankers)은 '심각한 채무국'들의 통치자와 사적 자본에 자본도피책은 물론 조력자와 기술 지원까지 알선했다. 그 결과 이 국가들은 외채의 수렁으로 더욱 깊이 빠져들었다. 이 수상한 이면 거래에 관해서는 레이먼드 베이커, 『자본주의의 아킬레스건』, 강혜정 옮김, 지식의 숲, 2007, 400~404쪽을 참조하기 바란다.
26. Eric Toussaint and Damien Millet, *Debt, the IMF, and the World Bank: Sixty Questions, Sixty Answers* (New York: Monthly Review Press, 2010), p. 178에서 인용.

에 대한 채무경감 조치를 승인해 주기도 한다. 〈파리클럽〉은 〈런던클럽〉과의 협력하에 회원국들의 [채권자로서의] 권력을 조율하고 결속한다. 〈런던클럽〉은 사적인 채권기관들의 이해를 대변하는 훨씬 더 비공식적인 협회이다. 1985년 피델 카스트로가 채권국들에 대응하기 위한 남반구 채무국들의 협력을 촉구하자 상카라는 그의 요청에 호응해 다음과 같이 선언했다. "우리에게도 당연히 독자적인 클럽, 즉 〈아디스 아바바 클럽〉이 있어야 한다. 외채에 대항할 공동전선의 창출은 우리의 사명이다. 그것만이 외채상환 거부가 우리의 공격적 행동이 아니라 진실을 말하는 우애의 행동임을 명확히 보여줄 유일한 길이다."

〈파리클럽〉과 〈런던클럽〉이 채무국들을 분리하기 위해 사력을 다했음은 물론이다. 이러한 노력을 통해 저들은 채무국들의 공동행동을 철저하게 차단할 수 있었다. 그렇다 하더라도 모든 증거는 상환을 유예하는 채무국들에는 거의 언제나 모종의 이득이 있었음을 보여준다. 좀 더 시야를 넓힐 경우, 국채파기에 관한 역사적 기록 문서들은 수많은 자료로 빼곡하게 차 있다. 미주 대륙의 국채파기 기록은 1837년과 1839년 공황 이후에, 그리고 재건[시대]의 후퇴 rollback of Reconstruction에 뒤이어 미국 연방 주들 사이에서 널리 확산된 채무불이행 사태들로 거슬러 올라간다. 당시[재건시대의 후퇴기]에 남부 주들은 혐오스러운 "북부 출신 협잡꾼들에게 장악된" 공화당 주 정부들이 차입한 부채상환을 거부했다. 미주 대륙의 국채파기 기록에는 1980년대 중반부터 계속된 라틴 아메리카 국가들의 외채상환 거부 물결도 포함된다.[27] 카르멘 라인하트Carmen Reinhart

와 케네스 로고프Kenneth Rogoff에 따르면 1800년 이래 주권기관들의 대외채무 불이행 사태가 발생한 것은 적어도 250차례 이상이며, 그 가운데 다수는 지급 능력이 없어서가 아니라 지급하려는 의지가 부족한 데서 비롯되었다. 실제로 이들의 조사는 12세기 중국과 중세 유럽으로 거슬러 올라가면서 연쇄적인 채무불이행 사태들이 신흥 시장경제로부터 선진 산업경제로 성장해 가던 모든 나라에서 "거의 일반적인 통과의례"에 지나지 않았음을 보여준다.[28]

라인하트, 로고프와 같은 경제학자들에게서 국가부도는 "국가 채무 감내력이 취약한 나라들"을 괴롭히기 때문에 강력한 재정적 예방요법을 요하는 일종의 "중증 질환"으로 간주된다. 그러나 약탈적인 외국 채권자들이 씌운 굴레에서 벗어나기를 고대하는 사람들에게 채무불이행과 상환거부는 유일하게 합리적인 선택이다. 시간이 흐를수록 상환거부를 뒷받침하는 도덕적·법률적 논의들도 서서히 진전되어 왔다. 옛 독재자들이나 영토를 강점한 식민권력이 지운 부채에 대한 신생 정부의 상환 책임을 거부하는 주장들 대부분은 더러운 부채odious debt라는 개념에 호소한다. 예컨대 철저하게 워싱턴의 지시를 좇아서 움직이던 쿠바는 1898년 독립 이후 스페인 식민시대의 채무 이행을 거부했고, 1986년에는 북반구로부터 차입한 외채 상환을 전면 유예했다. 소련은 차르가 남긴 부채 인수를 거

27. Federico Sturzenegger and Jeromin Zettelmeyer, *Debt Defaults and Lessons from a Decade of Crises* (Cambridge, Mass.: MIT Press, 2007).

28. Carmen Reinhart and Kenneth Rogoff, *This Time Is Different: Eight Centuries of Financial Folly* (Princeton; Princeton University Press, 2009), p. 30[케네스 로고프·카르멘 라인하트 지음, 『이번엔 다르다』, 최재형·박영란 옮김, 다른 세상, 2010].

부했고, 차례로 탈공산화 시대의 러시아는 소련의 채무를 이행하지 않았다. 연합국들은 전후의 독일이 1948년에 나치 시절의 채무를 말소하자 이를 묵인했다. 베르사유 조약에 따라 베를린 측에 부과되었던 과중한 전쟁배상금이 초래한 [나치 집권과 2차 세계대전의] 피해를 의식했기 때문이다. 코스타리카는 1922년 옛 독재자의 채무 이행을 거부했다. 채무이행 거부의 또 다른 법률적 근거들은 외채 협상단이 저지른 기망 혹은 부정, 채권단의 강압, 사적 채무의 공적 채무로의 전가, 인권과 환경권에 해로운 것으로 간주되는 용도에 대한 융자금 사용 등이다.[29] 구조조정차관 역시 부당한 것으로 널리 인식되었다. 일괄적인 구조조정안의 수용은 민주적 주권에 대한 유린 행위나 다름없다는 이유에서다.

20세기, 특히 대공황기에 수많은 중남미 국가들은 외채 상환을 유예했다. 채권국들은 대체로 대폭의 미수채권 경감 조치에 동의함으로써 결국 보유한 채권의 장부가치를 평가절하했다. 2002년 아르헨티나가 엄청난 규모의 채무를 이행하지 않았을 때도 같은 방식이 적용되었다. 아르헨티나의 채무불이행은 최근 수십 년 사이에 발생한 IMF 차관 상환유예 사태들 가운데 세간의 이목을 가장 집중시킨 사건이었다. 그로 인해 아르헨티나는 국제금융시장에서 배제되어야 했지만, 장기적인 제재는 취해지지 않았다. 그리고 2005년 무렵 채권국들은 아르헨티나의 미지급채무 가운데 60%가량을 탕감

---

29. Renaud Vivien, Cécile Lamarque, "How Debts Can Legally Be Declared Void," Committee for the Abolition of Third World Debt(20 March, 2013), accessible at http://cadtm.org/How-debts-can-legally-be-declared.

해 주는 데 동의했다. 탈 소비에트 러시아와 같은 또 다른 채무불이행국들은 지정학적 이유 혹은 외교적 협력에 대한 대가의 차원에서 채무를 면제받았다. 채권국들이 일부 국가들에 보상하거나 자신들의 영향권하에 이 국가들을 끌어들이려 할 경우에도, 〈파리클럽〉이나 〈런던클럽〉이 나서서 약간의 채무경감 조치를 취하곤 한다. 폴란드, 이집트, 유고슬라비아, 파키스탄 등의 사례들에서 볼 수있듯이, 채권국들은 이러한 조치들을 드러내 놓고 선전하지 않는다. 표면상의 구실은 [이 조치들로 인한] 광범위한 도덕적 해이의 조장을 방지한다는 것이지만, 채권국들이 가장 우려하는 것은 채무경감을 요구하는 경향의 확산이다. 이와 대조적으로 언론 보도는 (과다채무빈곤국 외채경감 프로그램 같은) 극빈국에 대한 원조 노력의 성과를 다룬 내용으로 넘쳐난다. 이러한 보도에는 부국들의 진심 어린 후의를 선전하려는 의도가 담겨 있다.

에릭 투생Eric Toussaint과 다미앵 미예Damien Millet에 따르면 기록은 "채권국들에 공공연히 도전적인 태도를 취할 때 부채 청산이 가능하다"는 것을 보여준다. 대개는 단호한 태도를 보이는 나라들이 다소간의 부채 경감이나마 수월하게 이끌어 낼 수 있기 때문이다.[30] 상환 거부국들은 점점 더 확실한 도덕적·법적 근거에 의지하고 있다. 〈제3세계 외채탕감위원회〉CADTM는 1990년 설립된 이래 부채탕감에 관한 설득력 있는 행동계획을 개발해 왔으며, 여전히 논쟁 중이긴 하지만 더러운 부채에 관한 기존의 법리적 견해를 뛰

---

30. Toussaint and Millet, p. 134.

어넘는 논의를 발전시키고 있다. 〈제3세계 외채탕감위원회〉는 교회가 주도한 〈주빌리 2000〉 운동의 핵심적인 참여자였으며, 2000년 이후로는 〈남반구 주빌리〉의 중핵 역할을 담당하고 있다. 이 위원회는 인권과 환경권을 침해하거나 명백히 시민의 이익에 반하는 부당하고 불법적인 채무에 대한 일방적 파기는 하나의 선택지이자 주권국가들의 책무라고 주장한다.[31]

국제적인 중재의 결과를 왜곡할 수 있는 은행과 채권국의 권력을 고려할 때, 상환을 거부하는 일방적 행위unilateral acts는 한층 더 유리할 뿐만 아니라 도덕적으로도 더 바람직한 방안이다. 〈제3세계 외채탕감위원회〉에 따르면, 외채 상환이 인간의 기본적인 필요를 충족시키는 채무국의 능력을 위태롭게 하거나 채권자들이 자신들의 포괄적인 대부계약으로 초래될 피해를 인지할 경우, 외채 탕감은 더욱더 확고한 정당성을 획득하게 된다. 일부 사례들에서는 불가항력[32]이 고려된다. 예컨대 1979년에 폴 볼커가 내린 통화주의적인 금리인상 결정은 기존의 채무 부담을 대폭 가중시켰다. 그러

---

31. 도덕적, 법적, 경제적, 정치적, 환경적 근거에 따른 외채탕감 사례는 투생과 미예의 책 240~60쪽에 가장 상세하게 제시되어 있다. 또한, Patricia Adams, *Odious Debts: Loose Lending, Corruption, and the Third World's Environmental Legacy* (London: Earthscan, 1991)도 함께 참조하기 바란다.

32. [옮긴이] 불가항력(不可抗力, force majeure): 법률관계 외부의 돌발사태로 인해 필요한 수단을 모두 강구하더라도 통제 불가능한 긴급한 위험이 닥칠 경우 계약 불이행에 따른 사법적 책임의 면제를 주장할 수 있는 항변 사유. 본래 천재지변(Act of God)에 국한된 개념이었으나, 현대로 올수록 인간의 행위와 통제 불가능한 사회·정치적 사변(산업적 혼란, 갑작스러운 법령 변동, 내전, 국가 간 전쟁 등)을 포괄하는 광의의 개념으로 확장되었다. 통상적으로 영미법은 대륙법보다 불가항력의 인정 사유를 훨씬 더 엄격하게 해석해 왔다.

한 상황은 채무국들로서는 명백히 통제 불가능한 것이었다. 차관 이율이 너무 높은 데다 부수적인 정책 요구사항도 그만큼 과도해서 불가피하게 상환이 이루어질 수 없는 경우들도 있다. 〈제3세계 외채탕감위원회〉는 당국자들에게 그러한 조건으로 도입된 차관을 불법적인 것으로, 따라서 파기의 대상으로 간주하라고 권고한다. 이러한 권고는 자원 남용과 생태계 손상을 초래하는 대규모 개발 프로젝트로 인해 발생한 부채에도 그대로 적용된다.

현재의 외채 수준을 역사적 맥락 속에서 평가해 보는 작업도 마찬가지로 중요하다. 〈제3세계 외채탕감위원회〉의 자료에 따르면 개발도상국의 외채는 1970년 당시의 460억 달러에서 2007년에는 1조 3천5백억 달러로 증가했다. 2007년 무렵 외채 총액에 대한 연간 원리금 상환액은 5천2백억 달러(내국채를 포함할 경우 8천억 달러)까지 늘어났다. 채권국들 편에서 보면 자신들이 제공한 외채보다 4천6백억 달러나 더 많은 금액을 징수한 것이다. 게다가 상환되어야 할 외채 잔액은 이 금액에 포함되지도 않았다.[33] 이 기간에 채무국들은 외채 원리금 상환을 위해 4조 3천5백억 달러(내국채를 계산에 넣으면 7조 1천5백억 달러)를 지불했다. 이는 1970년 당시 채무국들이 북반구에 지고 있던 외채의 102배에 달하는 액수다.[34] 요컨대 전체적으로 계산해 보면 외채는 이미 완전하게 상환된 셈이다. 실현된 차액 대부분은 다수의 사회가 고리대라는 이유로 금지해

---

33. Toussaint and Millet, pp. 26~7.
34. Toussaint and Millet, p. 155.

온 복리이자에서 나온 것이다.

훨씬 더 장기역사적인 관점은 천연자원 수탈, 노예제와 강제노동으로 희생된 인구, 생태적 과잉착취 등 수 세기에 걸친 식민지 수탈에 주목한다. 남반구가 북반구 채권자들에게 진 부채에 대한 평가는 저 누적된 수탈과의 비교 속에서 이루어져야 한다. 수탈물 대부분은 본원적 부당이득자들의 계보를 직접적으로 이어 온 은행과 투자자들의 자산으로 흡수되었다. 1970년 이후의 부채화를 통한 남반구에서 북반구로의 부의 순 이전은 그 정도 면에서 볼 때 식민통치 시대의 엇비슷한 기간에 자행된 수탈과 유사하다. 둘 사이에는 실질적인 주권 상실이라는 측면에서도 공통점이 존재한다. 민족자결에 전념하는 민중들에게 식민주의의 굴레를 벗어던질 권리가 있다면, 부채노예 상태에서 벗어나고자 하는 그들의 행동 또한 틀림없이 정당할 것이다.

어떠한 시민적 제도들이 이러한 권리를 되찾아서 행사하기 위한 조건을 마련하는 데 이바지할 수 있는가? 외채 상환의 가부를 묻는 민중투표가 적합한 한 가지 수단이 될 수 있다. 시민감사는 민중투표를 지원하고 민중투표에 필요한 정보를 제공할 수 있다. 시민감사에는 외채 발생 경위를 둘러싼 의문을 규명할 책임이 부여된다. 실제로 차관이 도입될 필요가 있었는가? 도입된 차관은 적절히 운용되었는가? 누군가가 사적인 이득을 취하지는 않았는가? 차관 도입의 결과는 어떠했는가? 그것은 공공의 이익을 가져왔는가? 민중법정은 외채의 불법성과 부당성을 선언하는 데 필요한 근거들을 상세히 제시할 수 있다. 시민감사 절차의 준수는 배상 요구나 외

2012년 10월의 직접행동에 등장한 〈부채타파운동〉의 구호 현수막(사진 제공 : 저자)

채 탕감 활동을 위한 법률적 뒷받침을 제공한다. 민중투표와 시민 감사는 브라질, 그리고 특히 에콰도르에서 선도적으로 활용되었다. 에콰도르에서는 2007년 창설된 〈공적 부채 감사위원회〉 보고서가 2009년 당시의 채무불이행을 뒷받침하는 데 활용되었다.[35] 동일한

---

35. [옮긴이] 〈공적 부채 감사위원회〉(Internal Auditing Commission for Public Credit) 는 꼬레아의 대선 공약에 따라 이전 30여 년간(1976~2006) 에콰도르의 공적 기관들이 들여온 외채의 도입 목적, 과정, 사용처 등을 규명하기 위해 설치된 기구이다. 꼬레아 정부는 감사 활동의 신뢰도를 높이기 위해 국내 전문가들과 일부 외국인 학자들을 이 위원회에 참가시켰다. 〈공적 부채 감사위원회〉는 활동 과정에서 에콰도르의 외채 가운데 상당한 부분이 '정당성'을 결여한 부채, 즉 전임 정부들의 부당한 통치 행위의 산물이거나 과도한 이자율, 커미션, 뇌물이 연루된 부채라는 사실을 확인했다. 꼬레아는 이 위원회의 보고서를 근거로 정당성 없는 외채에 대한 상환거부를 공개적으로 선언했다. 국제 채권시장에서 에콰도르 국채 가격이 폭락하자 에콰도르 정부는 2009년부터 이 채권들을 매입하기 시작했다. 그 결과 에콰도르는

시민적 수단들은 이제 외채에 시달리는 유로존과 북아프리카 여러 나라에서도 실행되고 있다.[36]

"주빌리" 단계의 부채 폐기 너머에는 생산적 신용대출의 원리를 중심으로 하는 신용경제의 건설이라는 과제가 기다리고 있다. 이러한 원리는 약탈적 수익의 원리와는 대립적이다. 공동 이익에 기초한 기관들로 전환된 신용조합과 은행들에 의해 제공되는 대안금융이 필요하다는 것이다. 그라민 은행에 의해 제창된 이래 과도한 상찬을 받고 있는 소액대부 프로그램은 기껏해야 채무자들의 부채상환 능력을 일정한 수준으로 유지해 왔을 뿐이다. 소액금융 분야가 거대 은행들이 군침을 흘리는 성장업종이라는 사실은 놀랄 만한 일이 아니다. 일부 국가들에서는 무려 100%에 이르는 고금리로 인해 상당한 수익이 발생하고, [전반적으로] 채무불이행 수준도 낮기 때문이다.[37] 2009년 IMF/세계은행에 대한 진보적 대안으로 창설된 〈남미은행〉[38]이 완전한 가동 준비를 갖출 경우 공정하고도 본연의

GDP의 50%가 넘는 외채 원리금 상환 부담에서 벗어나 자국 민중들의 사회·경제적 발전을 위한 재정 지출을 늘릴 수 있었다. 〈공적 부채 감사위원회〉는 2008년 10월 에콰도르 정부에 최종 보고서를 제출하는 것으로 활동을 마감했다. 이 보고서 전문은 http://www.jubileeusa.org/fileadmin/user_upload/Ecuador/Internal_Auditing_Commission_for_Public_Credit_of_Ecuador_Commission.pdf를 참조하기 바란다.

36. 〈주빌리 부채탕감 캠페인〉이 이집트, 엘살바도르, 그리스, 자메이카, 라트비아, 파키스탄, 필리핀, 포르투갈, 튀니지를 대상으로 수행한 부채와 긴축의 영향, 정의를 위한 캠페인에 관한 조사 결과를 참조하기 바란다. 이 조사 결과는 Jeremy Dear, Paula Dear, and Tim Jones, *Life and Debt:Global Studies of Debt and Resistance* (London:Jubilee Debt, 2013)에 수록되어 있다.

37. Neil MacFarquhar, "Banks Making Big Profits From Tiny Loans," *New York Times* (April 13, 2010).

역할에 부합하는 방식으로 라틴아메리카 국가들의 개발 수요를 충족시킬 수 있을지는 좀 더 지켜보아야 한다. 그러나 볼리바리안 혁명의 확산으로 워싱턴과의 관계에서 상당한 자율성을 확보해 온 일부 지역에서는 국가 간 협력에 대한 기대가 조심스럽게 고개를 들고 있다. 라틴아메리카 좌파 블록이 북반구 채권자들에 의해 철저히 차단되어 온 이 지역 국가들의 단결을 유지할 수 있다면 오랜 경제적 종속 경향과의 역사적 단절을 이루어 낼 수 있을 것이다. 돌이켜 보면 경제적 자립과 정치적 독립의 초석을 다지는 첫 단계는 북반구 은행들이나 북반구 국가들과의 부당한 채무관계에 대한 이의제기와 거부에서 시작되곤 했다.

북반구의 이중고

38. [옮긴이] 〈남미은행〉(Banco del Sur): 남미 국가들이 경제 주권 보호와 경제통합 강화 방안의 일환으로 설립한 지역 금융기구. 회원국의 경제사회 개발자금 지원, 역내 인프라 건설 및 에너지 개발자금 공여, 경제위기 시의 금융지원과 거시경제 안정을 목표로 한다. 초기 자본금은 70억 달러로 아르헨티나·브라질·베네수엘라가 각 20억 달러, 에콰도르·우루과이가 각 4억 달러, 볼리비아·파라과이가 1억 달러씩을 출자했다. IMF의 지분별 차등적 의결권 부여 방식과는 달리 〈남미은행〉 회원국들은 이사회에서 동등한 투표권을 행사한다. 그러나 7천만 달러 이상의 프로젝트 승인에는 전체 출자 지분 3분의 2 이상의 동의가 필요하다. 따라서 브라질·아르헨티나·베네수엘라 중 한 국가라도 반대할 경우 대형 프로젝트 추진은 사실상 불가능하다. 브라질과 베네수엘라는 〈남미은행〉의 장기적 위상(지역개발은행/지역통화기금), 자본금 확충 방식(회원국별 균등출자/경제 규모를 반영한 차등 출자), 의사결정 방식(지분에 따른 차등적 투표권/동등한 투표권)을 둘러싸고 미묘한 신경전을 벌여 왔다. 양국 간의 견해차는 〈남미은행〉의 전도를 불투명하게 만드는 주된 요인이다.

북반구의 납세자들도 남반구의 외채 위기가 초래한 피해로부터 좀처럼 자유로울 수 없었다. 요컨대 북반구의 납세자들은 악성 채권에 대한 세금감면 혜택을 제공함으로써 은행들을 재정적으로 떠받치고 있었다. 수잔 조지Susan George는 이러한 보조금을 일종의 "외채 부메랑"으로 묘사하면서 1980년대의 보조금 액수를 ("제3세계 전체의 연간 의료비 지출을 감당하기에 충분한 규모인") 440억~500억 달러로 추산했다.[39] 그 밖의 비용도 [납세자들의 몫으로] 전가되었지만, 사적인 손실을 사회화하는 이 특유의 수완은 2008년 공황에 뒤이은 은행 구제금융에서 훨씬 더 거대한 규모로 재연되었다. 부채 붕괴를 자초한 월가와 북유럽 은행들을 구원하기 위해 공적 자금을 사용하는 것은 더할 수 없이 심한 증오를 불러일으켰다. 구제금융 비용 대부분은 정부 재정상태표[정부결산서]에 기재되었다. 부풀려진 재정적자는 뒤이어 긴축정책을 정당화하기 위한 근거로 활용되었다. 마크 블라이스Mark Blyth가 "사상 최대의 미끼 상술"로 묘사한 이 기만적 수법은 유럽에서 가장 두드러지게 활용되었다. 월가의 사적인 은행위기를 국가채무 위기로 둔갑시켜 놓은 것이다.[40] 그리스를 시발로 유로존 주변부 국가들은 GDP 대비 부채 비율이 과다하다는 이유로 가혹한 응징의 대상이 되어야 했고, 결국 독일·프랑스·스위스·네덜란드계 은행들의 손에 쥐어 짜이는 처지로 전락

39. Susan George, *The Debt Boomerang:How Third World Debt Harms Us All* (Boulder, Co.:Westview Press, 1992)[수잔 조지, 『외채 부메랑:제3세계 외채는 어떻게 우리 모두를 해치는가』, 이대훈 옮김, 당대, 1999].
40. Mark Blyth, *Austerity:The History of a Dangerous Idea* (New York:Oxford University Press, 2013).

했다. 이 은행들의 압박은 지난 30여 년간 개발도상국들이 겪어야 했던 것과 별반 다르지 않을 만큼 혹심했다.

나중에 드러난 사실이지만 문제의 은행들은 미국의 주택담보대출 손실에도 심각하게 노출되어 있었다. 이 은행들은 포르투갈, 아일랜드, 이탈리아, 그리스 등의 주변부 국가들에 거리낌 없이 저리 자금을 빌려주고 나서는 오만하게도 피그스PIIGS라는 낙인을 찍었다. 헤지펀드와 화폐시장[단기금융시장] 출신의 약탈자들은 그중에서도 가장 과중한 부채를 안고 있던 그리스의 곤경을 이용할 기회를 포착했다. 약탈자들은 2011~12년 무렵부터 그리스 정부가 채무불이행을 선언하거나 유로존에서 탈퇴할 것이라는 쪽에 거액의 내기를 걸기 시작했다. 그로 인해 국채 매도 주문이 쇄도하자 (스페인과 포르투갈은 그다음 표적이었다) 그리스는 트로이카의 확고한 통제 아래 한층 더 종속되었다. 〈파리클럽〉과 마찬가지로 트로이카도 채권자가 대부한 금액이 전액 변제되도록 보증하는 일을 최우선적 과제로 삼았다. IMF는 고뇌라는 상투적인 문구를 들먹이며 그리스 민중들에게 강요된 혹독한 긴축조치에 우려를 표명하면서도 끝내 관대한 조치를 취하지 않았다. 어느 순간 그리스 총리 게오르기오스 파판드레우George Papandreou는 채무불이행 사태가 일어날 경우 사적 채권자들에게 그리스 중앙은행 금고에 비축된 금괴를 인출할 수 있도록 허용하는 부당거래에 응할 것을 요구받았다.[41] 사태가 다소

---

41. Robert Kuttner, *Debtors' Prison: The Politics of Austerity Versus Possibility* (New York: Random House, 2013), p. 154.

극단적으로 흘러왔음을 감지한 파판드레우는 그러한 제의를 거부하고 그 대신 긴축협약안을 국민투표에 부칠 것을 요청했다.

아이슬란드에서는 고공비행하던 [즉, 거품이 잔뜩 낀 자산을 다량 보유한] 3대 은행 ─ 카우프싱Kaupthing, 글리트니르Glitnir, 란즈방키Landsbanki ─ 이 파산하자 민중들에게 선택권을 부여하기로 하는 결정이 내려졌다. 이 결정은 결국 영국과 네덜란드 채권기관들에 대한 상환거부로 이어졌다. 한 번도 아니고 두 번씩이나 시행된 국민투표를 통해 내려진 이 고무적인 결론은 외국 채권자들과 상환 조건을 협상키로 했던 아이슬란드 의회의 앞선 결정을 무효화했다. 반면 그리스에서는 그처럼 불복종적인 행동이 허용되지 않았다. 파판드레우는 "시장"에 의해 총리직에서 밀려났고, 제안된 국민투표는 무기한 연기되었다. 그리고 원활한 외채 상환 흐름을 보증하기 위해 트로이카가 승인한 기술 관료 출신의 루카스 파파데모스Lucas Papademos에게 정권이 이양되었다. 이탈리아에서는 민주주의조차 걸림돌이 된다는 이유로 위협받았다. 결국, 또 한 명의 기술 관료 마리오 몬띠Mario Monti가 재정규율을 부과하고 이탈리아의 외채를 책임질 적임자라는 이유로 총리에 지명되었다. 선출되지 않은 두 금융산업 대리인들의 비정치적 지위는 극도로 반민중적인 정책의 관철을 위해서는 민주적 과정이 중단될 수밖에 없음을 분명히 보여주었다. 2001년 〈니스 조약〉과 2008년 〈리스본 조약〉을 부결시킨 아일랜드 국민투표에서도 그랬듯이, 결국 일국 유권자들은 트로이카의 재정적 요망 사항에 반대표를 던지더라도 저들이 수용할 수 있는 수준의 결정에 도달할 때까지 재투표를 요구받을 뿐이다. 2008

년 9월 미 하원에서 시행된 보기 드문 초당적 투표에서도 마찬가지 상황이 벌어졌다. 연방 의회는 금융산업에 대한 7천억 달러의 긴급 구제금융 제공을 골자로 하는 부실자산 구제 프로그램TARP을 부결시켰다. 그러자 며칠 후 "정확한" 투표를 핑계로 원안과 거의 다를 바 없는 수정안이 재상정되었다.

유로존 위기 시에 수많은 은행이 두 차례에 걸친 구제금융의 수혜자가 되었다. 일차적으로 공황 직후에, 그 후 긴축조치로 확보한 재정흑자 대부분을 국가부도 사태를 피하기 위해 [국채] 만기연장에 동의한 은행들에 대한 부채 상환으로 전용하는 과정에서 다시한 번 구제금융이 제공되었다. 아마도 조만간 또 한 차례의 국고 지원이 이루어질 것이다. 그러나 강탈 행위를 은폐했던 이 도덕극은 마침내 그 한계에 다다르고 있다. 우리는 2011~12년 그리스 부채위기 당시 독일인들의 검약성과 노동윤리가 따가운 햇볕 아래서 게으르게 살아가는 지중해 사람들의 문화보다 우월하다는 허튼소리를 지겹도록 들어야 했다. 그 대부분은 부채와 관련된 이야깃거리에 따라붙는 수치심과 죄의식에 대한 장황한 설명들로 채워졌지만, 늘 채권자 편을 드는 말들뿐이었다. 유럽인들 사이에서 오고 간이 엉성한 대화는 과거 제3세계 채무국들을 대상으로 써먹었던 수사들과 사고방식 대부분을 다시 유포시켰다. 무책임하고 무기력하며 낭비벽이 심할 뿐만 아니라 부패한 데다 의존적이기까지 한 지중해 지역 주민들은 언제나 우리[유로존 중심부 채권기관들]의 도움을 필요로 하지만, 저들이 자비롭기 그지없는 우리의 재정적 지원에 확실히 보답하기 위해서는 재정규율까지 함께 받아들여야 한다는 것이다.

이러한 도덕주의의 일소야말로 갚을 수도 없고 갚아서도 안 되는 부채에 저항할 권리를 추구하는 데서 핵심적인 의의를 지닌다. 약탈적·탐욕적·기생적·가학적 행태를 채권자 특유의 속성으로 귀속시키는 대항도덕은 온당할 뿐만 아니라 때때로 불가결하기까지 하다. 한편 사실에 기초한 분석은 상환거부를 정당화하는 신뢰할 만한 근거를 제공한다. PIIGS를 소탐대실하는 탕아들로 낙인찍는 민족적 편견에 사로잡힌 유형화ethnic profiling와는 정반대로 유로존 위기의 핵심에 자리 잡은 국가부채는 공공지출의 산물이 아니었다. 국가부채 대부분은 공황 이후의 은행 자본 재구성[자본 확충]에 소요된 공적 비용으로 인해 급증했다. 국채 수익률에 승부를 건 헤지펀드들의 베팅 또한 국가부채를 증대시켰다. 시민들에 대한 "고통분담" 요구를 뒷받침할 만한 근거는 티끌만큼도 찾기 어려웠다. 시민들은 불황의 원인, 즉 파국적 결말로 이어진 단기 신용시장에 대한 사적 투기와는 전혀 무관했다.

로버트 커트너Robert Kuttner, 폴 크루그먼Paul Krugman, 조지프 스티글리츠Joseph Stiglitz와 같은 자유주의 경제학자들은 주로 실용적인 근거를 들어 긴축정책을 강력하게 논박하면서 채무경감 찬성론을 펼쳐 왔다. 다시 말해 거대한 채무과잉 상태가 계속되는 한 허리띠를 졸라매더라도 경제 회복과 성장을 촉진하는 데는 아무런 도움도 되지 않는다는 것이다. 그러나 은행들의 부정한 내기에 걸린 돈을 공적 채무로 분식하는 사기 행위에 대해서는 더욱 원칙적이고 민주적인 대응도 가능하다. 공적 부채 대부분이 부당하므로 충분히 파기될 만하다는 근거를 들어 단도직입적으로 긴축정책 그 자체를 강탈의 결과로 규정해야 한다는 것이다. 주권국가의 법률을 유린하는 것으로도 모자라 대중의 빈곤화를 확약함으로써 심각한 혐오의 대상이 된 2012년의 그리스 각서[42]처럼 트로이카의 강요로 체결된 협약의 경우 국제적 인권원칙에 대한 호소가 한 가지 적합한 방안이 될 수도 있다. 유엔 국제법 위원회와 헤이그 〈국제사법재판소〉는 긴급상태[긴급피난]이 국제적 의무를 철회할 수 있는 정당한 사유 가운데 하나임을 인정하고 있다. 더구나 대량 해고, 연금 삭감, 단체교섭의 폐지, 사유화의 확대를 규정하고 있는 문제의 각서는 트로이카와 투자 관계자들에 의해 지명된 선출되지 않은 정부 기관이 진행한 [밀실]협상의 산물이었다. 대항도덕의 전략은 또한 나치 점령기에 그리스로부터 강탈한 [전쟁]차관을 지금껏 한 푼도 갚지 않은 독일의 행태를 상기시키는 데도 활용되고 있다.[43] 나치의 그리스 기반시설 파괴와 문화유산 밀반출에 대한 배상금, 전시공채에 대한 이자까지를 포함한 총부채 추정액은 그리스인들이 독일의 채권기관들에 지고 있는 현재의 부채 중 상당 부분과 맞먹는다.[44]

---

42. [옮긴이] 2012년 3월 14일 트로이카와 그리스 정부 사이에 체결된 2차 구제금융 프로그램 양해각서를 가리킨다.

43. [옮긴이] 나치 점령기(1942~44년) 당시 그리스 중앙은행이 강요에 못 이겨 독일 측에 제공한 차관을 말한다. 나치 정권은 차관 대부분을 독일 군인들에 대한 임금 지불 등 직·간접적인 전쟁 비용으로 지출했다.

44. Suzanne Daley, "As Germans Push Austerity, Greeks Press Nazi-Era Claims," *New York Times* (October 5, 2013). 좌파 야당 시리자(Syriza)는 전시공채 청구권을 포함하는 그리스 [공적] 부채 감사 캠페인의 옹호자로 활동해 왔다. 이에 관해서

시민감사는 이러한 대항 청구권을 옹호하는 과정에서 국가·지방자치단체·공공기관이 안고 있는 부채가 용인될 만한 것인지를 판정하는 적절한 수단이 될 수 있다. 유럽 여러 나라에서 이러한 과제를 수행하는 그룹들이 생겨나고 있으며, 이 단체들은 〈공적 부채 시민감사를 위한 국제 네트워크〉International Citizen Debt Audit Network, ICAN를 매개로 연결되어 있다. "빚진 것도, 갚을 마음도 없다"를 강령으로 내건 ICAN은 아일랜드의 〈부채정의 행동〉Debt Justice Action, 그리스를 무대로 활동하는 〈그리스 공적 부채 시민감사 운동〉Protovoulia gia tin Epitropi Logistikou Eleghou, ELE, 포르투갈의 〈공적 부채 시민감사 행동〉Iniciativa de Auditoria Cidadã à Divida Público, IAC, 스페인의 〈공적 부채 시민감사를 위한 토론 광장〉Plataforma Auditoría Ciudadana de la Deuda, PACD, 이탈리아의 〈새로운 공공재정을 위하여〉Per una nuova finanza pubblica, 프랑스의 〈공적 부채 시민감사단〉Le collectif pour audit citoyen de la dette publique, CAC, 이집트에서 활동 중인 〈이집트의 빚을 내던져라〉Drop Egypt's Debt, 튀니지에서 결성된 〈유럽연합 회원국들이 보유한 튀니지 채권 감사단〉collectif Auditons les Créances Européennes envers la Tunisie, ACET, 그리고 영국의 〈주빌리 부채탕감 캠페인〉Jubilee Debt Campaign 등을 망라한다. 〈공적 부채 시민감사단〉의 빠뜨리끄 소랭Patrick Saurin은 다음과 같이 말한다. "목표는 모든 공적 부채를

는 http://elegr.gr/details.php?id=323을 참조하기 바란다. 긴축 위기에 관한 뛰어난 분석으로는 그리스가 직면한 곤경을 비상한 통찰력으로 들여다본 코스타스 라파비트사스(Costas Lapavitsas)의 *Crisis in the Eurozone* (London: Verso, 2012)을 꼽을 수 있다.

조사해 그중 어떤 부채들이 정당하고 합법적이며 공공의 이익에 복무하기 위한 것인지를 판정하는 데 있다. 그러한 부채라면 마땅히 상환되어야 할 것이다. 하지만 근본적으로 은행을 살찌우는 부채는 부당하므로 상환되어서는 안 된다. 시민감사의 목적은 이를 가려내는 것이다."[45]

시민감사는 지방 공무원들의 책임성을 시험하는 수단이기도 하다. 지방자치단체와 공적 기관들 대부분은 은행들에 의해 불법 판매되는 유독성toxic 대출상품에 대한 투기 목적으로 공적 자금을 사용할 수 없도록 되어 있다. 실제로 리보 조작 스캔들[46]의 파장은 볼티모어와 같은 도시들이 연루 은행들을 상대로 소송을 제기하는 것으로 나타났다. 이 도시의 당국자들이 은행들의 권유에 넘어가 부실화된 금리스와프interest-rate swaps와 신용부도스와프credit

---

45. " 'Don't Owe, Won't Pay!' : A Conversation with a French Debt Resistor," *Strike Debt* (June 24th, 2013), accessible at http://strikedebt.org/publicdebtaudits/ and International Citizen Debt Audit Network at http://www.citizen-audit.net/.

46. [옮긴이] 리보 조작 스캔들 : 영국의 바클레이즈 은행이 2008년 은행 간 단기금리를 실제보다 낮게 신고해 리보(LIBOR, London Inter-bank Offered Rate)와 유리보(Euribor, Euro Inter-bank Offered Rate)를 조작한 사건. 바클레이즈 은행은 리보 조작을 통해 금리 관련 거래에서 부당이득을 취하고 세계 금융위기로 증폭된 자사의 유동성 사정에 대한 시장의 의구심을 불식시키고자 했다. 그 후 JP모건, 도이체방크 등 20여 개 금융기관도 같은 혐의로 조사를 받았다. 리보는 대형 우량은행들이 런던 금융시장에서 1년 이하 단기자금(대체로 3개월물)을 조달할 때 적용되는 금리이며, 유리보는 유로존 19개국의 시중은행 간 차입금리를 뜻한다. 리보는 현재 연간 1천조 달러 규모로 추산되는 대출·이자율스와프·금리선물 상품 거래에서 기준금리 역할을 하고 있다. 리보는 실거래금리가 아니라 조사대상으로 선정된 대형은행들의 자금조달 예상금리를 기초로 산정되며, 보고 담당자들의 주관이 개입될 여지를 축소하기 위해 상하 25%(유리보의 경우 상하 15%)의 응답치를 제외한 중간치만을 평균한다. 그러나 주관적 판단의 원천적 배제가 불가능한 데다 조사대상도 극소수 은행들에 국한되므로 허위보고와 담합을 통한 조작의 여지는 상존한다.

default swaps를 수천억 달러어치나 매입했기 때문이다. 그러한 거래의 결과가 순전히 금융업자들이나 뇌물을 받아 챙기는 부패한 고위 공직자들에게만 이로울 뿐이라면, 상환거부는 적법한 근거를 갖춘 행위로 인정될 수 있다. 이러한 상황에서 평범한 민중들이 실행하는 부채 감사는 투명성을 제고하고 공통재에 대한 민주적 관리권을 회복하는 수단이기도 하다. 평범한 민중들은 물·에너지 공익시설·공공운수 기관·병원·대학 등의 공통재를 관리하는 지역기관 감사에 참여함으로써 그들 자신이 부채경제의 산물인 심각한 민주주의의 결핍을 메우기 위해 책임을 다하고 있음을 실감하게 될 것이다. 시민감사는 일부 도시들, 특히 브라질의 도시들에서 참여예산 과정의 일환으로 활용되면서 더욱 공정한 공적 지출이 이루어지도록 보장하고 있다.

공적 차입에 대한 시민감사의 성과는 자기 조직화의 역능을 강화하는 활동이라는 데 있다. 더구나 그 잠재력을 고려할 경우 시민감사의 성과는 시장이 아니라 민중의 요구에 기초해 필수자원을 관리하는 첫 단계라는 점에서도 찾을 수 있다. 그러나 개인들에게 사적인 형태로 지워진 가계부채에도 같은 방법이 적용될 수 있을까? 그러한 개인 부채의 상환을 거부할 수 있는 근거는 무엇인가? 많은 경우 문제의 채권자들은 재정적자 폭과 공적 부채 규모를 교묘하게 조작하고 거짓말과 사기로 끝없이 수익을 짜내어 갔던 바로 그 자들이다. 그렇다면 우리가 저들에게 도대체 무엇을 빚지고 있단 말인가?

2장

가정의 도덕경제

소비자 금융에 은행들을 끌어들이다
채무자 공화국의 시민권
파산한 민주주의?

가계부채와 공적 부채 사이에는 공통점이 거의 없다. 그렇다고 이 사실이 정책 결정자들, 특히 긴축조치 시행에 골머리를 썩이는 정책 결정자들 사이에서 양자 간의 비교가 이루어지는 것을 막을 수는 없었다. 버락 오바마는 행정부의 경기부양 노력 종료와 긴축재정 형태의 "재정규율" 착수를 공표하기로 한 직후에 이루어진 2010년 국정연설에서 한 가지 교과서적인 사례를 보란 듯이 입에 올렸다.

나라 안의 모든 가정이 허리띠를 졸라매면서 힘든 결정을 내리고 있습니다. 연방정부도 마땅히 그에 상응하는 노력을 기울여야 할 것입니다. 따라서 오늘 밤 나는 작년 한 해 미국 경제를 위기에서 구해 내는 데 들어간 1조 달러를 상환하기 위한 특단의 조치를 제시하고자 합니다. 정부는 2011년부터 3년간 지출을 동결할 준비가 되어 있습니다······ 정부는 재정난에 시달리는 모든 가정처럼 긴요한 곳에만 지출하고, 그 외의 사업은 중단하면서 허용된 예산에 맞추어 직무를 수행할 것입니다. 나는 이러한 원칙을 시행하는 데 필요하다면 거부권 행사도 마다하지 않을 것입니다.

이러한 비교가 터무니없음은 물론이다. 어떠한 가정도 연준처럼 돈을 찍어낼 수는 없다. 가족 구성원 중 누군가가 전문적인 화폐 위조꾼이 아니라면 말이다. 오바마의 수사법은 경기부양책의 종식을 강력하게 요구하면서 전면적인 공적 급여[국가 급부] 감축을 지향하는 "쇼크 독트린"[1]에 입각해 위기를 다루는 적자 잔소리꾼[긴축론자]들을 진정시킬 만큼 능란하지도 않았다. 한 최고 경영자의 아낌없는 후원 아래 "작은 정부"를 선동하는 〈부채를 해결하라〉 캠페인 본부는 연방 의회를 대상으로 집요한 로비 공세를 펼쳤다. 사회보장연금, 노인 의료보험medicare, 저소득층·장애인 의료보호medicaid와 기타 프로그램들을 대폭 감축해서 국가부채를 상환하되 기업에는 더 많은 세제 혜택을 쏟아부어야 한다는 것이다. 2013년 1월에 발의된 자동 예산삭감 계획은 긴축론자들의 압력이 성공을 거둔 중요한 사례다. 이 계획은 2020년까지 1.5조 달러의 공적 지출을 자동으로 삭감하도록 규정하고 있다. 자동 예산삭감 계획은 일자리에서 쫓겨난 뒤 지금도 저마다의 처지에서 부채 위기로 휘청거리고 있는 저소득층 주민들에게 가해질 혹독한 징벌 수단으로 입안되었다.[2] 2013

---

1. [옮긴이] 쇼크 독트린(shock doctrine)은 캐나다의 저널리스트 나오미 클레인(Naomi Klein)이 『쇼크 독트린 : 자본주의 재앙의 도래』(살림비즈, 2008)에서 사용한 개념이다. 이 교의는 자유시장 광신도들이 인위적 재난(전쟁, 테러, 쿠데타, 금융 붕괴)과 자연재해(쓰나미, 허리케인, 지진)로 조성된 사회적 당혹감을 틈타 "공공부문에 치밀한 기습 공격"(위의 책, 15쪽)을 가하기 위해 감행한 일련의 충격요법으로 구체화되었다. 나오미 클레인은 이러한 재앙을 전면적인 자유시장화의 호기로 활용하는 사회 시스템을 '재난자본주의'로 명명한다. 이른바 '재난자본주의 복합체'는 과거의 군산복합체에 비해 훨씬 더 광범위하고 치명적인 결과를 초래한다. 쇼크 독트린은 CIA의 지원 아래 야만적인 인간 재창조 프로젝트(MK Ultra)를 수행한 맥길대학 심리학부 이웰 카메론(Ewen Cameron)과 순수 자유시장 이데올로기의 권토중래를 꿈꾸던 시카고학파 대부 밀턴 프리드먼의 야심을 효시로 한다. 그 후 이 교의는 1973년 피노체트 쿠데타, 1989년 천안문 사태, 1991년 소련 붕괴, 1997년 아시아 금융위기, 2001년 9·11 사태, 2003년 이라크 전쟁, 2005년 허리케인 카트리나 사태를 거치면서 '진화'를 거듭해 왔다. "쇼크 독트린의 신봉자들이 보기에……위대한 구원의 순간은 홍수, 전쟁, 테러 공격이 일어날 때다, 우리가 심리적으로 약해지고 육체적으로 갈피를 못 잡는 순간이 오면, 이 화가들은 붓을 잡고 자신들이 원하는 세상을 그려 나가기 시작한다"(33~4쪽).

2. Alison Kilkenny, "A Slow-Motion Train Wreck : The Real Consequences of the

년 10월 연방정부 일시폐쇄 사태를 불러온 티 파티^{Tea Party}의 공세는 연방정부 부채 감축이라는 명분을 내세워 대폭적인 사회지출 삭감을 목표로 삼았다.

오바마가 활용한 [가계부채와 공적 부채의] 유사성이라는 발상은 실상을 호도한다. 정부는 가계와 달라서 반드시 "수입의 범위 내에서 운영"되어야 할 이유가 없기 때문이다. 빚을 지고 있는 가정들과는 달리 미국 연방정부가 안고 있는 부채 대부분은 그 자신에 대한 빚이다. 영국, 중국, 일본과 마찬가지로 미국 역시 법정 불환화폐 제도를 운용하고 있다. 따라서 미국 정부는 뜻대로 화폐를 발행할 수 있다. 이 국가들과는 달리 미국은 세계 준비통화국이다. 준비통화에 대한 수요는 항상 존재한다. 따라서 준비통화는 인플레이션 대비책이 될 수 있다. 준비통화국은 자국의 과세 기반이 급속히 약화하지 않는 한 장기간에 걸쳐 높은 부채 수준을 감내할 수 있어야 한다. 다시 말해 연방정부 부채 "위기"는 대체로 억지스러운 협박이라는 것이다. 이러한 위기는 통상적인 상황에서라면 정치적 제약으로 인해 불가능했을 재정지출 삭감을 정당화하기 위해 날조되었다. 그러나 앞에서 제시된 [오바마식의] 비교는 방만한 가계 재정운용과 금융공황 사이에도 모종의 관계가 있었을지 모른다는 더욱 교묘하고 음험한 연결고리를 넌지시 내비친다. 위기의 근원에 대한 일부 통속적인 설명들이 금융붕괴와 뒤이은 대폭적 연방 재정적자 증가의 진정한 원인으로 꼽은 것은 은행가들의 위험천만한 내기가 아

Sequester," *The Nation* (June 24, 2013).

니라 개별 소비자들의 과도한 소비였다. 이처럼 날조된 주장이 공공연히 유포되면서 미국의 가정들은 유럽의 경우보다 한층 더 전일적으로 차입 및 지출 양식의 도덕주의에 길들었다.

평면 TV와 꿈에 그리던 내 집 장만을 방탕한 소비 행각으로 몰아붙이려는 온갖 악의적 비방들이 난무했다. 하지만 부채로 조달되는 소비가 지속적인 증가세를 유지할 수 없었던 주된 이유는 소득이 정체하는데도 교육비와 의료비가 치솟았다는 사실에서 찾아야 한다. 미국의 가계소득 대비 부채 수준은 2007년의 177%를 정점으로 감소 추세를 보여 왔으나, 이는 부분적으로 대규모의 채무불이행과 미수채권 대손상각에 따른 것이다. 개인 채무불이행률, 그중에서도 특히 학자금부채 연체율은 매우 꾸준한 상승세를 이어가고 있다. 그러나 어떠한 종류의 진지한 "해결책"도 제시되지 않았으며, 이 문제에 대응하기 위한 정부의 개인 부채 경감안도 전혀 알려진 바 없다. 심지어 전통적인 거시경제학의 관점에서 보더라도 부채 디플레이션의 충격은 우려할 만했다. 채무원리금 상환을 위해 은행가들의 수중으로 들어가는 1달러의 가치는 실물경제 영역에서 재화와 서비스의 구매에 지출되는 1달러의 가치보다 높다. 상위 1%에게 돌아갈 대차대조표상의 부를 증가시키기 위해 더욱더 많은 잉여를 짜낼수록 생산적 경제 부문이 사용할 수 있는 몫은 그만큼 더 줄어든다.

주택 압류 위기 초반에 정치적 스펙트럼상의 갖가지 신념의 대변자들은 곤경에 빠진 주택 보유자들에게 손실상태에 놓인 집을 포기하라고 충고했다. 그러나 전략적인 채무불이행을 종용하는 이

2012년 9월 17일 맨해튼 금융지구에서 열린 월가 점거 1주년 기념행사에 등장한 부채 바위
(사진 제공:Debt Boulder Collective)

권고는 기본적으로 공리주의에 기반을 두고 있었다. 즉, 주택담보
대출금을 계속 상환할 경우 경제적으로 득 될 것이 전혀 없다는 논
리다. 예상대로 이러한 권고는 윤리적 행위라고는 더는 기대할 수
없는 은행가들로부터 도덕적으로 무책임하다는 비난을 받았다. 또
다른 대변자들은 [손실상태의 주택 보유자들에게] 원금삭감이 받아
들여질 때까지 대출 상환금을 제3자에게 예탁하고 모기지 파업에
나설 것을 촉구했다.[3] 연방정부의 조치가 뒤따르지 않아 결국 무산
되고 말았지만, 일부 도시의 당국자들은 손실상태에 놓인 주택 보

---

3. 이러한 요구 가운데 한 가지는 [지역 단체인] 〈오하이오 민중의 역능을 강화하고 증
   진하라〉(Empowering and strengthening Ohio's People, ESOP)에 의해 제기되었
   다. 이에 관해서는 http://www.esop-cleveland.org/index.php?option=com_conte
   nt&view=article&id=124%3Ahomeowners-call-for-mortgage-strike&catid=8%3A
   general&Itemid=46을 참조하기 바란다.

유자들이 상환해야 할 주택저당채권을 매입·감액하기 위한 강제수용권 발동을 검토하기도 했다.[4]

연방정부는 막대한 공적 자금을 제공하고도 수혜 은행들로부터 감액된 상환조건 제의를 끌어내지 못했다. 사기적인 주택담보대출 관행에 연루된 뱅크오브아메리카, 시티그룹, JP모건체이스, 웰스파고 등을 상대로 한 소송 역시 차입자에게 유리한 결과를 얻어내기까지에는 오랜 시간이 소요되었다. 2013년 가을 JP모건과 법무부가 합의한 130억 달러의 과징금 가운데 주택 보유자 구제기금 몫으로 배정된 액수는 고작 40억 달러에 불과했다. 영국의 경우 "지급보장보험" 사기판매에 연루된 스코틀랜드 왕립은행RBS, 로이즈Lloyds은행, 바클레이즈Barclays은행, 홍콩상하이은행HSBC에 부과된 벌금은 가계소비 증가율을 끌어올리기에 충분한 액수였다.[5] 확실히 보

---

4. Hannah Appel and JP Massar, "Can a Small California City Take on Wall Street — And Survive?" *Strike Debt Bay Area* (September 29th, 2013), at http://strikedebt.org/em-dom-richmond/. Steven Lee Myers and Nicholas Kulish, "Growing Clamor About Inequities of Climate Crisis," *New York Times* (November 16, 2013).

5. [옮긴이] 지급보장보험(payment protection insurance; PPI)은 가입자가 불의의 사고나 질병으로 실직해 대출금을 상환할 수 없는 상태에 놓이게 되면 보험사 측이 가입자의 채무를 대신 변제하도록 약정된 상품이다. 영국의 주요 은행들은 2005년 이후 자사 대출상품 이용자들의 지급보증보험 가입을 의무화했다. 그 과정에서 보험급여 비대상인 자영업자나 실직자의 피해 사례가 속출했다. 성과보수에 집착한 직원들의 마구잡이식 판매도 피해를 키우는 데 한몫했다(금융업계는 이러한 사기적 행태를 완곡하게 '불완전 판매'라 부른다). 연루된 은행들은 2011년 금융감독청(FSA)의 피해구제 명령에 불복해 소송을 제기했지만, 결국 2013년까지 160억 파운드의 환급금(납입 보험료, 이자, 보상금)을 지급해야 했다. 총환급액은 270억 파운드에 이를 것으로 추정된다. 대규모 환급 사태는 은행들의 수익구조를 일시적으로 악화시켰지만, 영국 경제에는 반사적 이익을 안겨 주기도 했다. 일부 기관들은 환급금 지급이 소비증대로 이어져 GDP를 0.7~1% 남짓 끌어올렸다는 구체적 수치를 제

험사기로 돈을 뜯긴 고객들 각자에게 지급된 수천 달러의 배상금은 은행들의 일상적인 영업활동보다는 실물경제 영역에 더욱 뚜렷한 영향을 미친 것으로 나타났다. 존 란체스터John Lanchester가 비꼬았듯이 "은행들은 그 본연의 기능인 대부 행위 면에서 볼 때 한심스럽기 짝이 없다. 그러니 차라리 사취당한 고객들에게 과징금 납부액 수십억 달러를 [직접] 되돌려 주게 하는 편이 경제적으로는 더 나을 것이다."6

대체로 법정 밖에서 당사자 간 합의로 종결되는 산발적인 소송 외에는 개별적인 가계부채의 정당성 여부를 판정하려는 시도는 거의 이루어지지 않았다. 체계적인 원칙에 근거한 조직적 활동은 아예 찾아볼 수 없었다. 하지만 그러한 도덕적 차원을 고려하지 않을 경우, 우리는 채권자 계급의 지배로부터 자유로운 삶의 방식을 상상하기는커녕 은행의 목조르기에서 빠져나올 기회조차 얻지 못할 것이다. 설령 정부가 어떻게든 채권자들에게 제기될 최상의 요구안이 완성되는 곤란한 상황을 회피하면서 모종의 채무경감 방안을 관철하더라도, 그러한 방안은 어디까지나 소비증가율 제고와 GDP 성장이라는 단기적이고 공리주의적인 목표를 지향할 것이다. 필수적인 사회재를 부채로 조달하게 하는 비도덕적 경제는 멀쩡히 살아남을 것이다. 개인들에게 지워진 부담이 또다시 가중되리라는 것도 확실하다. 분명한 것은 이러한 부채 시스템을 비윤리적이고 지속 불

시하기도 했다.
6. John Lanchester, "Let's Consider Kate," *London Review of Books*, 35, 14 (July 18, 2013), p. 3.

가능한 사회 관리 양식으로 규정하고 넘어서려면 몇 가지 지침들이 긴급하게 요구된다는 점이다.

그렇다면 우리는 어디서부터 시작해야 하는가? 국가부채의 경우처럼 가계부채 급증의 기저를 이루는 역사적 근거를 자세히 검토하는 것은 결코 빠뜨릴 수 없는 작업이다. 공적 부채의 누적에서와 정확히 마찬가지로 개인 부채의 증가에서도 사회적 통제에 대한 집착은 수익을 향한 갈망 못지않게 강력한 추동력으로 작용했다. 완숙한 부채의 지배는 협치에 대한 수혜자들의 열의를 강화하기 위해 이 두 가지 욕망 모두를 충족시킬 필요가 있는 것이다.

소비자 금융에 은행들을 끌어들이다

상업은행들이 소비자 금융업에 뛰어들기까지는 매우 오랜 시간이 흘러야 했다. 미국의 산업화 시기 대부분에 걸쳐 반고리대적인 이자율 상한선이 설정된 데다 기업대출로 벌어들이는 이익도 남아돌 만큼 충분해서 은행가들은 소비자 금융과 거리를 두었다. 할부 신용판매는 대체로 [소매]상점 소유주들에 의해 활용되었다. 그들은 때에 따라서는 단골을 유지하기 위해 수수료를 한 푼도 부과하지 않았다. 따라서 이들 소매상의 관점에서 보면 할부 신용판매의 확대는 손해가 될 수도 있었다. 상품을 대량으로 구매하는 데 필요한 자금을 융통하려던 중간계급의 개인이나 가정들은 친척에게 손을 벌렸다. 이주자들은 같은 민족 출신들로 이루어진 신용단체에 도움을 청했다. 반면 노동계급은 고리대금업자를 찾는 수밖에 달리 도리가 없었다. 상대적으로 뒤늦게 확립된 미국의 파산법령은 채권자, 기업가, 투자자들 사이에서 위험감수 성향을 조장하려는 의도로 입안되었다. 파산법령은 가계부채를 짊어진 사람들이 할부대출을 통해 생필품을 구매하는 함정에 빠져드는 것을 막아내지 못했다. 고리대 제한 규정 역시 소비재 구매를 위한 차입에는 적용되지 않았다. 그로 인해 일부 소매점의 신용거래 이자율이 급등했다. 특히 불법적인 고리대금업체의 이자율은 [차입자들의] 파산을 초래할 만큼 치솟았다.

1920년대 들어 개인대출을 양성화하고 고리대금업체를 업계에서 추방한다는 허울 좋은 구실 아래 대금업법[이자제한법]usury laws이 폐지될 때까지도 은행가들은 소비자 금융업에 뛰어들기를 꺼렸다. 자동차가 대중소비재로 떠오르자 고가 상품 구매 자금을 대부하는 소비자 금융의 이점을 둘러싼 한 점의 의혹도 사라져 버렸다. 유독 헨리 포드Henry Ford만은 금융에 대한 뿌리 깊은 생산자주의적 혐오감에 사로잡혀 소비자 금융업 진출을 망설였다. 주요 경쟁자인 제너럴 모터스가 후일 수익성 높은 금융 자회사로 성장하게될 제너럴 모터스 억셉턴스General Motors Acceptance Corporation, GMAC를 통한 매출채권 인수[방식의 판매]를 추진해 나가자 포드 자동차의 판매고는 타격을 입었다.[7] 뒤이어 GMAC가 도소매 금융부문에

---

7. Louis Hyman, *Borrow: The American Way of Debt* (New York: Vintage, 2012), pp. 44~52.

서 거둔 성과로 인해 제너럴 일렉트릭 등 다른 기업들 사이에서도 수많은 모방업체가 설립되었다. 한편 노동자 가구의 수입으로는 감당키 어려운 다양한 [사치성] 소비재에 대한 욕구를 충족시키기 위한 독립적인 금융회사들도 생겨났다.

에드워드 파일린Edward Filene, 에드워드 버네이즈Edward Bernays 등 소비의 사도들은 사회주의의 호소력에 대항하기 위해 소비자 권력을 작업장 민주주의의 대안으로 선전했다.[8] 대중에게 신용을 제공하는 행위는 해방을 향해 나아가는 위대한 결정으로 포장되었다. GMAC 회장 존 래스콥John Raskob은 다음과 같이 공언했다. 신용을 제공하려는 GMAC와 같은 금융회사들의 노력은 "만인에게 풍요로운 안식처와 공정한 기회"를 가져다줄 것이다. "이야말로 사회주의자들이 인류에게 줄곧 환기시켜 온 바가 아니던가. 그러나 우리의 경로는 파괴를 일삼는 사회주의적 수단이 아니라 개량을 모색하는 자본주의적 수단에 의해 추구될 것이다."[9] 실제로 그 후 수십 년 동안 신용에 접근할 권리는 사회주의에 대항하는 격렬한 선전전의 주요 쟁점이 되었다. 애초에 이러한 선전전은 미국 내에서 사회주의의 영향력을 차단한다는 목표를 내걸었지만, 1940년대 후반부터는 줄곧 사회주의 블록과의 전 세계적인 경쟁 구도하에서 진행되었다.

---

8. Stuart Ewen, *Captains of Consciousness: Advertising and the Social Roots of the Consumer Culture* (New York: McGraw-Hill, 1976).

9. Louis Hyman, *Debtor Nation: The History of America in Red Ink* (Princeton: Princeton University Press, 2012), p. 43에서 인용.

이 강력한 운동이 주목한 대상은 자동차가 아니라 주택 소유권이었다. 주택소유는 집산주의의 교의에 대항하는 영미식 소유적 개인주의의 가장 확고한 지주支柱이자 가장 강렬한 열정을 자극하는 방어수단이었다. 1920년도 인구조사에서 자가주택 소유율이 하락한 것으로 나타나자 주택 소유 동기를 자극하기 위한 〈더 좋은 집 만들기 운동〉the Better Homes Movement이 출현했다. 이 운동은 그해 다양한 기업체와 시민단체들의 주관 아래 범국민 절약 주간National Thrift Week의 핵심적인 프로그램으로 처음 도입된 "내 집 갖기의 날" 행사와 함께 시작되었다. 허버트 후버Herbert Hoover는 1921~28년에 상무부 장관의 자격으로 〈전미 더 좋은 집 만들기 운동〉을 관장했다. 이 단체는 한편으로는 무책임한 소비주의를 방지하고, 다른 한편으로는 사회주의자들의 위협을 막아낼 방지책으로 결성되었다. 후버는 제퍼슨주의적인 자유농민 풍의 정주 규범[10]을 원용하는 것

---

10. [옮긴이] 제퍼슨은 중앙집권적 정부형태와 상공업자들의 이익보호를 중시한 해밀턴(Alexander Hamilton) 등의 연방주의자들에 맞서 각 주의 자치권에 기초한 독립적 자영농 중심의 사회를 민주주의의 이상향으로 옹호했다. 소수의 특권과 독점을 공화정부에 대한 최대의 위협으로 간주한 제퍼슨식의 정치적 신조(Jeffersonianism)는 19세기 미국 인민주의 사상에 중대한 영향을 미쳤다. 그러나 미국혁명기에 발행된 국채상환 압박에 시달린 제퍼슨주의자들은 토지정책의 일차적 목표를 재정수입 확대에 두었다. 영토 확장으로 늘어난 토지를 불하하는 조치는 〈토지선매권법〉(1841)과 〈자영농지법〉(1862) 제정 이후에야 본격화되었다. 〈자영농지법〉은 서부 개척 종사자에게 최대 160에이커의 토지를 무상 불하하는 것을 골자로 했다. 신청 자격은 경계가 획정된 토지 내에 가옥을 짓고 살면서 5년 이상 해당 토지를 개간한 21세 이상의 남성들로 한정되었다. 6개월 이상 거주자는 에이커 당 1달러 25센트에 공유지를 불하받을 수 있었다. 즉, 토지소유권 주장은 원칙적으로 거주를 전제로 할 때만 성립될 수 있었다. 이 법에 따라 한 세기 동안 160만 명의 농민들에게 2억 7천만 에이커의 토지가 불하되었다. 그러나 인디언의 희생을 발판으로 한 '자유로운 토지'라는 유토피아의 진정한 '승리자'는 농민들이 아니라 투기꾼, 금융업자, 자본주의

에 만족할 수 없었다. 따라서 후버는 그 자신이 "집을 소유하려는 제1의 천성"으로 묘사한 규범을 고취하고자 했다.[11] 이 규범과 마찬 가지로 〈더 좋은 집 만들기 운동〉 또한 시장에 쏟아져 나오는 상품들의 유혹 앞에서 검약의 덕성이 쇠퇴할지도 모른다는 세간의 우려를 진정시키는 역할을 담당했다. 은행가들에게 있어서 이러한 도덕주의의 장려는 그들 자신의 사익을 보호하기 위한 일종의 방편이었다. 결국, 저축성 예금의 형태로 나타나는 개인적 검약이 은행들의 기업융자 능력을 밑받침하는 토대로 작용한 것이다.[12]

상업은행들은 주택 구매시장 육성이 국민경제 회복을 위한 긴급 사안으로 전환되고 나서야 비로소 소비자 대부 운동에 이끌려 들어왔다. 1920년대 초반의 주택산업 붕괴는 주택소유 문제를 최상위의 공공정책 사안으로 확립시킨 다양한 뉴딜 법안들의 발의를 촉진했다. 공공사업국은 수천 호의 주택을 건설했다. 그리고 〈주택소유자 대부공사〉Home Owners Lending Corporation는 자가 거주 주택

기업가 등 도적(강도)귀족들이었다. 이러한 평가로는 에릭 홉스봄, 『자본의 시대』, 정도영 옮김, 한길사, 1998, 285~305쪽을 참조하기 바란다.

11. Herbert Hoover, "The Home as Investment," National Advisory Council for *Better Homes in America, Better Homes in America Plan Book for Demonstration Week October 9 to 14, 1922* (New York : Bureau of Information of Better Homes in America, 1922), p. 7.

12. 검약과 소비주의 간의 부조화에 관한 설명으로는 다니엘 호로비츠(Daniel Horowitz), *The Morality of Spending : Attitudes Toward the Consumer Society in America 1875~1940* (Baltimore : Johns Hopkins University Press, 1985); Lendol Calder, *Financing the American Dream : A Cultural History of Consumer Credit* (Princeton : Princeton University Press, 1999); 그리고 David Tucker, *The Decline of Thrift in America : Our Cultural Shift from Saving to Spending* (New York : Praeger, 1990)를 참조하기 바란다.

의 약 5분의 1에 직접적인 재융자를 제공하는 것으로 압류위기에 대처했다. 하지만 주택 대부는 지나치게 위험하다는 은행업자들의 우려를 말끔히 털어낸 것은 연방주택국이었다. 연방주택국의 창설을 가져온 1934년의 〈국가주택법〉은 장기 원리금균등분할상환 주택담보대출과 이를 밑받침할 정부보증 시스템을 도입했다. 보증 프로그램의 기금은 5%의 주택담보대출 기준금리에 1%의 추가 부담금을 부과하는 방식으로 조성되었다. 그러나 연방정부는 이 프로그램을 채무불이행 상태에 놓인 모든 대출채권의 전액변제를 보장하는 수단으로 운용했다. 문제의 부채 부담을 덜어주는 데는 단 한 푼의 공적 자금도 사용되지 않았다. 연방주택국의 획기적인 사적 자본 활용법은 뉴딜 정책을 사회주의자들의 음모로 간주하는 자들을 안심시키는 데 일조했다. 실제로 훗날 연방주택국장직에 오르게 되는 한 인사는 이러한 상황을 다음과 같이 평가했다. "그것은 사적 기업들의 마지막 희망이었다. 대안은 주택산업의 사회화에 있었다."[13]

은행들의 입장에서 1938년 증권유통시장에서의 주택저당증권 mortgage backed securities, MBS 거래를 위해 (패니매이라는 별칭을 지닌) 〈연방저당권협회〉가 창설된 것은 금상첨화였다.[14] 대부자들은 이때

---

13. Hyman, *Debtor Nation*, p. 53에서 인용.

14. [옮긴이] 〈연방저당권협회〉(Federal National Mortgage Association)는 통상 패니메이(Fannie Mae)로 불린다. 1938년 뉴딜 정책의 일환으로 주택경기를 부양하기 위해 설립되었다. 그 후 30여 년간 주택금융시장에서 독점적인 지위를 누리다 1968년에 민영화되었다. 1970년 미 의회의 허가로 설립된 프레디맥(연방주택금융저당회사, Federal Home Loan Mortgage Corporation)과 함께 미국의 모기지 대출시장을 주

부터 증권화된 대출채권 매도 시에 국가 표준가격에 의지할 수 있었다. 더욱 중요한 것은 그들이 추가 대출을 실행하기 위해 대출자산을 장부에서 제거할 수 있었다는 사실이다. 채권전매의 법적 허용은 기회의 문을 활짝 열어 놓았다. 은행들은 보유분보다 훨씬 더 많은 자금을 대부할 수 있게 되었다(서브프라임 모기지 사태 발생 직전 미국 은행들과 유럽 은행들의 타인자본 비율은 각각 35:1과 45:1에 이르렀다. 특히 2008년 당시 바클레이즈 은행의 자산/자본 비율 연중 최고치는 61.3:1에 달했다).[15] 부채는 마치 자산처럼 담보로 제공되면서 또 다른 차입으로 연결될 수 있었다. 특히 연방정부의 보증이 있을 경우 그 정도는 더욱 심했다. 악성 채권에 대한 책임은 누구든 그것을 사들이는 불운한 사람에게 전가될 수 있었다. 게다가 연방정부는 흔히 패니매이를 통해 행정적인 관리 비용 문제를 해결하곤 했다(이 방식은 훗날 샐리메이를 통한 학자금 대출에서도 되풀이된다). 적절히 규제되는 한 이 시스템은 안정적인 제도로 기능했으며, 소득이 증가하던 시대에는 지속적인 수익 창출로 이어졌다. 그러나 시간이 흐를수록 규제가 완화되자 이러한 주택담보대출채권, 특히 "비적격" 대출채권이나 비우량 대출채권 전매를 통해 허공에 우뚝 솟은 피라미드가 생겨났다. 채무증서들과 파생상품 형태의 투기자금으로 축성된 이 피라미드는 시스템 붕괴의 영향에

도해 왔다. 패니매이는 연방주택국(FHA)이 보증하는 대출증서를 매입해서 금융권의 대출을 촉진하는 방식으로 주택산업을 부양했다. 미 연방정부는 2008년 9월 2천억 달러의 공적 자금을 투입해서 모기지 손실로 도산 위기에 몰린 패니매이와 프레디맥을 사실상 국유화했다.

15. John Lanchester, *I.O.U.: Why Everyone Owes Everyone and No One Can Pay*, p. 31.

극도로 취약했다.

은행가들의 위험을 중화시키는 것은 정부의 관행으로 굳어졌다. 그러나 그러한 관행은 값비싼 대가를 요구했다. 1980년대의 주택대부조합 위기 시에 날아든 청구서를 시작으로 그 비용은 번번이 납세자들의 몫이 되었다. 3천7백억 달러 규모로 추산된 당시의 비용은 2008년 이후에 발생한 수조 달러의 재정 손실에 비하면 왜소해 보일 수도 있다. 이처럼 급증한 구제금융 비용은 월가와 정부 사이에 체결된 뉴딜 협약의 직접적인 결과였다. 월가는 바로 이 협약 덕분에 천만다행히 명맥을 이어갈 수 있었다. 정부는 은행들의 위험 요인을 흡수할 책무에 구속되었지만, 양자 간의 관계는 그다지 상호적이지 않았다. 2008년 이후 대형 은행들이 지급불능 위기에서 구제되자 의회에는 은행들의 대부, 심지어는 은행들 상호 간의 대부를 재개시킬 권한마저 남아 있지 않았다. 많은 논평자는 입법자들의 규제 수단이 심각하게 약화되어서 규제 효과를 발휘할 수 없었을 뿐이라고 단정 지었다. 그러나 구조적인 결함 일부는 무엇보다도 은행들에 일방적으로 유리한 협약, 즉 은행들을 소비자 대부 시장으로 끌어들인 바로 저 타협의 산물이었다.

연방주택국과 패니매이가 승인한 대부기준은 전후 장기간에 걸쳐 지속된 소비 붐의 구조적 기반을 제공했다. 연방주택국의 보증에 따라 공급된 교외주택은 백화점에서 구매한 제품들로 가득 찬 컨테이너였다. 거주자들은 샤가 플레이트Charga-Plate(신용카드의 전신)를 사용해 이 제품들을 구입했고, 그 후로는 특정 매장과의 신용거래를 통해, 그리고 최근에는 회전신용에 의지해 구매대금을 결제해 왔다. 이 시기에 완전한 시민권은 상업은행과 장기간 채권·채무관계를 맺어 온 사람들에게만 허용되었다. 대부분 백인 교외주택 구매자들로 이루어진 유자격자들의 연체율은 낮았다. 경제가 꾸준히 성장하고 소득이 안정적으로 증가하는 동안 월별 상환은 대체로 무난하게 이루어졌다. 그런데도 여전히 신용평점 하락에 대한 공포심이나 주택 압류에 대한 우려는 냉전기 순응주의 문화를 뚜렷하게 특징지었던 완고한 현상유지 성향을 강화하는 데 일조했다. 채무원리금 상환은 사회적 규범의 강화를 가져온 비결이었다. 이렇게 해서 저당권이 설정된 주택은 이 시기 자본주의 이데올로기의 초석으로 자리 잡았다. 대규모 교외주택 단지를 공급한 건축업자 윌리엄 레빗William Levitt은 "자기 집과 땅을 소유한 사람은 공산주의자가 될 수 없다"는 말로 이러한 이데올로기를 매우 간명하게 표현했다.[16] 그는 정확히 이러한 표현을 통해 "노동자의 보수적 관점"을 촉진하는 운동 속에서 20여 년 동안 존 놀렌John Nolen을 비롯한 도시계획가 세대와 로런스 베일러Lawrence Veiller 등 주택문제 개혁가들을 지배했던 일반적인 사고를 숨김없이 드러내 보였다.[17]

주택 융자를 받을 수 있도록 하는 것과 일반 시민들이 쾌적한 집에서 살 수 있도록 보장하는 것은 별개의 문제다. "모든 가정이 적정한 주택을 소유할 권리"는 프랭클린 델라노 루스벨트가 1944년

---

16. Kenneth Jackson, *Crabgrass Nation : The Suburbanization of the United States* (New York : Oxford University Press, 1985), p. 231.

17. Dolores Hayden, *Redesigning the American Dream : The Future of Housing, Work, and Family Life* (New York : Norton, 2002), pp. 49~50.

에 발표한 경제적 권리장전의 특징이었다. 1948년의 〈주택법〉 또한 "모든 미국인에게 쾌적한 주거환경을 갖춘 적정한 주택" 제공을 약속했다. 그러나 주거권에 대한 미국 정계의 공식적인 지지는 1960년대부터 눈에 띄게 약화되기 시작했다.[18] 1996년 미 국무부는 인권운동가들의 압력에 맞서 "국제적인 주거권을 인정할 수 없다는 미합중국의 태도를 명확히 공표할 것"을 요구했다. 더 나아가 국무부는 적정한 주택 공급을 단지 추구되어야 할 이상적인 원리 정도로 간주하는 한층 더 낮은 수준의 [권리] 인정을 선호한다는 태도를 분명히 밝혔다.[19] 그 무렵 주거의 권리는 신용에 접근할 권리로, 그리고 대출을 통해 장기 채무자 대열에 합류할 권리로 계속해서 대체되었다. 이는 교육의 권리가 학자금 대출을 받을 권리로 대체된 것과 정확히 마찬가지다.

일부 주거지역에 대한 금융서비스 거부redlining, 부동산 양도증서상의 제한조건 설정, 인종차별적인 계약조항의 강요는 백인 남성 차입자에게게만 연방주택국 저리 대출을 이용할 수 있는 자격이 부여된다는 뜻이다. 반면 인종적 소수자들과 독신 여성들은 집을 장만하고 온갖 명목의 대출금을 상환하느라 훨씬 더 과중한 비용을 치러야만 했다. 그로 인해 그/그녀들은 신용사기꾼들의 만만한 먹

---

18. Rachel Bratt, Michael Stone, and Chester Hartman, eds., *A Right to Housing: Foundation for a New Social Agenda* (Philadelphia: Temple University Press, 2006).

19. Stanley Moses, "The Struggle for Decent Affordable Housing, Debates, Plans, and Policies," in *Affordable Housing in New York City: Definitions/Options* (New York: Steven Newman Real Estate Institute, Baruch University, 2005).

잇감으로 전락했다. 1970년대에도 할부 신용판매는 여전히 소수자들이 주로 거주하는 도심 지역의 소매 규범으로 남아 있었다. 도심 지역의 소매상점 주인들은 공화국 수립 초기부터 이어져 온 관례대로 고객들에 대한 외상매출 장부를 기록했다. 1967년에 발표된 데이비드 카플로비츠David Caplowitz의 획기적인 연구 "가난한 자들이 더 많이 지불한다"는 저소득층 도심 거주자들이 교외의 백화점들에서 중간계급 소비자들에게 판매되는 것과 똑같은 상품을 입수하기 위해 인근 상점들에 더 많은 외상 빚을 지고 있음을 분명하게 보여 주었다. 그들은 오직 근처의 소매상들에게서만 신용을 인정받았기 때문에 가격과 품질을 비교할 수 없었다. 결국, 저소득층 도심 거주자들은 도리 없이 손쉽게 착취당하는 구매층 노릇을 감수해야 했다. 가구와 기타 세간을 압류당하는 일이 다반사였고, 이를 지켜보는 이웃들 앞에서 채무자의 수치심은 커져 갔다. 1960년대의 도시 봉기들에 의해 촉발된 분노가 대체로 도심 외부에 거주하는 백인 소유의 소매상점들로 향한 것은 놀랄 만한 일이 아니었다. 대중매체들은 "약탈" 광경을 대서특필했다. 그러나 또 다른 관점에서 본다면 상점들에서 가정용 기기를 훔쳐내는 행위는 빚을 동반하지 않는 일종의 소비 행위이며, 그동안 단골들을 쥐어짤 대로 쥐어짠 소매상들에게서 응분의 대가를 받아 내는 데 지나지 않는다. 어떤 의미에서 물품대금은 이미 지불된 것으로 볼 수도 있다. 수년 동안 상환된 할부대금에 엄청난 고율의 이자와 부당 청구분이 포함되었기 때문이다. 물품을 털리기 전에 상점 주인들이 그간의 신용거래 내역을 소각했다는 소문이 파다하게 퍼진 것도 그 때문이다.[20]

채무자 공화국의 시민권

　도시 봉기들은 연방 의회에 엄청난 충격을 안겨 주었다. 얼마 지나지 않아 새로운 사회적 프로그램과 서비스를 통해 도시 빈민들에게 약간의 상품교환권이 배부되었다. 그러나 장기적인 입법원칙으로 부각된 것은 끊임없이 약탈적 대부자의 먹잇감이 되고 있던 배제된 자들에게까지 신용에 접근할 기회를 넓혀야 한다는 요구였다. 저소득층 아프리카계 미국인들은 배제된 자들 가운데서도 가장 우선적인 고려 대상이 되었다. 하지만 신용평점은 전적으로 남성의 생활방식에 준거했다. 따라서 중간계급의 백인 여성들조차 적정이율로 대출을 받을 수 없었다. 연방 의회는 〈소비자신용보호법〉(1968), 〈공정신용보고법〉(1970), 〈신용기회균등법〉(1974)과 같은 일련의 법안들을 잇달아 통과시켰다. 이 법안들은 신용거래의 균일성을 기하고 인종·성별·종교·원 국적·연령을 이유로 한 차별을 금지하려는 의도를 담고 있었다. 제정된 법률들은 공정한 경쟁의 장을 제공한다는 목표를 내걸었지만, 다른 한편으로 오직 부채를 지는 사람들만 일등 시민권을 취득할 수 있다는 사고방식이 한층 더 굳어지게 만들었다. 문제의 법률들은 의료·교육·주택 등의 기본적인 사회재를 누릴 권리를 더욱 명확하게 표현하기는커녕 오히려 사적 부채를 이용해 사회재를 조달할 수 있는 권리, 즉 빚을 내어 비

---

20. Lizabeth Cohen, *A Consumers' Republic : The Politics of Mass Consumption in Postwar America* (New York : Vintage, 2003), p. 375~77, 그리고 Hyman, *Debtor Nations*, p. 180을 참조하기 바란다.

용을 지불할 때에야 비로소 취득할 수 있는 권리를 옹호했다. 이 권리야말로 급성장하는 금융서비스 산업이 유일하게 중요성을 부여하는 시민권의 형상이었다.

국가가 사회적 재화의 공적인 공급을 보증하는 방식에 비해 사적 원리에 기초해 사회적 재화를 구매하는 데 드는 자금 조달을 개인의 능력에 맡기는 방식은 안정적일 수도 지속적일 수도 없었다. 그러한 개인의 능력은 끊임없는 소득증대나 자산가치 상승에 의존한다. 1970년대 들어 미국의 임금 수준이 정체되자 가계부채는 전반적으로 급증했다. 그 후로 줄곧 생활수준은 오직 부동산 전매차익 실현을 통해서만 유지될 수 있었다. 그 무렵 미국의 주택보유자들은 평균 7년에 한 번꼴로 집을 되팔았다. 아메리칸 드림은 내 집 마련이 아니라 더 비싼 가격에 집을 팔아 치우는 것을 통해 실현되었다. 역사학자 리자베스 코헨Lizabeth Cohen이 묘사한 바와 같이 전후 시기의 "'소비자' 공화국"은 상품시장에 대한 완전한 민주적 참여를 공약으로 내걸었다. 그리고 이 공약은 궁핍으로부터의 자유에 관한 고상한 정치적 수사를 통해서도 확인되었다.[21] 소비자 공화국이 언제나 약속을 이행한 것은 아니다. 심지어 소비 공화국이 가장 총애하던 백인 교외 거주자들에 대한 약속조차 제대로 지켜지지 않았다. 그런데도 소득 증가세가 멎자마자 소비자 공화국은 곧 "부채 공화국"으로 이행했다. 이처럼 더욱더 일방화된 평등한 참여의 사회에서 아무런 제한 없이 신용시장에 접근할 권리

---

21. Cohen, *A Consumers' Republic*.

를 누릴 수 있었던 것은 은행들뿐이다. 그동안 소비자들은 신용시장에 에워싸인 채 저마다 품었던 소망의 대가를 치르느라 사력을 다해야 했다.

소비자들 각자의 절박감이 커질수록 궁지에 몰린 가정들의 상황을 악용하기 위해 개발된 신종 금융상품 판매량은 증가했다. 의료비와 대학 등록금 고지서가 쌓여 가자 주택 보유자들은 살던 집을 담보로 더 많은 돈을 빌릴 수밖에 없었다. 2000년대 들어 일반적인 가정들 사이에서 한 가지 대안으로 부각된 것은 2차 주택담보 수시대출이었다. 2차 주택담보 수시대출은 일종의 변동금리형 회전대출 상품이다. 이 상품 구매자는 승인한도 내에서 대출 시점과 횟수를 임의로 선택할 수 있다. 신용카드의 경우 월 최소결제액이 지불해야 할 이자 정도에 불과할 만큼 소액일 수도 있다. 얼마 지나지 않아 은행들은 카드빚을 진 사람들에게 2차 주택담보 수시대출을 현금자동입출금기나 신용카드처럼 사용하라고 부추겼다. 2차 주택담보 수시대출을 받아 비자카드와 마스터카드 빚을 갚으라는 것이다. 서브프라임 시대에 크게 늘어난 이러한 대부금 중에서 주거 개선이라는 공인된 목적에 맞도록 사용된 액수는 미미했다. 이야말로 재정파탄으로 치닫고 있던 가정들을 옥죈 부채의 덫에 내재된 사악한 본질이었다. 주택시장이 붕괴하자 외견상 무분별해 보이던 2차 주택담보 대출[22] 관행은 명백하게 분수에 넘치는 생활을

---

22. [옮긴이] 2차 주택담보대출(Home Equity Loans, HEL)과 2차 주택담보 수시대출 (Home equity lines of credit, HELOCs)은 모두 1차 담보대출(모기지론) 금액을 제외한 주택의 순 가치를 담보로 하는 대출상품들이다. HEL은 한도 내의 일정 금액

영위한 사람들의 부도덕한 품행으로 묘사되었다. 그들의 자제력 결핍에 대한 요란한 선전은 위험한 대출실행을 결정한 은행가들이 져야 할 책임을 채무자들에게 떠넘기기 위한 수단이었다. 이런 식의 도덕적 설교가 곤경을 희생자들의 탓으로 돌리는 오랜 전통에 속한다는 것은 두말할 나위도 없다. 공격적으로 대출상품을 광고하고 위험을 무시하면서 대출상품 판매를 강행한 채권자들은 이러한 곤경을 의도적으로 부추기고 교묘하게 조작했다.

도덕적 심문의 방향을 대부자들의 탐욕으로 돌리면 2008년 공황 직전의 거대한 가계부채 누적으로 이어진 진퇴양난의 상황을 더욱 정확히 이해할 수 있다. 2007년 하반기에 미국의 가계부채 규모는 세후 [총]소득의 130% 수준까지 늘어났다.[23] 총 가계부채는 1950년대 당시에는 거의 영^{zero}에 근접했지만 2008년 공황 직전 13조 8천억 달러로 정점에 도달했다. 가계부채는 1980년대에서 2008년 사이에 가장 급속하게 증가했다. 이 기간에 가계부채 규모는 GDP의 43%에서 97% 수준까지 치솟았다.[24] 1973년 이래 가구별 중위소득

을 일시에 빌린 후 원리금을 분할 상환하는 상품이다. HELCOs는 회전결제 기법을 가미한 상품으로서, 이용자들은 한도 내의 금액을 수시로 대출하거나 상환할 수 있지만 그 대가로 비싼 이자를 감수해야 한다. 따라서 후자는 전자의 한 형태로 볼 수 있다. 임금소득이 장기간 정체 상태에 머무르자 미국의 중산층과 저소득층 가구 상당수는 2차 주택담보대출을 받아 생계비나 자녀 학자금 등으로 사용했다. 특히 HELCOs 누적 차입액은 2008년 공황 직전까지 지속적인 증가세를 보였다.

23. Paul Krugman, "Block Those Metaphors," *New York Times* (December 12, 2010).

24. Federal Reserve Bank of Saint Louis, "Households and Nonprofit Organizations; Credit Market Instruments; Liability, Level," accessible at http://www.research. stlouisfed.org/fred2/series/CMDEBT?cid=97.

이 미동조차 보이지 않았다는 사실을 고려할 때 이처럼 지속적인 가계차입 증가는 결코 놀랄 만한 일이 아니다. 하지만 같은 기간에 부가 어디로 사라졌는지를 고려해 보기 바란다. 1%의 최상위 소득자들이 1979년에서 2007년 사이에 창출된 전체 이자 및 배당 수익의 60% 이상을, 2008년 이후로는 95% 이상을 걷어 들였다.[25] 이러한 부 가운데 단연 최대 부분은 부채에 대한 금융조작을 통해 창출되었다. 그중에서도 상당한 액수는 고객들에게 억지로 저리 자금을 제공해서 벌어들인 것이다. 평균적인 미국 가정들은 2008년 이전까지 20여 년 동안 채무원리금을 상환하느라 세후 소득의 5분의 1가량을 월가에 넘겨주었다.[26] 소득 대비 채무상환액 비율은 최근 5년간 다소 하락했다. 이는 주로 저금리에 따른 현상이다. 은행들이 대단히 많은 양의 "부실"채권을 대손상각 처리한 것도 원인으로 작용했다. 하지만 금리가 인상되면 이 비율은 이내 급등할 것으로 예상된다.

이 막대한 부의 이전에 대한 신뢰할 만한 분석들 전부는 지난 30여 년 동안의 가계부채 누적 과정에서 누가 전적으로 이득을 보았는지를 분명하게 보여준다. 과연 누구의 자제력 결핍이 시민 전체

---

25. Josh Bivens and Lawrence Mishel, "Occupy Wall Streeters Are Right About Skewed Economic Rewards in the United States," *Economic Policy Institute* (October 26, 2011), accessible at http://www.epi.org/publication/bp331-occupy-wall-street/.

26. 이 추정치는 연준의 가계 부채원리금 상환 비율 및 금융채무 비율을 기준으로 삼아서 수집한 자료들을 종합한 결과이며, 데이비드 그레이버(David Graeber)의 『민주주의 프로젝트』(*The Democracy Project*), 81쪽에 실려 있다.

의 어깨 위에 무거운 짐을 지웠단 말인가? 약탈적인 지대추구 행위를 일삼은 자들이 도대체 누구였던가? 빚을 진 사람들에게서 수십 년 동안이나 부를 빼앗아 온 자들에게 더 이상의 부채 상환을 요구할 자격이 있는가? 우리는 빌린 돈의 몇 배를 저들에게 이미 돌려주었노라고 결론지을 수 없는가?

은행가의 관점에서 보면 어떠한 소비재나 자산도 부채상환금을 긁어 들이는 수단에 지나지 않는다. 은행가에게 중요한 것은 이자, 수수료, 위약금, 서비스 수수료뿐이다. 하지만 5%의 연방주택국 대출이자는 대출채권을 기초로 발행된 증권의 실적[전망]에 대한 투기적 베팅으로 벌어들이는 수익에 비하면 푼돈에 불과하다. 이처럼 폭발적인 수익률의 비결은 주택저당증권의 창출이었다. 주택저당증권은 공채증서처럼 다발로 묶여 투자자들에게 판매되는 주택담보대출채권의 공동 운용을 전형적으로 보여준다. 자본시장을 활용해 적정가격의 주택 재고량을 늘리기 위해 창설된 지니메이[정부저당금고]Government National Mortgage Association, Ginnie Mae는 1970년 1월 연기금 운용 계획의 일환으로 첫 번째 주택저당증권을 발행했다. 이러한 정부보증채권 판매는 저소득층 주택 구매자들에게 저리 대출을 실행하기 위한 자본 조성을 의도했다. 하지만 그것은 증권화한 대출상품들로 이루어진 완전히 새로운 세계로 들어서는 문을 열어 놓았다. 그러한 세계에서 대부자들은 [주택담보대출] 차입자들과는 아무런 관계도 없는 투자자들에게 자신들의 책임을 떠넘길 수 있었다. 대부를 통해 꾸준히 수익을 올리기보다는 대출채권 판매로 조성한 자본을 재투자하는 편이 훨씬 더 수지맞는 장사였기 때문이다.

[주택저당채권 담보부] 다계층증권[27] 형태의 파생상품이 투기세력의 장기적인 자산운용 수단으로 도입되자 수익구조는 애초의 대부자-차용자 관계로부터 한층 더 괴리되었다. 원대부자는 채무불이행 위험을 최초로 전가하는 자에 지나지 않았다. 위험(그리고 손실 방지책)은 사방으로 퍼져 나갔고, 그 과정에서 투자은행가, 변호사, 주식 중개인, 신용평가회사 등에 지불되는 각종 수수료가 발생했다. 결국, 이 기나긴 지대 수취자 행렬에 부도 위험에 대비해 보험을 들어 두려는 다수의 신용부도스와프[CDS] 발행자들이 합류하게 된다. 이러한 상황에서 비우량대출이나 닌자[No Income No Job No Asset, NINJA] 대출을 부추기는 온갖 유인이 생겨났다. 결코 상환될 수 없는 이 대출상품들은 치명적인 금융공황의 중심에 자리 잡고 있었다. 알면서도 그러한 대부를 실행하는 채권자들로서는 대출금이 꼬박꼬박 상환되리라는 기대를 품어야 할 이유가 전혀 없다. 하지만 문제의 대부는 거대한 위험 재분배 사슬 어디에선가 자신들의 몫을 챙기는 자들에게 꽤 쏠쏠한 "수익을 안겨 주었을" 것이다.

---

27. [옮긴이] collateralized mortgage obligations, CMOs. 미국의 경우 모기지론은 대체로 만기 25년 이상의 장기대출 상품이다. 따라서 모기지 발행자들은 금리변동 직후의 차환, 채무자의 중도 사망 등으로 인한 조기상환을 일종의 위험 요인으로 간주한다. [주택저당채권 담보부] 다계층증권은 이러한 불확실성에 대처한다는 구실로 액면 표시 내용이 유사한 저당채권들을 묶어서 현금 흐름을 변형시킨 파생상품이다. 즉, 투자자들에게 만기형태, 수익률, 조기상환 위험도가 각기 다른 여러 계층의 증권 중에서 선택할 기회를 제공한다는 것이다. 서브프라임 사태의 주범들이 CMOs 속에 고위험성 주택담보대출채권을 숨겨서 판매하는 수법으로 위기를 가중시켰다는 사실은 잘 알려져 있다.

주택담보대출 상품은 이런 식으로 증권화한 최초의 금융상품이었을 뿐이다. 학자금 대출과 자동차 대출이 다음 차례였다. 뒤이어 철도차량, 항공기 등의 리스 계약서, 그리고 그다음으로 생명보험과 재해보험이 증권화되었다. 모든 계약상의 부채가 취합되어 시장에서 거래되는 상품으로 전환될 수 있었다. 하지만 그중에서도 가장 중요한 것은 아마도 틀림없이 신용카드 부채였을 것이다. 1986년에 처음으로 증권화한 신용카드 부채는 오늘날 [시장성 채무증권] 시장의 (21%를 점하는) 최대 거래 종목으로 자리 잡고 있다. 월가는 사회적 목적에 이바지하는 바가 거의 없다시피 한 증권화와 기타 "금융혁신"을 통해 수천 가지의 새로운 경제적 지대 추출 기법들을 고안해 왔다. 회전신용 창출 기법은 가장 오래 지속된 기법들 가운데 하나였다. 이 기법은 1950년대 당시 소매상들이 단골들에게 권유했던 30일 기한의 외상거래에서 발전해 나온 것이다. 이 새로운 방식은 매월 잔액 완불을 요구하는 대신에 소비자들, 특히 현금흐름이 불규칙한 소비자들에게 상환 일정 선택권을 부여했으며, 그 결과 카드사들에 막대한 수수료와 위약금 수입을 안겨 주었다. 회전신용은 영속적인 부채를 낳는 비책이었다. 이 기법은 엄청난 수익성을 입증하면서 대규모의 채무불이행으로 이어질 수도 있는 위험[자산]을 채권자들의 확실한 수입원으로 탈바꿈시켰다.

1978년 연방대법원이 내린 마케트 판결[28]은 채무를 이행하지

---

28. [옮긴이] 원문에는 1986년으로 기재되어 있다. 그러나 미 연방대법원이 마케트 판결(Marquette decision)을 내놓은 시점은 1978년 9월이다. 마케트 판결은 미국 내에서 금융산업 자유화의 물꼬를 터놓은 중요한 판결로 평가되고 있다. 연방대법원은

못할 가능성이 큰 사람들에 대한 대부를 통해 수익을 낼 수 없도록 [이자율을] 제한한 여러 주의 대금업법을 사실상 무효화했다. 주州 간의 대부는 차입자의 거주 지역이 아니라 은행 본사가 소재하는 주 법률에 따라야 한다는 마케트 판결 이후 신용카드사들은 델라웨어, 사우스다코타 등 이자율 상한선이 없는 주들로의 [본사] 이전을 서둘렀다. 뒤이어 대부분의 다른 주들도 카드사들의 대탈주를 막기 위해 고리대 제한 규정을 폐지했다. 은행의 수익률을 급등시킨 또 하나의 사건은 1986년에 개시된 신용카드 증권화 조치였다. 신용카드 대출채권이 장부상에서 제거되자 은행들은 더 많은 대출자산을, 더 정확히 말하면 원하는 만큼의 대출자산을 자본화할 수 있게 되었다. 채권에 대한 지급보증 책임과 함께 위험은 자본시장에 전가되었다.

　은행들이 회전결제자들로부터 거금을 벌어들일 수 있다는 사실을 깨닫자마자 근거불명의 수수료가 부가되고 연체료도 대폭 인상되었다. 1980년대에 블루칼라와 화이트칼라 노동자들에게 연속적으로 밀어닥친 해고의 물결은 수백만의 새로운 고객을 회전신용 시장으로 끌어들였다. 이 노동자들이 중간계급에서 탈락하는 순

마케트 내셔널 은행(미니애폴리스)과 퍼스트 내셔널 은행(오마하) 간의 소송을 종결지은 판결문을 통해 본사 소재지에서 신용카드를 판매해 온 금융회사들은 다른 주에서도 신용카드 영업 활동을 영위할 수 있다고 적시했다. 마케트 판결 이후 미국의 금융업자들은 규제를 완화하고 유리한 영업 환경을 제공하는 주 정부를 찾아서 본사를 대거 이동시켰다. 이에 관해서는 Robert Manning, *Credit Card Nation : The Consequences of America's Addiction to Credit Cards* (New York : Basic Books, 2000)[로버트 매닝, 『신용카드 제국 : 현대인을 중독시킨 신용카드의 비밀』, 강남규 옮김, 참솔, 2002, 124~25쪽]을 참조하기 바란다.

간 신용카드는 그들의 유일한 완충막이 되었다. 사회안전망의 결함이 가시화되자 노년층 또한 장기 개인 부채를 지는 것에 대한 전통적인 반감을 누그러뜨리라는 설득에 직면했다. 결국, 그들 역시 때맞춰 회전결제자 대열에 충원되었다. 급증하는 신용카드 수익성이 은행들을 더욱더 많은 한계선상의 고객들을 찾아내도록 몰아간다는 것은 놀랄 만한 일이 아니다. 은행들은 노동 빈곤층, 은행 계좌가 없는 사람들, 대학 신입생, 심지어 고등학생들까지 샅샅이 훑고 있다. 이러한 비우량 계층들은 역사상의 어떠한 신용도 기준에 비추어 보더라도 위험했지만, 회전결제자가 되기에 적합한 계층으로 선호되었다. 젊은이들은 "키디 카드"[29] 사용을 끈덕지게 권유받으면서 평생에 걸쳐 [카드사들의] 포로로 살아갈 소중한 존재로 각별하게 취급된다. 온갖 부채 분석표에서 인종별 분류가 하나의 요인으로 고려되었다는 사실도 드러났다. 아프리카계 미국인 카드 보유자와 라틴아메리카계 남녀Latin@ [30] 카드 보유자들이 백인이나 아시아

---

29. [옮긴이] 주로 미성년자를 대상으로 발급되는 최저한도의 신용카드. 1989~91년의 극심한 경기침체 이후 미국 은행들은 21세 이하의 청소년과 대학생들에 대한 신용카드 발급 시에 부모의 동의를 얻게 되어 있던 내부 규정을 일제히 폐지하고 이들을 대상으로 공격적인 마케팅에 나섰다. 은행들은 일단 최저한도의 키디 카드(1991년 당시 300달러)를 발급한 다음 가입자로부터 별도의 요구가 없더라도 선심 쓰듯 한도를 상향 조정해 주는 방식으로 청소년과 대학생들을 먹잇감으로 삼았다. 이에 관해서는 Robert Manning, *Credit Card Nation*, p. 27[로버트 매닝, 『신용카드 제국』, 249~56쪽]을 참조하기 바란다.

30. [옮긴이] 'latin@'라는 실험적인 단어에는 남성형 어미 'o'로 끝나는 스페인어 양성 명사 'latino'가 라틴아메리카인 일반을 가리키는 말로 사용됨으로써 결국 그 절반에 해당하는 여성의 존재는 시야에서 사라지게 된다는 문제의식이 담겨 있다. 즉, '@'는 남성형 어미 'o'와 여성형 어미 'a'를 합친 형태로 볼 수 있다. 남성 지배적인 언어 관습을 극복하려는 재기 넘치는 조어 실험의 산물인 셈이다.

계 미국인들보다 훨씬 더 사용대금을 완불하지 못할 가능성이 크며, 따라서 더욱더 믿을 만한 회전결제자가 될 수 있다는 것이다. 약정 기일에 대금을 완불할 수 있을 만큼 "형편이 나은" 카드 사용자들은 순전히 회전결제자들이 제공하는 보조금 덕분에 은행들이 "공짜 신용"으로 간주하는 것을 누리고 있을 뿐이다.

가난한 자들이 더 많이 지불한다는 카플로비츠의 공리처럼 은행 계좌가 없는 사람들은 신용에 접근할 기회를 찾는 과정에서 가장 체계적으로 착취당하는 사람들이다(미국 인구의 12%는 은행 계좌가 없는 사람들이며, 미국의 다섯 가구 중 한 가구는 은행 문턱을 넘지 못하는 가구에 해당한다). 인가된 은행에 계좌를 개설할 경제적 능력이 부족하거나 자격 요건을 갖추지 못한 사람들은 저소득층 거주 지역에 수많은 소매점포를 두고 있는 변종alternative 대부업체나 "프린지" 대부업체들을 이용하도록 내몰린다. 이 대부업체들은 수표 할인, 소유권 이전형 렌탈 금융, 자동차 등록증 담보대출, 환급금 담보대출, 전당영업, 선불신용카드[판매], 페이데이 론 등의 영업 활동을 통해 노동 빈곤층을 먹잇감으로 삼는 채권자들이다.[31] 이러한 신용형태 중 일부는 천문학적인 이자율을 수반한다. 일반적인 페이데이 론의 연이율은 흔히 390~550%에 이른다. 심지어 온라인 대부업체들의 경우 연 800~1,000%의 이자를 뜯어낼 때

31. Strike Debt, *Debt Resistors' Operations Manual* (2012), chapters 7 and 8, accessible at http://strikedebt.org/The-Debt-Resistors-Operations-Manual. pdf. Howard Karger, *Shortchanged: Life and Debt in the Fringe Economy* (New York: Berrett-Koehler, 2005); 그리고 John Caskey, *Fringe Banking: Check-Cashing Outlets, Pawnshops, and the Poor* (New York: Russell Sage, 1994)를 참조하기 바란다.

도 있다. 1980년대까지만 하더라도 페이데이 론 점포들은 사실상 전례를 찾기 어려웠다. 오늘날 미국에는 맥도널드 레스토랑보다 많은 소액 단기대출 점포들이 난립하고 있으며, 그것도 주로 저소득 소수자 계층 거주 지역에 밀집해 있다. 경제가 악화되면서 번화가와 중간계급이 거주하는 교외의 쇼핑센터에서도 문제의 점포들이 불쑥불쑥 생겨나고 있지만 말이다. 아테네와 같이 긴축조치의 일환으로 경매처분이 진행 중인 유로존 도시들에서 전당포는 최고급 쇼핑가 입점업체 대열에 합류했다.

이처럼 신용을 통해 돈을 우려내는 "빈자의 은행들"은 1990년대의 탈규제 시대에 급증했다. 하지만 저들의 영업 관행은 포드주의 이전 시대의 고리대금업자들을 상기시킨다. 빈자의 은행들은 저마다 대금업법을 우회할 수 있는 수단들을 강구해 왔다. 예컨대 물품 임대는 차입으로 간주되지 않는다. 따라서 일단 소유권 이전 조건부 대여라는 광고를 내보내기만 하면 이 업체들은 사실상 어떠한 물품을 빌려 쓰는 곳에도 고리의 자금을 대부할 수 있다. 실제로 프린지 금융의 최신 성장 부문은 만기 시 소비자에게 소유권을 이전하는 방식의 자동차 타이어 임대사업이다. 이를 통해 소비자들은 계약 기간에 타이어 소매가격의 3배 또는 4배에 이르는 금액을 지불하도록 강요당한다.[32] 프린지 금융업체들이 일종의 산업으로 간주되는 가운데 이들 업체가 채무원리금 상환을 구실로 3만 달러

---

32. Ken Bensinger, "High Prices Are Driving More Motorists to Rent Tires," *Los Angeles Times* (June 8, 2013).

미만의 연 소득으로 살아가는 미국의 4천만 가구들로부터 공동으로 우려내는 돈은 가구당 평균 2천5백 달러에 이른다. 게리 리블린 Gary Rivlin에 따르면 이는 세후 소득에 연 10%의 "빈곤세"를 부과하는 것과 다를 바 없다. 빈곤세란 결국 저금리 서비스를 이용할 수 없는 사람들이 지불해야 하는 막대한 액수의 할증금이라는 것이다.[33] 이러한 사태는 다른 누군가에게 돈을 빌리기에는 턱없이 가난한 미국의 극빈자들 사이에서 일반적으로 나타나는 현상이다. 그런데도 [가계]소득에서 차지하는 비율을 고려할 경우 프린지 금융업체들이 극빈자들에게서 빨아들이는 수익은 대체로 시티뱅크와 뱅크오브아메리카가 저들의 유자격 중간계급 고객들로부터 걷어 들이는 채무상환액보다 더 크다.

아나나 다를까 월가의 주요 금융사들은 남반구의 소액대부 사업에 흥미를 보이는 것과 똑같은 이유로 프린지 금융에도 점점 더 깊숙이 관여하고 있다. 저들의 상호를 점포 전면에 내걸지는 않았지만 말이다. 실제로 일부 대부업체들은 대기업과의 합작 투자를 통해 설립된 업체들이다. 페이데이 론 대부업체들 가운데 40% 이상이 웰스파고, JP모건체이스, US뱅코프, 뱅크오브아메리카 등 주요 은행들로부터 [운용]자금을 차입한다. 이는 대부업체들이 연이율 2.5%의 자금을 빌려 500%의 이자율로 대출을 실행할 수 있다는 뜻이다. 대부업체의 돈을 빌린 사람들은 페이데이 론 수수료를 지

---

33. Gary Rivlin, *Broke, USA : From Pawnshops to Poverty, Inc. — How the Working Poor Became Big Business* (New York : HarperBusiness, 2010).

불하느라 연간 34억 달러 이상을 넘겨준다. 게다가 전체적으로 보면 해마다 이자 명목으로 그들의 호주머니에서 빠져나가는 액수도 31억 달러에 이른다.[34] 리블린은 변종 프린지 대부업체들의 전반적인 영업 활동 과정에서 발생하는 [연간] 수수료 지급금을 300억 달러로 추산한다. 대마불사형 은행들이건 소규모 점포 운영자들이건 가릴 것 없이 모든 부류의 채권자들이 빈곤산업을 찬양하는 이유를 알아채기란 쉬운 일이다. 빚을 진다는 것은 자기 집을 장만하고 대학교육을 이수할 수 있는 사람들에게나 어울릴 법한 중간계급의 문제라고 여기는 이들의 생각과는 달리 대부업계에 대한 저소득 가구들의 종속은 수 세기 전 채무노예 제도를 연상시킬 만큼 파멸적인 상황으로 치닫고 있다.

프린지 금융의 이상적인 고객들은 반복적으로 돈을 빌릴 수밖에 없는 사람들이다. 다시 한 번 강조하건대 그들은 신용카드 회전대출자들과 거의 다를 바 없다. 빚을 청산할 수 없는 한 그들은 최소한 이자라도 지불해야만 한다. 따라서 그들은 대개 이자를 갚거나 기존의 부채를 줄이기 위해 또다시 빚을 낼 수 있는 방도를 찾는다. 단골들에게 부과되는 엄청난 이자율과 갖가지 신용사기가 지속되는 한 돈을 꾸는 사람들의 빚이 증가할수록 프린지 금융 부문 전체는 더욱더 두둑한 보상을 받게 된다. 이러한 대부 관행이 번

---

34. National People's Action, *Profiting from Poverty : How Payday Lenders Strip Wealth from the Working-Poor for Record Profits* (January 2012), accessible at http://npa-us.org/files/profiting_from_poverty_npa_payday_loan_report_jan_2012_0.pdf.

성하도록 허용하는 사회는 부당이익 취득은 물론 임금 도둑질까지 승인하는 사회이다. 요컨대 수표 할인점들이 번성하려면 특정한 전제조건이 요구된다. 즉, 노동자들은 단지 수표 할인업체를 이용하는 것만으로도 노동에 대한 보수 가운데 일부를 넘겨주어야 한다는 것이다. 이러한 수수료 수입을 차지하고 싶어 안달이 난 은행들은 월마트, 홈디포Home Depot, 월그린Walgreens, 타코벨Taco Bell, 맥도널드 등의 대기업들을 상대로 약간의 가벼운 규제만 이루어지는 선불형 직불카드로 노동자들의 급여를 지불할 것을 권유하기 시작했다. 선불형 직불카드 공급자들은 현금자동입출금기에서 돈을 인출하거나 소매업체에서 상품을 구매하는 직불카드 이용자들에게 수수료를 부과한다. 또한, 미사용 카드에 대해서도 휴면카드 유지수수료가 부과된다. 직불카드 급여 수령자 거의 전부는 최저임금이나 최저임금 이하의 저임금으로 생활하는 노동자들이다. 따라서 그들은 자신들의 급료를 사용하기 위해 내키지 않는 수수료 지불을 감수하는 수밖에 없다.[35]

백여 년 전 상업은행들은 신용도가 높은 중간계급에 대해서조차 개인대출을 기피했다. 오늘날의 월마트 노동자들과 비슷한 소득계층에 속했던 노동자 가구들은 아예 거들떠보지도 않았다. 그 후로 소비자 신용은 전체 금융부문들 가운데서도 단연 수익성이 월등한 부문으로 자리 잡아 왔다. 빠듯한 수입으로 근근이 살아가는

35. Jessica Silver-Greenberg and Stephanie Clifford, "Paid via Card, Workers Feel Sting of Fees," *New York Times* (June 30, 2013).

사람들이나 그마저 여의치 않은 사람들도 더는 무시당하지 않는다. 오히려 오늘날 그들은 고수익의 원천으로서 주요한 공략 대상이 되고 있다. 사회 내의 최빈곤층 구성원들은 그들 자신의 지불 흐름에서 시작되어 최상위 소득계층으로 향하는 부의 순 이전을 지속시키느라 소득 수준 이상의 과중한 부담을 짊어진다. 이러한 지불 흐름이 위험에 처할 때마다 치안 당국의 개입은 한층 더 강화된다. 오늘날 미국의 연방 주들 가운데 3분의 1이 채무를 이행하지 못한 사람들을 구금하고 있다. 심지어 교통범칙금이 부과될 정도의 사소한 법규 위반자들조차 구금 대상이 되고 있다. 일부 주들은 사법 제도를 활용해 할증금, 징수료collection fees, 부가적인 "빈곤의 불이익"poverty penalties을 부과하고 있다. 이러한 양상은 가히 1840년대에 법적으로 금지된 옛 채무자 감옥의 소생이라고 부를 만하며, 빈곤을 범죄시하는 것과 다를 바 없다.[36]

이 "가난한 죄"가 어떻게 금융회사들의 상습적인 불법행위와 비교될 수 있단 말인가. 저들의 사기적 술책(가장 널리 알려진 것만 하더라도 무차별적인 고위험 대출junk loans, 마구잡이식 주택 압류, PPI 스캔들, 리보금리 조작, 금리스와프 가격 조작을 들 수 있다)은 끊임없이 헤드라인을 장식하고 있다. 하지만 형사소추나 규제조치가 취해지는 경우는 극히 드물다.[37] "대마불사형" 은행들의 경영진은 감옥으로 보내기에는 너무도 거물大馬不監인 것이다. 그뿐만이 아

---

36. Alain Sherter, "As Economy Flails, Debtors' Prisons Thrive," *CBS MoneyWatch* (April 4, 2013), accessible at http://www.cbsnews.com/8301-505143_162-57577994/as-economy-flails-debtors-prisons-thrive/.

니다. 저들은 정책 결정 과정에 영향력을 행사함으로써 과소세율의 자본이득은 물론 증권매수 자금을 공급하는 증권유통금융[38]에 대한 비과세 이자까지 수취할 수 있다. 2010년 당시 미국 최대 은행인 뱅크오브아메리카는 한 푼의 연방세도 물지 않았을 뿐만 아니라 오히려 연방 국세청으로부터 19억 달러를 환급받았다. 2008년도 구제금융 지원분으로 1조 3천4백억 달러의 연준 자금을 수령했음에도 불구하고 말이다. 한때 세계 최대의 금융회사였던 시티그룹은 지난 4년 동안 갖은 방법을 동원해 연방 [법인]소득세를 회피할수 있었다. 그런데도 시티그룹은 연준으로부터 총 2조 5천억 달러에 이르는 금융 지원을 받았다.[39] 연준은 여전히 부실채권 처리은행 역할을 하고 있으며, 2008년 이전의 자산 붐을 방조한 신용평가회사들로부터 AAA등급[최상위 신용등급] 판정을 받았던 값어치 없는 주택저당증권을 인수하고 있다. 연준이 은행 구제금융에 쏟아

---

37. 매트 타이비(Matt Taibbi)는 『롤링스톤』(Rolling Stone) 지면에 실린 "Bank of America : Too Crooked to Fail"(March 14, 2011); "The Scam Wall Street Learned From the Mafia"(June 21, 2012); 그리고 "Everything Is Rigged : The Biggest Price-Fixing Scandal Ever"(April 25, 2013) 등의 기사를 통해 이 수많은 범죄행위 가운데 일부를 생생하게 보도해 왔다.

38. [옮긴이] 증권유통금융(margin loans) : 유가증권의 신용거래를 촉진하기 위해 유통 시장에 가수급(假收給)을 제공하는 제도를 뜻한다. 증권매수에 필요한 결제자금 차입(융자)과 증권매도에 필요한 유가증권 대출(대주)로 이루어진다. 융자 시에는 매수한 주권, 대주 시에는 매도한 대금이 각각 담보로 설정된다. 증권유통금융은 단기 차익을 노리는 투기적 거래의 온상이라는 비판을 받고 있다.

39. Bernie Sanders, "A Choice for Corporate America : Are You With America or the Cayman Islands?" *Huffington Post* (February 9, 2013), accessible at http://www.huffingtonpost.com/rep-bernie-sanders/a-choice-for-corporate-am_b_2652176.html.

부은 총예산 추정액들은 큰 편차를 보인다. 하지만 2011년 11월 무렵에 제시된 어느 계산 결과에 따르면 매우 놀랍게도 구제금융 총액이 29조 5천억 달러에 이르는 것으로 나타났다.[40] 이는 사기와 거짓말을 일삼고, 노동하는 빈민들을 등치면서, 고위관리들을 매수해 공통재를 훔쳐내려는 자신들의 시도를 돕게 하는 자들을 보호하기 위한 비용이다. 이렇듯 정치계급이 채권자 계급의 탈법적 권력은 견제하지 못하면서도 정작 수도료조차 낼 수 없는 극빈층 시민들을 철창에 가두는 민주주의를 우리는 어떻게 받아들여야 하는가?

파산한 민주주의?

누구든 민주주의 파산을 보여주는 전형적인 지표들을 감지해낼 수 있을 것이다. 선출된 정부는 그 실체조차 매우 의심스러운 외부의 위협을 일상적으로 환기하면서 언론의 자유, 사적 자유, 인신보호와 같은 권리들의 보장을 유예하고 있다. 명확한 혐의 없이도 억류와 구금이 자행되며, 치안기관에는 임의로 도청과 수색을 실시할 수 있는 권한이 부여되고 있다. 이리하여 일상생활은 날이 갈수

---

40. James Felkerson, "$29,000,000,000,000: A Detailed Look at the Fed's Bail-out by Funding Facility and Recipient," Levy Economics Institute, Bard College, Working Paper No. 698(December 2011), accessible at http://www.levyinstitute.org/publications/?docid=1462.

록 군사화된다. 이와 같은 조치는 미국에서 멀리 떨어진 나라들에서 더 쉽게 발견된다. 그러나 9.11 사태 이후 미국은 예의 저 길을 따라 너무도 멀리 나아갔다. 예컨대 애국자법 조항의 강화, "국토방위" 기관의 확대, 2012년에 이루어진 〈국방수권법〉National Defense Authorization Act 적용 범위의 과도한 확장, 비사법적 살인이라는 강경한 대외정책 수단의 부상, 일반 시민을 대상으로 하는 국가안보국의 감시 프로그램 등이 그러하다.[41]

파산한 민주주의의 또 다른 징후는, 직접적으로든 선택 범위를 철저히 제한하는 조건의 부과를 통해서든, 초국적 기구가 선출된 정부의 권한을 우회하여 정책적 영향력을 행사할 수 있다는 데서 찾아볼 수 있다. 가장 최근에는 국가부채 위기가 여러 유로존 국가를 이러한 곤경으로 몰아넣었다. 수많은 개발도상국이 국가부채 위기 앞에서 IMF의 규율에 복종해야 했듯이, 오늘날 이 국가들 역시 트로이카의 "감독" 아래 놓이게 된 것이다. 2000년대의 지구적 정의 운동 Global Justice 지지자들 역시 바로 저 비민주성에 주목해서 세계무역기구를 검토한다. 선출되지 않은 기구가 기업 주도의 지구화에 유리한 구조를 형성하고, 자신의 책임 범위 너머에 있는 시민들에게 통상 규칙을 부과함으로써 국가주권을 약화시켰

---

41. David Cole, *Enemy Aliens: Double Standards and Constitutional Freedoms in the War on Terrorism* (New York: New Press, 2003); Jane Mayer, *The Dark Side: The Inside Story of How The War on Terror Turned into a War on American Ideals* (New York: Doubleday, 2008); David Shipler, *The Rights of the People: How Our Search for Safety Invades Our Liberties* (New York: Knopf, 2011); 그리고 Shipler, *Rights at Risk: The Limits of Liberty in Modern America* (New York: Knopf, 2012).

다는 것이다.[42]

미국처럼 금융 엘리트들이 기본적인 생활 필수재 접근 과정에서 발생하는 부채를 고리로 시민들을 노예나 다름없는 상태에 묶어둘 수 있는 곳에서도 민주주의는 틀림없이 손상된다. 그러한 상황에서 가계부채는 시민 대다수를 옥죄어 삶의 선택 가능성을 극소화한다. 따라서 그들은 자신들의 미래가 이미 결정되어 있다고 생각하게 된다. 채권자 독점은 경제적 [지대] 추출의 영역을 넘어 입법자들에 대한 빈틈없는 정치적 통제로 확대된다. 이로써 시민을 위해로부터 보호하는 입법자들의 지위는 사실상 무효화되고 만다. 역사적으로 전체 인구에 대해 이처럼 견제받지 않는 압력을 행사한 채권자 권력은 오래지 않아 채무노예제 또는 노예제로 이어졌다. 고대 수메르, 바빌론, 이집트 사회는 희년jubilee과 비슷한 형태로 나타나는 왕의 명령이나 "청산"clean slate 선언을 통한 주기적인 부채 탕감으로 문제를 해결했다. 그러한 조치에 따라 노예들은 해방되고 채권자들이 차지했던 재산도 원래의 소유자들에게 반환되었다.[43]

---

42. Maude Barlow and Tony Clarke, *Global Showdown : How the New Activists Are Fighting Global Corporate Rule* (Toronto : Stoddard, 2002) 그리고 Lori Wallach and Patrick Woodall, *Whose Trade Organization? The Comprehensive Guide to the WTO* (New York : New Press, 2004).

43. David Graeber, *Debt : The First 5000 Years* (New York : Melville Press, 2011)[데이비드 그레이버, 『부채 그 첫 5,000년 : 인류학자가 다시 쓴 경제의 역사』, 정명진 옮김, 부글북스, 2011]; Peter Linebaugh, "Jubilating, or How the Atlantic Working Class Used the Biblical Jubilee against Capitalism, with Some Success," *Radical History Review* 50(1991), pp. 143~80; Michael Hudson, "The Lost Tradition of Biblical Debt Cancellations,"(New York : Henry George School of Social Science, 1992), accessible at http://michael-hudson.com/wp-content/uploads/2010/03/Hudson-LostTradition.pdf.

주빌리 전통에서 부채의 굴레로부터 자유로워지고자 하는 열망은 본질적으로 시민권의 이상과 긴밀하게 연관되어 있다. 이는 여러 사회가 고리대를 종교적 파문破門으로 다스리거나 시민법, 심지어 자연법에 반하는 일로 규정하면서까지 금하려 했던 이유 가운데 하나다. 고리대 금지령은 이자 수취를 조건으로 돈을 빌려주는 행위에 대한 전면 금지에서 이자율 제한, 복리이자 금지에 이르기까지 다양하다.[44] 이슬람의 금융거래에서는 고리대riba가 금지되지만 이슬람 율법sharia의 원리에 부합하는 "윤리적" 투자는 허용된다. 기독교의 주빌리 전통은 주로 '죄의 사함'에 초점을 맞추어 왔다. 그러나 대희년(2000년)을 앞두고 기독교회와 시민사회 조직들로 이루어진 범지구적 연대기구가 수행한 남반구 부채 폐기 캠페인은 카톨릭 교회의 반빈곤 교의와 직접적으로 결부되어 있었다. 이 캠페인은 교황 요한 바오로 2세에 의해서도 공식적으로 지지되었다. 비록 많은 약속이 여전히 이행되지 않고 있지만, 또 다른 주빌리 조직들은 〈주빌리 2000〉 해산 이후에도 지속적으로 "외채를 내던져라" 캠페인을 전개해 G8 국가들로부터 상당한 액수의 외채 탕감 약속을 이끌어 냈다.

미국의 주빌리 전통 가운데서 가장 주목할 만한 사례는 1863년 〈노예해방 선언〉이었다. 프레데릭 더글러스Frederic Douglas가 〈노예해방 선언〉을 가리켜 "희년의 나팔소리"trump of jubilee로 묘사했듯

---

44. Charles Geisst, *Beggar Thy Neighbor: A History of Usury and Debt* (Philadelphia: University of Pennsylvania Press, 2013).

이, 수많은 아프리카계 미국인 공동체들은 지금도 [선언문이 발표된] 1월 1일을 희년의 날로 기념하고 있다. 그러나 1877년 이후 남부의 재건 과정이 후퇴하자 해방된 노예들의 독립 자영농화라는 약속은 (농노제의 해체 이후에 흔히 그랬듯이) 소작농제와 분익소작제 하의 종신 채무노예제라는 신봉건적 질서에 밀려나고 말았다. 당시에 쓰인 앰브로즈 비어스Ambrose Bierce의 『악마의 사전』에는 다음과 같은 정의가 실려 있다. "부채:명사名詞, 노예 감독의 손에 들린 족쇄와 채찍의 교묘한 대용물." 이와 마찬가지로 1960년대의 중대한 시민권 개혁 조치들에 뒤이어 아프리카계 미국인들에 대한 구금이 급격히 증가했다. 오늘날 날로 증가하고 있는 영리 교도소들은 부당하게도 "사회에 진 빚을 갚으라."는 강요를 받고 있는 흑인 남성들로 미어터질 지경이다. 문제의 빚은 수감 생활로도 해결되지 않는다. 노예제, 수형자 임대convict leasing, 흑인차별Jim Crow의 시대로부터 연면히 이어져 오는 흐름 속에서 중범죄인들felons은 기본적인 시민권과 인권마저도 영구적으로 박탈당하기 때문이다.45

감옥국가carceral state가 병적으로 증식하는 것도 부채의 굴레가 덮쳐 오는 것도 막아낼 재간이 없는 정부들은 채권자들에 대한 저들의 약속마저 충분히 이행할 수 없을 정도로 약체화된 정부들이다. 즉, 시민들에게 공적 부채에 대한 상환 책임을 떠넘길 것이라는 약속 말이다. 채무원리금을 마지막 한 푼까지 짜내려고 기를 쓰는

---

45. Michelle Alexander, *The New Jim Crow:Mass Incarceration in the Age of Color-blindness* (New York:New Press, 2011).

채권자들이 민주적 과정과 결부된 주권을 무력화하고 심각한 민중적 반발을 사는 긴축정책을 부과하기 위해서는 IMF와 같은 집행기관을 활용하는 수밖에 없다. 금융과두정치 옹호자들은 이러한 경로를 택함으로써 자신들을 대리해 정치적 지배권을 유지하는 국가 능력의 약화 위험을 무릅쓴다(동의에 의한 지배는 강제에 의한 지배보다 한층 더 효과적인 과두정치 형태다). 따라서 대중적 저항과 심화된 계급적 대립이 뒤따라 일어나는 것은 거의 필연적이다. 이러한 국면에서 일체의 민주주의를 둘러싼 선택들은 매우 엄중해진다. 상환을 강제하는 채권보유자들bondholders의 권력과 민중의 자기결정 능력은 직접적으로 충돌한다.

이러한 대립의 한편에는 채권자 계급이 자리 잡고 있다. 채권자 계급은 채무자 국가의 시민들에 대항하기 위해 계약법과 부채상환의 도덕률이라는 무기들을 총동원하면서 게으름, [복지급여] 부정수급, 조세회피에 대한 비난의 강도를 높인다. 한층 유연하게 대응할 때조차도 이 계급은 모든 시민에게 "고통분담"을 요구한다. 채권자 계급을 충실히 지원하는 경제학자 그룹은 이러한 도덕적 설교에 실질적 내용을 부여하는 연구들을 제시한다. 예컨대 정책 결정자들은 높은 수준의 "GDP 대비 부채 비율"이 마이너스 성장을 초래한다는 주장을 경고로 받아들일 수 있다. 카르멘 라인하트와 케네스 로고프가 커다란 파장을 몰고 온 2010년의 논의를 통해 2008년 공황 이후 많은 국가에서 채택된 케인스주의적 재정확장 조치들의 종료를 주장했을 때도 그러했다.[46] 2013년 4월 데이터 입력 및 계산 오류로 인해 이들의 논의가 신빙성을 잃어버릴 무렵 국민적인 사회보험 시스템, 복지지출, 단체협상권은 벌써 손상을 입은 상태였다.[47] 긴축론자들의 지적 위신은 상당히 추락했지만 — 라인하트와 로고프는 이러한 오류 지적을 "학계에서 벌어진 공연한 소동"쯤으로 일축해 버린다 — 저들의 정책이 이미 대대적으로 시행되고 난 뒤였다. 그 결과 최소의 재원으로 살아가는 사람들 사이에서 궁핍과 절망이 널리 퍼져 나갔다.[48]

반대편에는 활력에 찬 시민들이 자리 잡고 있다. 이 시민들에게는 선출된 공직자들이 자신들의 편에서 일하기는커녕 자신들의 불만에 반응을 보이리라고 기대할 만한 이유조차 없다. 그 대신 수많은 시민은 공공집회를 통해, 그리고 상호부조나 공통하기commoning와 같은 직접행동과 대안적 수행양식의 개척을 통해 차츰 독특한 형태의 "실질적 민주주의"를 실천에 옮기고 있다. 이러한 대응들은 튀니지 및 이집트 봉기에서 시작되어 5·15 마드리드 도심 점거운동 15M, 신타그마 광장 점거운동, 월가 점거운동의 야영을 거쳐 터키와 브라질에서의 대규모 기동으로 이어지는 새로운 운동들의 기저에 흐르는 일관된 맥락이다. 대의제 민주주의는 이 운동들의 참여자

46. Carmen Reinhart and Kenneth Rogoff, "Growth in a Time of Debt," *National Bureau of Economic Research*, Working Paper No. 15639(January 2010)

47. Thomas Herndon, Michael Ash, and Robert Pollin, "Does High Public Debt Consistently Stifle Economic Growth? A Critique of Reinhart and Rogoff," *Political Economy Research Institute*, University Of Massachusetts, Amherst(April 15, 2013), accessible at http://www.peri.umass.edu/236/hash/31e2ff374b6377b2ddec 04deaa6388b1/publication/566/.

48. Carmen Reinhart and Kenneth Rogoff, "Debt, Growth and the Austerity Debate," *New York Times* (April 25, 2013).

〈부채타파운동〉의 로고(사진 제공:MTL)

사이에서 호소력을 잃어버렸거나 그들을 향해 예전과 같은 헌신을 요구할 수 있는 권리를 상실한 것으로 보인다.[49] 광장을 가득 메운 사람들이 표출한 불만의 원인은 다양했다. 그러나 부당한 금융부채는 많은 경우에 공통적인 요소 혹은 그들을 하나로 연결하는 요소로 떠올랐다. 실제로 거리 곳곳에서 가장 흔히 울려 퍼진 구호는 채권자와 채무자의 비대칭적인 대우를 직접적으로 표현했다. 예컨대 유럽인들에게 익숙한 "우리는 결코 너희의 위기비용을 대지 않을 것이다"라는 구호와 "은행은 구제되고, 우리는 버려졌다"라는 월가점거 시위대의 행진구호가 그러했다.

---

49. Michael Hardt and Antonio Negri, *Declaration* (New York:Hardt and Negri, 2012)[안또니오 네그리·마이클 하트, 『선언』, 조정환 옮김, 갈무리, 2012].

격화되고 있는 채권자와 채무자 간의 대립은 다수의 시위자에게서 전통적인 자본과 노동 간의 투쟁보다 더 중요한 의미를 갖는다. 대개 그들의 운동 목표는 완전고용, 소외되지 않은 노동, 단체협상권, 적정 수준의 복지급여가 아니다. 비록 그러한 요구들이 결코 무용화되지 않았을 뿐만 아니라 불안정성에 대항하는 운동단체들 사이에서 여전히 중심적이지만 말이다. 그러나 이윤을 좇는 자본의 소유자들은 오래전부터 작업장 울타리를 넘어서 일상적 삶의 공간인 "사회적 공장"으로 이동해 왔다. 저들의 이윤 추출 범위는 이제 각자의 일상 활동에까지 미친다. 이로써 개인 부채를 통한 착취는 자아의 모든 측면을 잠식한다. 부채의 짐 그 자체는 고용주들에게 바쳐지는 계약된 [노동]시간에 한정되지 않는다는 이유만으로도 작업장에서 이루어지는 착취보다 더 직접적으로 다가온다. 이윤 추출이 생명·자유의 구성적 본질과 긴밀하게 연결된 실존적 위협으로 경험되는 한 부채의 굴레에서 벗어나려는 욕구는 그만큼 더 실재적인 자기역능화 self empowerment의 행동이 된다. 그러한 욕구가 집합적인 형태를 취하면 강력한 도덕적 호소력을 갖는 광범위한 연합의 형성으로 이어질 수 있다.

가정의 도덕경제 회복은 여러 경로를 취할 수 있다. 스펙트럼의 한쪽 끝에서 우리는 "시장이 감내하는 수준에서"라는 원리와 대립하는 사회적 재화에 대한 공정가격 결정의 원리를 발견하게 될지도 모른다. 반대쪽 끝에는 시장거래의 논리를 협동적이고 상호부조적인 네트워크들에 기초하는 논리로 대체하려는 시도들이 자리 잡을 것이다. 부채 폐기에 대한 입장과 관련된 동류의 스펙트럼은 어떤 모습일까? 한쪽 끝에는 지불능력을 반영한 부채의 평가감액을 요구하는 사람들이 있다. 페소화 평가절하 이후 멕시코에서 출현한 중간계급 채무자 운동 〈엘 바르손〉El Barzón은 이러한 태도를 보인다. 이들의 입장은 "내가 빚을 지고 있다는 것을 부정하지는 않겠다. 그러나 나는 정당한 부채만 갚을 것이다."Debo, no niego, pago lo justo 라는 표어로 집약된다. 반대쪽 끝에는 주빌리 방식의 청산을 지지하는 사람들이나 대부분의 부채를 부당한 것으로 규정하고 거부하는 사람들이 자리 잡고 있다. 그러나 첫걸음은 우리의 등에 얹힌 거대한 부채의 바윗덩이를 어떤 식으로 내려놓을지를 결정하는 데서 시작된다. 다음에 이어질 내용은 부채의 짐을 벗어 던지는 데 도움이 될 만한 몇 가지 원칙과 논점들에 관한 것이다.

누가 보더라도 완전하게 상환될 가능성이 전혀 없는 대부를 실행하는 것은 빌린 돈을 갚지 못하는 것보다 더 사회적 규범에 어긋나는 행위이다. 교육, 의료, 공공기반시설 등의 필수적인 공통재를 제거하는 것은 타락한 반사회적 행위로서 비난받아 마땅하며 법적인 처벌의 대상이 되어야 한다. 우리가 은행들에서 빌린 돈은 원래 저들의 것이 아니었다. 그것은 우리가 대부계약서에 서명하는 순간 이자 낳는 채권interest-bearing debt으로 창조되었다. 은행가들이 저지른 사기와 협잡의 오랜 역사에 비추어 볼 때 저들에게는 금융손실을 보상받을 자격이 없다. 따라서 저들에게 빌린 돈을 갚기보다는 상환을 거부하는 편이 더 도덕적일 것이다. 상여금, 이익금, 배당금으로 넘쳐나는 은행들과 그 수혜자들은 이미 충분한 대가를 지불받았다. 채권자 계급은 가공의 부와 허구적 성장을 야기하며, 따라서 전체로서의 사회에 지속적인 번영을 가져다주지도 않는다. 그러므로 이 계급은 우리에게서 그 무엇도 되돌려 받을 자격이 없다. 아무리 오래 견딜 것처럼 보일지라도 시민들의 어깨 위에 무거운 부채의 짐을 지우는 민주주의는 반드시 심각한 손상을 입을 수밖에 없다. 정부가 감응하지 못하거나 감응할 의지가 없다면 필요한 수단을 모두 활용해 우리 스스로 부채탕감을 이루어 내는 것은 무엇보다 긴요한 시민불복종 행동일 수도 있다. 부채거부의 도덕적 권리를 옹호하는 것이야말로 민중의 민주주의를 새롭게 건설할 수 있는 유일한 방안일지도 모른다.

당면한 부채탕감 너머에는 어떠한 과제가 기다리고 있을까? 약탈적 대출 predatory debt 로 유지되는 경제가 아니라 사회적으로 생산적인 신용의 원리에 입각한 후속 경제체제의 건설이라는 녹록하지 않은 과제가 그것이다. 월가가 위험한 소비자 대출·[원原자산과] 연계된 위험의 [분할]매각·차입의 "기적"을 통한 자산증식 위주의 파생상품 거래에서 최대수익을 뽑아낼 수 있는 한, 은행들로서는 일자리·소득·세수 창출을 통해 공공의 이익을 가져오는 유형有形의 재화나 생산적 기업에 투자할 이유가 없다. 헤지펀드들이 시세 차를 활용해 돈을 긁어모을 때, 투자은행들이 노골적인 금융 도박성 거래에서 이익을 얻을 때, 상업은행들이 단지 기존의 채무원리금 상환을 보조하기 위해 소비자 신용을 제공할 때 화폐가 화폐를 낳는 환상의 세계는 손에 잡힐 듯 가까이 다가서 있다.

이러한 가공의 부 가운데 일부를 실현하려는 몽상은 2008년 이전의 신용거품 형성 과정에서 전면화되었다. 이제 우리는 수학적으로 복잡하게 설계된 월가의 위험분산 기법들이 결국 단 하나의 단순한 원칙에 기초한다는 사실을 알고 있다. 납세자들이 언제나 위험을 최종적으로 떠안아야 한다는 원칙 말이다. 직접적으로든 긴축을 유발하는 공적 부채의 여과를 거쳐서든 청구서는 여전히 우리 앞으로 날아들고 있다. 그러나 이러한 순환의 마지막 국면은 고통스럽기 그지없다. 문제의 청구서는 오직 더 많은 가계부채의 부과를 통해서만 지불될 수 있기 때문이다. 월가의 단순한 원칙이 미래의 채무노예 상태를 보증하기 위한 비책으로 활용되는 것도 바로 그 때문이다. 우리의 정부기관들은 저 순환의 고리를 끊을 수 없다. 저들에게는 5년의 시간이 주어졌지만 금융 거인족[거대 금융기업]의 권력은 증가 일로를 달려 왔다. 부채의 굴레를 깨뜨리는 것은 우리 자신에게 부여된 과업이며, 우리를 연결할 새로운 사회적 유대를 건설하기 위한 가장 중요한 일보를 내딛는 것이다.

흔히들 금융적 속박의 끈은 매듭을 풀 수 없을 만큼 복잡하게 얽히고설켜 있다고 말한다. 가계부채자들과 채권자들 간의 관계가 날이 갈수록 간접적인 형태를 취해 왔기 때문이다. 오늘날 의료비·학자금·주거비·신용카드 부채를 가릴 것 없이 모든 개인 부채는 매각되고, 증권화되며, 담보로 제공된다. 그 결과 과다차입에 기초한 이자와 원금의 흐름은 어디로든 향할 수 있으며, 최초 대부자와 실물 기초자산에서 벗어나 몇 번이고 이동을 거듭한 끝에 이자 수취자들의 수중으로 들어간다. 연기금을 금융시장에 끌어들이는 일이 관행화됨에 따라 노동자들 자신도 사실상의 채권자가 되어 왔다. 그로 인해 채권자와 채무자 간의 경계가 극도로 모호해졌다는 말들이 들려온다. 월가는 증권화와 파생상품을 통해 로버트 커트너가 "최후의 심판 기계"doomsday machine라 부르는 것을 창조했다. 그는 설령 우리가 주거부채탕감을 원한다 하더라도 저당물을 원상태로 되돌리는 것은 "법률 및 계획실행의 측면에서 불가능"할지도 모른다고 주장한다.50 결국, 월가의 영재 "금융시장 분석가들", 즉 골드만삭스, 리먼브라더스Lehman Brothers, 메릴 린치Merrill Lynch에서 일자리를 얻으려고 떼 지어 몰려든 각 세대 최고의 두뇌들은 계약들을 쪼개고 나눌 줄만 알았지 누구든 쉽게 식별할 수 있는 인간관계를 반영하는 형태로 재결합시키는 법은 몰랐다는 사실이 분명하게 드러난다.

책임성을 결여한 이 부채-화폐 시스템이 우리의 공공복지를 위해 창출되지도 않았고, 그러한 목적에 따라 운영되지도 않는다는 것은 너무도 명백하다. 이 시스템에 고유한 채권·채무관계들의 그물망은 기본적 욕구를 충족하기 위해 빚을 낼 수밖에 없는 대다수의 요구에 맞지 않는다. 더 나아가 우리는 저 그물망이 우리를 더욱더 단단한 줄로 옥죄기 위해 부단한 재구축 과정을 거치고 있다는 것을 알고 있다. 부채의 지배가 우리 혹은 사회 전체에 거의 아무런 혜택도 가져다주지 않는 한 아마도 우리는 저 부채의 지배 시스템의 진정한 수혜자들에게 단 한 푼도 빚진 것이 없다는 결론을 내려야 할 것이다.

---

50. Robert Kuttner, *Debtor's Prison : The Politics of Austerity Versus Possibility* (New York : Knopf, 2013), p. 225.

3장   자유로운 이들을 위한 교육

지난 10년에 걸친 시민 행동주의의 성장과 심화가 1975년의 삼각위원회 보고서 『민주주의의 위기』*The Crisis of Democracy*의 저자들에게 두려움을 안겨 주었으리라는 것은 분명하다. 그들은 다음과 같이 권고했다. "민주적 정치체제가 효율적으로 작동하기 위해서는 일부 개인들이나 집단들의 무관심과 불개입을 유도할 모종의 수단이 일상적으로 요청된다." 최근까지 정치적 지배층을 괴롭혀 온 학생 저항운동의 두드러진 역할을 고려할 때, 〈제대군인원호법〉[1]과 1965년 〈고등교육법〉의 시행 이후에 급증한 대졸 인구가 각별한 주목의 대상이 된 것은 당연하다. 저자들은 문제의 대졸 인구가 민주주의에 적합한 수준까지 무관심해지지 않은 이유를 따져 본 후 "찾을 수 있는 일자리에 비해 대졸 학력자들이 과잉생산"되고 있다는 사실에 유감을 표했다. 뒤이어 그들은 보고서 결론에서 다음과 같은 두 가지 방안을 제시했다.

대학교육이 보편적으로 제공되어야 하는 이유가 서민들의 전반적인 문화 수준을 고양하고 시민권에 대한 책무를 건설적으로 이행하기 위해서인가? 만약 그렇다면 대학교육을 이수하는 사람들의 직업에 대한 기대 수준을 낮출 모종의 프로그램이 필요하다. 그 대답이

---

1. [옮긴이] 1944년 〈제대군인원호법〉. 흔히 G.I. Bill로 불리는 이 법안에는 2차 세계대전에 참전했다 돌아온 전역자들에게 부여될 각종 혜택이 명시되었다. 이 혜택에는 1년 치의 실업수당, 저리의 주택담보대출과 창업자금 융자, 등록금과 생계비 지원 등이 포함되었다. 1944년 〈제대군인원호법〉의 규정에 따라 1956년까지 약 2천2백만 명의 전역자들이 대학교육의 혜택을 입었으며, 6천6백만 명이 직업 훈련 과정을 수료했다.

부정적이라면 고등교육 기관들은 경제성장의 양상과 미래의 취업 기회에 맞춰 프로그램을 재구성하도록 유도되어야 할 것이다.[2]

　그 후 수십 년 동안 어느 방안이 더 철저하게 추진되었는가에 대해서는 독자들마다 의견이 다를 수도 있다. 하지만 오늘날에는 학자금부채 위기라는 깊어져 가는 심연을 들여다보지 않고서는 이 방안들의 타당성을 검토하기란 불가능할 것이다. 오늘날 고등교육의 가치나 목적을 둘러싼 모든 논의는 누적된 학자금부채가 가하는 과중한 부담과 청년들의 심신을 약화시키는 그 악영향, 그리고 그들의 곤경을 먹고 사는 자들에 대한 노골적인 면책에 무겁게 짓눌려 있다. 누적 부채가 1조 2천억 달러까지 치솟고 평균 2만7천 달러의 부채 부담을 진 졸업생들을 양산하는 시스템은 고등교육에 대한 공적 지원이 국가적 차원의 최우선 순위를 차지하던 1975년에는 상상조차 할 수 없었다. 그렇다 하더라도 돌이켜 보면 내리막은 임박해 있었다. 같은 해 뉴욕시는 재정 위기에 처했고, 그로 인해 뉴욕시립대학교라는 거대한 노동계급 교육기관의 학비면제 조치는 막을 내렸다. 공립대학의 세계적 모델이 되기를 열망해 온 캘리포니아 대학도 몇 년 후 명목상으로는 무료인 채로 남아 있던 등록금을 계속해서 올리기 시작했다.

　1960~70년대의 대다수 대학생에게서 그랬던 것과는 달리 캠퍼스의 저항은 이제 더는 통과의례가 아니다. 뒤이은 몇십 년 동안 늘

---

2. Michael Crozier et al, *The Crisis of Democracy*, p. 191.

어난 채무 부담이 학생들의 자유로운 정치적 상상력을 억누르는 데 일조한 것일까? 이러한 양상을 "민주주의의 과잉"에 대한 처방으로 삼각위원회에 권고된 "무관심과 불개입"의 회복 탓으로 돌릴 수 있을까? 오늘날 미국 대학생들은 보통 법적으로 음주를 허용받기 훨씬 이전인 대학 입학 시기부터 상당한 대출 패키지를 떠안는다. 그 때문에 많은 대학생이 학업을 계속하거나 더 큰 빚을 지지 않기 위해 저임금의 일자리를 찾도록 내몰리고 있다. 그들에게는 자신들의 학부 과정을 미래의 임금과 맞바꾼 일종의 거래 행위로 간주하라는 권고가 주어진다. 그로 인해 학생들은 점점 더 채무를 상환할 수 있을 정도의 잠재소득을 매개로 "가치"를 제공하는 학문 영역으로 이끌리고 있다. 이는 명민한 비판 정신이 함양될 만한 조건으로 볼 수 없으며, 삼각위원회 보고서의 저자들이 "시민권에 대한 책무의 건설적 이행"이라 부른 것에도 이롭지 않다. 그러나 이는 교육받고 자유롭게 사고하는 시민들에게서 "과도한" 요구가 제기되기를 바라지 않는 엘리트들로서는 더할 나위 없이 유리한 조건이다.

교육부채의 폐지에 헌신하는 어떠한 운동도 제한된 경제 개혁만을 목표로 삼을 수 없는 이유가 여기에 있다. 금리를 인하하고 (지금도 학자금 채무자에 대해서는 거부되고 있는) 파산보호[3]를 부활시키거나 더욱 강력한 소득기반상환 프로그램을 도입하려

---

3. [옮긴이] bankruptcy protections. 연방 법원의 절차에 따라 사업자나 개인이 부채를 탕감받거나 상환 계획을 세울 수 있도록 규정한 제도. 사업자가 아닌 개인은 Chapter 7과 Chapter 13에 따라 각각 채무정리 파산과 상환 파산을 신청할 수 있다.

는 활동은 일부 학생들의 채무를 얼마간 덜어 줄 것이다. 그러나 이러한 활동은 법적 구속력을 갖는 민주적 권리로서의 무상교육 확립이라는 목표를 성취하기 어려울 것이며, 기껏해야 그러한 [근본적] 목표의 부상을 사전 차단하는 것으로 끝날지도 모른다. 그러한 목표를 앞당기기 위해서는 무상

2013년 5월, 학생들이 점거한 쿠퍼 유니언 대학(사진 제공 : 필자)

교육을 자유로운 시민과 동일시하는 원칙에 따라 추진되는 운동이 필요할 것이다. 오늘날 우리는 거대 금융기관의 엄청난 권력으로 인해, 삼각위원회에 용역거래로 넘겨진 날조된 민주주의의 위기가 아니라 진정한 "민주주의의 위기"에 직면해 있다. 교육을 주요 수익원으로 취급할 수 있는(학자금 대출은 모든 형태의 대출 가운데서 단연 수익성이 뛰어난 상품 중 하나다) 대부기관과 투자자들의 수완은 아마도 틀림없이 그러한 권력을 가장 분명하게 보여주는 징후일 것이다. 하지만 저들은 단지 기회주의적으로 행동할 뿐이라고, 따라서 저들이 수익을 극대화하기 위해 매수 가능한 입법자들에 의해 생겨난 법망의 허점들을 이용하고 있다고 추단하는 것은 오산

이다. 오히려 고등교육을 이용해 경제적 지대를 뽑아내고 학생들의 미래를 담보로 잡는 것은 지금껏 30년이 넘도록 분명하게 그 모습을 드러내어 온 협치의 기본 원칙이었으며, 당연히 청년들의 정치적 성향에도 심각한 영향을 미쳤다.

부채를 진 학생들에게 교육비 조달의 고통을 전가하는 방식은 신자유주의의 주된 특징인 국가에서 사적 개인으로의 재정책임이전을 전형적으로 보여준다. 오늘날 거의 모든 사람이 알고 있다시피 문제의 이전 비율은 전체 대학들, 특히 공립대학들의 수업료가 인상되면서 최근 몇 년간 빠르게 증가했다(수업료는 1985년 이래 500% 인상되었으며, [2008년] 금융위기 이후 5년간의 인상률은 물가상승률을 27%나 웃돌았다). 연방 정부와 주 정부들은 고등교육에 대한 직접 지원을 잇달아 철회하고 있다. 주 정부들의 총지원액은 2000년 이후 25% 하락했으며, 애리조나와 뉴햄프셔 같은 일부 주들에서는 2008년 이후에만 교육 지출의 약 50%가 삭감되었다.[4] 그 결과 주요 공립대학과 사립대학 간의 학비 격차는 해가 갈수록 급격히 줄어들었다. 흔히들 산학협력, 지적 재산의 장악, 기업의 연

---

4. Phil Oliff, Vincent Palacios, Ingrid Johnson, and Michael Leachman, "Recent Deep State Higher Education Cuts May Harm Students and the Economy for Years to Come," Center for Budget and Policy Priorities (March 19, 2013), accessible at http://www.cbpp.org/cms/?fa=view&id=3927. 딜런 매튜스(Dylan Matthews)는 대학비용 상승의 숨겨진 이유들을 개괄적으로 보여준다. 하지만 그는 비영리[학교]법인은 지출 성향 면에서 지나치게 낭비적이라는 테제를 성급히 옹호함으로써 주 정부의 [교육]재정삭감을 경시해 버린다. "The Tuition is Too Damn High," *Washington Post* (August 26~September 6, 2013), accessible at http://tinyurl.com/mugm527.

구 후원과 그 결과물의 소유 혹은 "위탁 교육" – 이를 통해 기업은 지역사회 대학에 비용을 지불하고 수습직원들의 직무능력 향상을 의뢰한다 – 등을 "교육 사유화"의 표본으로 여긴다. 그러나 교육 사유화의 정수는 이처럼 공적인 공급으로부터 대학이 복무해야 할 바로 그 사람들의 사적 부채를 통한 비용 조달 쪽으로 교육의 책임을 이전하는 데 있다. 모든 신자유주의적 기획들이 그러하듯이, 이러한 이전 조치를 수행하기 위한 계획들은 정부 정책에 의해 추진된다. 따라서 그 전반적인 결과는 더는 아이젠하워로부터 오바마에 이르는 여러 대통령의 발언을 통해 예찬되어 온 교육을 통한 기회의 균등화일 수 없다. 부채를 통한 교육비 조달은 최소자산 보유자들로부터 미국의 최상위 부유층으로의 순 자산 이전을 유발하는 확실한 요인 가운데 하나가 되어 왔다.

2013년 6월 미 의회 예산처는 그해 연방정부가 학자금 대출을 받은 사람들에게서 거둬들일 이익이 510억 달러에 이를 것으로 전망했다. 이 발표는 그다지 큰 파장을 불러일으키지 못했다. 많은 이들은 정부가 실제로 시민에 대한 의무로부터 수익을 올릴 수 있다는 발상을 이해하기 어려웠다. 그러나 학자금 대출 이익금의 규모는 연방정부 대출 프로그램이 오랫동안 상당한 수익원이 되어 왔다는 사실을 알고 있던 사람들마저도 아연실색하게 할 정도였다. 매사추세츠 주의 초선 상원의원 엘리자베스 워런Elizabeth Warren은 510억 달러는 "『포춘』Fortune 선정 500대 기업의 연간 수익을 초과할 뿐만 아니라 구글이 거둬들이는 연간 수익의 약 다섯 배"라고 지적하며 교육부에 대한 연방 의회의 수사적인 비난을 주도했다. 아마도 더 중요한 것은 그 금액이 미국 4대 은행인 JP모건체이스, 뱅크오브아메리카, 시티그룹, 웰스파고의 [연간] 합산 사업소득액과 맞먹는다는 사실일 것이다. 유명한 파산 관련 학술서 두 권의 저자이기도 한 워런은 최근 〈은행 학자금 융자 공정법안〉Bank on Student Loan Fairness Act을 제출하면서 채권자들에 대한 새로운 감시자를 자처하고 나섰다. 이 법안은 연방 학자금 대출 시에 적용되는 (6.8~7.9%의) 고금리를 은행들이 연방준비은행 자금 조달 시에 부담하는 금리 수준(0.75%)으로 대폭 인하하도록 규정하고 있다. 워런과 공동 발의자인 존 티어니John Tierney는 "연방정부가 학생들에게 대부한 1달러당 36센트를 벌어들이고 있다"는 사실에 유감을 표했고, "거대 은행들과 달리 학생들에게는 로비스트와 변호사 부대가 없다"는 지극히 중요한 사실을 상기시키면서 연방 의회에 학생 대출자들과 은행들을 동등하게 대우할 것을 요구했다.[5]

로비스트들을 동원해 압력을 행사하는 채권기관 중 으뜸은 눈곱만큼의 양심도 없는 학자금 대부업계의 여왕 샐리메이다. 샐리메이는 2005년 최고의 호황을 누리며 미국에서 두 번째로 수익성 높은 기업으로 평가받았다.[6] 입법자들에게 압력을 가해 소기의 성과를 거두는 데 이골이 난 샐리메이는 [워런과 티어니가 발의한 법안

---

5. Elizabeth Warren and John Tierney, "Treat Students Like Banks," *Moyers and Company* (June 12, 2013), accessible at http://billmoyers.com/groupthink/what-to-do-about-student-loans/the-bank-on-students-loan-fairness-act/.
6. 앨런 콜린지(Alan Collinge)는 다음의 책에서 샐리메이의 범죄 행각을 상세하게 기술하고 있다. *The Student Loan Scam: The Most Oppressive Debt in U.S. History and How We Can Fight Back* (Boston: Beacon Press, 2009).

이 제출되기 전이덴 2013년 1/4분기에 이미 두 가지 학자금 대출 개혁법안 ─ 〈사금융 학자금 채무자 회생법〉Private Student Loan Bankruptcy Fairness Act과 〈학자금 채무자 지원 공정법〉Fairness for Struggling Students Act ─ 의 심의 진행을 방해하기 위해 140만 달러가 넘는 돈을 썼다.7 이처럼 탐욕스러운 기업전략으로 인해 샐리메이는 최근의 연례 주주총회에서 〈정의로운 일자리〉Jobs with Justice와 연대한 학생 및 노조 활동가들의 비판에 직면했다. 이러한 사정을 반영하듯 35% 이상의 주주들이 샐리메이 경영진에 투명성과 개방성을 높일 것을 요구하는 결의안을 지지했다.8

워런과 티어니의 발의안은 대출 공정성에 대한 요구라는 측면에서도 그랬지만 정부의 은행 우대조치와 관련해서도 정곡을 찌르지 못했다. 그러나 [연방정부가 거둬들일 학자금 대부 수익이 2013년 한 해에만 510억 달러에 이를 것이라는] 의회 예산처의 예측을 계기로 연

---

7. 발의된 법안 목록에는 이외에도 다음과 같은 법안들이 포함되어 있다. The Student Loan Fairness Act (H.R. 1330); The Student Loan Affordability Act (S. 707); The Student Loan Default Prevention Act (H.R. 618); The Know Before You Owe Private Student Loan Act (S. 113); The Student Loan Employment Benefits Act (H.R. 395); The Student Loan Interest Deduction Act (H.R. 1527); Responsible Student Loan Solutions Act (S. 909/H.R. 1946); The Student Loan Relief Act (S. 953); The Federal Student Loan Refinancing Act (S. 1066); Refinancing Education Funding to Invest for the Future Act (S.1266); Proprietary Institution of Higher Education Accountability Act (H.R. 1928); Smarter Borrowing Act (S. 546); Students First Act of 2013 (S. 406).

8. Greg Kaufmann, "Taking On Sallie Mae and the Cost of Education," *The Nation* (May 31, 2013); Sarita Gupta, "Sallie Mae's Profits Soaring at the Expense of Our Nation's Students," *Moyers and Company* (June 12, 2013), accessible at http://tinyurl.com/kshvan3.

방 학자금 대출에 대한 추가적인 정밀실사가 이루어지자 교육부가 월가 은행과 하나도 다를 바 없는 역할을 하고 있다는 사실이 폭로 되었다. 대부기관은 금융계의 관행대로 대출 개시 시점에 전체 대 출기간의 예상 수익을 회계장부에 기입할 수 있다. 은행이 현재 시 점에서 미래의 수익(예컨대 4만 달러의 대부로부터 얻을 7만 달러 의 수익)을 기록함으로써 자산을 부풀리듯, 정부기관 또한 문제의 추정액을 연간 수익에 산입한다. 게다가 연방정부는 사실상 무상 으로 대부 자금을 차입해서는 (재무부 단기재정증권 이자율은 여 전히 최저 수준에 머무르고 있다) 훨씬 더 높은 금리로 학생들에게 대부해 그 차액으로 이익을 얻고 있다. 무엇보다 심각한 것은 그 이 익금이 교육에 재투자되지 않는다는 사실이다. 이익금은 정부부채 를 상환하는 데 쓰이고 있으며, 그러한 부채 중 상당 부분은 마땅 히 더러운 부채로 분류되어야 한다. 미국 정부가 이라크에서 벌인 불법적인 전쟁 비용과 그 못지않게 부당한 거대 은행들의 긴급구제 비용을 조달하느라 짊어진 부채이기 때문이다. 다시 말해 학자금 대출로 벌어들인 수익이 군사주의와 월가의 범죄행위를 지원하는 데 쓰이고 있는 셈이다.

연방부채 감축에 적극적인 미 의회의 성향을 고려할 때 학자금 대출 이자를 낮추려는 워런과 티어니의 입법 노력이 성공할 가능성 은 거의 없다. 약 4천만 명에 달하는 학생 채무자들 가운데 매년 백 만 명 정도가 채무불이행 상태에 놓이고 있지만(전체로 보면 6명 중 1명이 채무불이행 상태이다), 정부의 추심기관들은 채무불이행 상태의 학자금 대출 건당 [원리금의] 120%를 회수하기 위해 고율의 연체 가산금, 채권압류통고 권한, 파산보호 조항의 부재를 활용할 수 있다. 엄격한 재정규율 관리체제를 공약한 오바마 행정부로서는 적자감축 기조에서 벗어나 세입의 흐름을 파열시키거나 전환하려는 태도를 보일 만한 재량의 여지가 거의 없었다. 어떠한 변화도 겉치레에 그칠 공산이 컸고, 어려운 학생들을 돕기 위해 최선을 다하고 있다는 식의 홍보 효과를 얻는 데 초점이 맞춰졌다. 2013년 7월 보여주기 식의 의회 내 논쟁의 종결 이후 소란이 가라앉자, 백악관은 연방대출 이자율을 시장금리에 연동시킴으로써 재정적자 감축 공세를 펴던 공화당 매파의 편을 드는 듯 보였다. 이에 따라 학부생 대출자들은 10년 만기 재무부 채권의 경상수익률에 2.05%를 가산한 3.85%의 이자를 물게 되었다. 학부생에게는 8.25%, 대학원생에게는 9.5%, 학부모에게는 터무니없이 높은 10.5%의 이자율이 적용되었다. 의회 예산처는 실제로 이후 몇 년 동안 이자율이 가파르게 오를 것으로 예상했다.

다른 모든 채무자가 기록적으로 낮은 이자율의 혜택을 누리고 있을 때 학자금 채무자만 높은 이자율을 감당해야 한다는 사실이 지극히 부당하다는 것은 두말할 나위도 없다. 학자금 채무자들이 파산보호를 거부당하거나 고율의 연체 가산금을 지불하는 것, 임금·세금 환급금·사회보장연금 수령액뿐만 아니라 심지어 장애인 급여까지 압류당하는 것 역시 부당하다. 학자금 채무자가 사망할 경우 추심기관이 연대보증을 선 유족들에게서 채권을 회수할 수 있는 권한을 부여받은 것도 마찬가지다. 채권기관에 유리하도록 차곡차곡 쌓여 온 이 조항들 대부분은 주로 금융계 로비스트들의 끈

질긴 요구에 의해 법제화되었다. 하지만 문제의 조항들은 정부가 연방대출 실행에 대한 직접적 관할권을 행사한 2010년 이후에도 고스란히 살아남았다. 연방 의회가 이러한 조항들의 재론을 일절 거부한 것은 단순히 금융업계의 압력이나 연방 재정적자를 둘러싼 단기적인 정치적 흥정politicking의 결과로서만 설명될 수는 없다. 이는 흔히 신자유주의라는 약칭으로 통하는 협치 양식의 직접적 표현이기도 하다. 그 결과 교육비 부담에 따르는 위험 요인과 책임은 가장 취약한 이들에게 재할당된다. 자격증 거래시장을 통해 부가 상층으로 재분배되고, 부채는 일종의 사회적 통제수단으로 활용된다.

지난날

〈제대군인원호법〉(1944)은 미국 고등교육의 황금기를 연 프로그램으로 각인되어 있다. 이 프로그램은 800만 명이 넘는 참전군인 출신자들에게 대학교육을 무상으로 제공했고, 그들의 가족에게는 저비용의 주택담보대출 상품과 더불어 안정된 중산층 지위 보장을 약속했다. 1988년 의회 보고서는 연방정부 프로그램들의 재정적 가치를 일일이 따지고 드는 사람들을 의식해 최초 〈제대군인원호법〉에 따라 지출된 교육 급여 매 1달러가 생산성, 소비지출, 조세 수입 측면에서 국민경제에 7달러의 부가가치 효과를 안겨 주었다는 조사 결과를 제시했다. 그러나 〈제대군인원호법〉을 순전히 경기부양 프로그램이나 복지 지향적 국가라면 당연히 취해야 할 조치로 간주하는 것은 옳지 않다. 이 프로그램의 도입 배경에는 전역자들이 갈수록 대담해져 가던 노동운동의 사회적 선동에 휩쓸리지도 모른다는 엘리트들의 공포가 주요하게 자리 잡고 있었다. 1차 세계대전 이후의 연방정부 지원책을 거부하면서 1932년 〈보너스 아미〉Bonus Army의 퇴역 노병들이 보여준 투쟁성에 대한 기억은 여전히 생생했다.9 그러나 조직 노동자들의 기세는 훨씬 더 강력했다. 제레미 브레처Jeremy Brecher는 이렇게 적고 있다. "진주만 공습으로부터 승전일V-J Day 10까지 44개월 동안 677만 4천 명이 참여한 가운데 1만4천 471 건의 파업이 발생했다. 미국 역사를 통틀어 비슷한 정도의 기간에 이만큼 많은 파업이 일어난 적은 없었다." 그러나 이 기록은 곧바로 깨졌다. 그리고 그 후로도 필적할 만한 기록은 없었다. "미 노동통계국이 '미국 역사상 노사분규가 가장 집중된 기간'으로 불렸던 1946년 상반기"가 이어졌기 때문이다.11 한편으로 〈제대군인원호법〉은 전시생산을 통해 달성된 경제 성장세를 유지하기

---

9. [옮긴이] 1932년 참전 수당 지급을 주장하며 워싱턴 D.C에 모여든 1차 세계대전 참전 퇴역 군인과 가족들, 그리고 그들을 지원한 단체 회원들을 가리킨다. 한때 4만 3천여 명에 이르기도 했던 보너스 아미는 정부가 발행한 군 복무 인정서를 근거로 즉각적인 현금 지급을 요구하면서 연일 시위를 벌였다. 이들은 1932년 6월부터 워싱턴 D.C.의 포토맥 강가에 판자촌을 건설하고 장기 농성에 들어갔다. 군대를 동원한 유혈 진압으로 농성 장소는 강제 철거되었지만, 소요 사태의 재발을 우려한 연방 의회는 1936년 현금 지급안을 가결했다.

10. [옮긴이] 2차 세계대전이 공식적으로 종료된 일본의 항복 문서 조인일(1945년 9월 2일)을 뜻한다.

11. Jeremy Brecher, *Strike!* (Boston:South End Press, 1977, revised edition), pp. 243, 246, citing Art Preis, *Labor's Giant Step:Twenty Years of the CIO* (New York:Pioneer Publishers, 1964), p. 236; 그리고 Joel Seidman, *American Labor from Defense to Reconversion* (Chicago:University of Chicago Press, 1953), p. 235.

위한 재정적 수단이었다. 그러나 이 법은 또한 조직화한 노동계급의 커 가는 힘을 진정시키고, 사회주의의 위협을 저지하는 것을 목표로 했다. 더 나아가 이 법은 가족 내의 남성우위 회복을 겨냥했다. 그로 인해 당시의 여성들은 일하던 공장에서 가정으로 물러났으며, 그때부터 배우자의 "가족임금"에서 흘러나온 수입으로 생계를 꾸려갔다.

뒤이은 냉전기에 정부지원 연구는 대규모로 확대되었다. 특히 소비에트 연방의 스푸트니크 위성 발사에 자극받아 다음 해인 1958년에 제정된 〈국가방위교육법〉National Defence Education Act을 통한 지원이 그랬다. 경쟁적인 군국주의의 후원 아래 대대적으로 선전된 미국 연구대학의 우위는 과학 집약적인 전쟁 기술의 연구개발에 학계를 활용하려는 정책 결정 과정을 거쳐 확립되었다.[12] 국가방위 학자금 융자 프로그램National Defense Student Loan program에 대한 기금 지원 또한 1958년 제정된 법에 따른 자금 투입의 일환이었다. 그에 따라 과학·기술을 전공하는 학생들에 대한 저리 학자금 대출이 확대되었다. 재정자금이 출자된 이 대출은 연방정부가 직접 제공한 최초의 학자금 대출이었으며, 전문기술 노동력을 복지국가가 아니라 전쟁국가의 일익으로 양성하려는 노골적인 의도 아래 실행되었다.

1965년 〈고등교육법〉이 제정되자 저소득층 학생·소수인종 학

---

12. Richard Lewontin, "The Cold War and the Transformation of the Academy," in Noam Chomsky et al, *The Cold War and the University : Toward an Intellectual History of the Postwar Years* (New York : New Press, 1997).

생을 위한 학비 보조금 및 장학금 제도가 도입되었고, 이와 더불어 일반 시민을 대상으로 하는 연방 학자금 대출도 시작되었다. 이 법안은 린든 존슨Lyndon B. Johnson의 〈위대한 사회〉 프로그램의 일환으로 시민권 운동에 대응하기 위해 고안되었다. 문제의 법안은 새롭게 재개된 노동조합들의 요구, 즉 노동계급의 대학교육 접근 기회를 보장하라는 목소리에 대한 대응이기도 했다. 최초로 [신용] 보증 학자금 대출 또한 가능해졌다. 이 대출들을 취급한 기관은 민간은행들이었지만, 보증한 기관은 연방정부였다. 초창기의 연방 학자금 대부는 저소득층 학생들로 제한되었다. 즉, 가계소득이 1만5천 달러 미만인 학생에 한해 최대 1천 달러까지 학자금을 대부하는 방식이었다. 그러나 은행들의 압력으로 대출자격은 점차 확대되었다. 1978년에 들어서자 학자금 대출 프로그램은 소득 수준과 상관없이 모든 학생에게 개방되었다. 드디어 고수익 공식이 준비된 것이다. 월가의 입장에서 연방정부의 보증은 위험 요인 없는 대출을 뜻했기 때문에 이 프로그램은 은행가들에게 매우 후한 재정지원 혜택을 안겨주었다. 그 후 30년 동안 은행들, 주 의회와 연방 의회 의원들, 대학 관리자들은 연방정부 보증대출과 직접대출 중 어느 방식이 더 나은지를 놓고 복잡하게 뒤얽혀서 싸움을 벌였다. 금융산업의 도를 넘은 행위와 금융붕괴 이후의 신용공황은 2010년에 벌어진 논쟁을 종결지었다. 당시 오바마 행정부는 학자금 융자를 제공하는 민간은행에 막대한 정부 보조금을 지급해 온 연방가족교육 대출 프로그램을 종료했다.[13] 현재 연방정부는 전체 학자금 대출의 85%를 취급하고 있다. 하지만 고금리의 민간은행 학자금 대출률이 더욱 빠르게 증가하고 있으므로 향후 연방정부 학자금 대출 비율은 줄어들 것이다. 2012년 7월 당시 민간은행의 학자금 대출 총액은 1,650억 달러를 웃돌았으며, 채무불이행 상태에 놓인 대출은 85만 건이었다.[14]

〈고등교육법〉은 기회의 문을 열어놓았지만, 은행들의 입장에서는 평균 5년 주기로 이루어지는 [의회의] 〈고등교육법〉 재승인 절차야말로 자신들의 요구를 관철할 호기였다. 반복적인 재승인은 1980년대까지 집요하게 새로운 채무자를 찾고 있던 월가의 금융회사들에 점점 더 유리한 거래 조건을 제공했다. 연방정부의 보조금과 학자금 대부 이자율은 점차 인상되었고, 1972년에는 채권유통시장 창출을 위해 샐리메이라는 별칭으로 불리게 될 〈학생대출 마케팅협회〉Student Loan Marketing Association가 창설되었다. 앞서 설립된 패니매이와 마찬가지로 정부의 후원을 받은 이 신생 회사는 창립 초기부터 더 많은 대부재원 확보를 촉진하기 위해 은행들의 학자금 대출채권을 매입했다. 1976년 〈조세개혁법〉Tax Reform Act에 따라 주 정부들에도 대출채권 매입을 위해 설립된 비영리법인을 통해 별도의 채권유통시장을 창출할 수 있는 권한이 부여되었다. 민간 대

---

13. [옮긴이] 연방가족교육대출(the Federal Family Education Loan, FFEL)은 연방 교육부 산하의 학자금 대출 서비스 센터에서 직접 관리하는 연방정부 직접대출(Federal Direct Loans; FDL)을 받지 못하는 학생들을 대상으로 하는 융자 프로그램이다. FFEL은 FDL과 동일한 대출 조건을 요구하지만, 기금의 재원이 민간 금융기관이기 때문에 신청 및 상환 절차는 FDL과 상이하다.

14. Annual Report of the Consumer Financial Protection Bureau Student Loan Ombudsman (October 16, 2013), accessible at http://www.consumerfinance.gov/reports/.

부기관들은 각종 채권유통시장, 연방정부가 100% 보증하는 대출 상품, 그 밖의 막대한 정부 보조금으로부터 나오는 혜택을 누리면서 이익을 긁어 들였다. 1977년 당시 18억 달러에 머무르던 누적 학자금 대출액 규모는 더욱 가파르게 상승하기 시작해 1996년에는 300억 달러에 이르렀다.[15]

냉전이 진정되던 1990년대 초 무렵 조세저항은 이미 주 정부들의 예산운용 계획에 심각한 타격을 안겨 주었다. 그로 인해 공립대학에 대한 지원액도 대폭 축소되었다. 재산세액의 상한선을 규정한 캘리포니아 주 주민발의안 13호는 캘리포니아 대학교에 대한 전前 주지사 로널드 레이건의 사적인 복수를 위한 재정적 수단으로 변질되었다. 선거 과정에서 레이건은 시위 학생들을 공공의 적으로 낙인찍었다. 그는 버클리 자유언론운동[16] 참여자들을 "기형아들"freaks, "돼먹지 않은 녀석들"brats, "비겁한 파시스트"라고 부르며 맹렬하게 비난했다. 더 나아가 그는 "교육은 특권이지 권리가 아니다"라고 선언하면서 "국가가 지적인 호기심을 지원해서는 안 된다"고 주장했다. 레이건은 버클리 시위대를 진압하기 위해 주 방위군을 동원하는 데 광분했으며, 교육예산을 삭감하고 등록금을 재원으로 하는 기금 조성을 촉진하기 위한 시도의 일환으로 납입금을

---

15. Eric Dillon, "Leading Lady: Sallie Mae and the Origin of Today's Student Loan Controversy" (Washington DC: Education Sector, 2007), p.7.
16. [옮긴이] 1964년 버클리 대학의 학생들이 교내의 정치적 자유와 자율권을 요구하며 전개한 운동. 애초 언론 자유에 대한 요구로 시작되었지만, 전개 과정에서 강압적 학교 운영에 저항하고 학생회의 자율적 권한·민주적 의사결정·대학 내 사상의 자유를 쟁취하기 위한 운동으로 확대되었다.

대폭 인상했다. 그러한 조치들에도 불구하고 당시까지 버클리 대학교의 시스템은 동문 엘리트들에 의해 여전히 보호되고 있었다.[17] 그러나 주민발의안 13호의 영향으로 인한 세수 결손은 레이건의 이데올로기적 적의에서 비롯된 철저한 [예산] 쥐어짜기를 거치면서 주 정부의 지원을 일거에 감축하고 학생들에게 비용을 전가하는 데 활용될 수 있는 더욱 다양한 기술 관료적 기회를 낳았다.

캘리포니아 대학과 같은 공립대학들은 여전히 냉전의 필수적 자산, 즉 군산복합체의 처지에서 보면 필수불가결한 연구기관이었다. 그러나 냉전이 종식되자 미국 정부는 주목의 대상이 되어 온 공적 급여 부문에서 사회주의 블록과 경쟁을 벌여야 할 필요를 느끼지 못했다. 고등교육도 그러한 부문 중 하나였다. 빅 사이언스Big Science를 지원하는 기금은 삭감되었고 연방정부 자금이 대학으로 유입되는 경로도 축소되었다. 대학 당국이 새로운 연구기금 재원을 마련하기 위해 산학협력에 눈을 돌리자 사적 자본이 대학으로 유입되어 재원 부족분을 메우기 시작했다. 그동안 미국 전역으로 확대된 조세저항은 당연히 대학에 대한 주 정부들의 직접적인 자금 지원에 부정적인 영향을 미쳤다. 1990년대 중반 이후 대학 학비가 급격히 인상되기 시작하자 고소득 가정의 학생들도 점차 대출을 받아야만 할 처지에 놓였다. 저위험 대출자들이 시장으로 진입하자 주요 은행들은 점점 더 수익성이 높은 학자금 대출 부문으로 뛰

---

17. Aaron Bady and Mike Konczal, "From Master Plan to No Plan: The Slow Death of Public Higher Education," *Dissent* (Fall 2012).

어들기 시작했다. 현재 이 부문은 샐리메이가 1995년에 처음 발행한 학자금대출자산유동화증권[학자금대출자산담보부증권][18] 형태의 유동화 방식이 도입되면서 활기를 띠고 있다.

1995년에 분리되어 2004년 완전히 민영화된 샐리메이는 대부기관, 채권추심업체, 보증기관, 통합청구업체들consolidators [19]에 대한 인수를 통해 학자금 대부업계 내부에서의 지배력을 점점 더 강화해 왔다. 인수된 기관들 대부분은 비영리법인이었다. 샐리메이를 제외한 어떤 대부기관도 대출 실행에서 상환과 추심에 이르는 융자의 모든 과정을 통제할 수 없었다. 학자금 대출 부문에서 샐리메이가 누린 사실상의 독점적 지위에 감독 부실까지 겹치자 업계 구석구석에서 사기 행위가 발생했다. 학자금 지원 상담관에게 건네진 사례금, 저소득층 학생들을 노린 약탈적 "서브프라임 대출", 추심기관의 모욕적인 괴롭히기는 샐리메이가 저지른 일상적 부정행위 가운데 일부에 지나지 않았다. 뒤이어 학자금 채무자들에 대한 법적 보호의 미비점을 활용해서 성장한 다른 은행들 역시 이러한 부정행위를 자행했다. 2010년 연방정부 학자금 대출사업이 재편되면서 이 은행들의 직접 대출은 중단되었지만, 샐리메이는 학자금 대출 부문을 운영하면서 대출 서비스를 제공할 수 있도록 선정된 4개 회사 중 하나였으며, 정부기금을 [대출 재원으로] 할당받아 지속적으로 상당한 규모의 수익을 보장받았다. 민간 대출시장에서 샐리메

---

18. [옮긴이] Student Loan Asset Backed Securities, SLABS. 학자금 대출채권을 기초자산으로 발행·거래되는 증권을 뜻한다.

19. [옮긴이] 채무자와 대출기관 사이에서 청구 및 지불 거래를 대행하는 업체.

이의 지배력은 계속해서 커지고 있다. 증가하는 채무불이행에 낙담한 일부 대마불사형 은행들이 학자금 대출 사업에서 손을 떼었기 때문이다. 연방 의회는 2004년 샐리메이의 연방정부 인허를 종료했다. 그런데도 샐리메이는 (2010년 이전까지) 가장 많은 연방대출을 실행한 회사이다. 게다가 샐리메이는 자사의 사적인 대부사업이 정부의 후원 아래 실행되고 있다는 세간의 믿음을 계속해서 악용하고 있다. 이는 뜻밖의 일이 아니다. 연방정부 고등교육국이 오랫동안 사적 이윤의 매개자 역할을 담당해 왔기 때문이다. 고등교육국은 냉전기에는 방위산업체들, 학자금 차입조달의 절정기에는 월가 은행들의 편에서 사적 이윤을 매개해 왔다.

이러한 [유착] 관계의 가장 노골적이고도 타락한 형태는 영리대학 부문에서 찾아볼 수 있다.[20] 재정난에 시달리는 공립대학에 입학할 기회가 봉쇄된 저소득층 또는 "비정규" 대학생들[21] 사이에서 영리대학은 점점 더 불가피한 선택이 되고 있다. 미국의 전체 고등교육기관 가운데 4분의 1을 차지하는 영리대학 부문의 수익은 주

20. [옮긴이] 이윤 획득을 주목적으로 하는 대학. 학위 취득 자체가 목표인 직장인들을 주요 대상으로 삼아 실용학문 위주의 전공학과를 운영하지만, 대학 기반시설 확보나 교수진 충원은 최소 수준에 머무르고 있다. 그런데도 연간 학비는 주립대학의 2배, 평생교육기관의 성격을 강하게 띤 2년제 지역사회대학(community college)의 4~5배에 달한다. 등록금 수입의 20~30%는 광고와 마케팅 활동에 드는데, 모집 담당관들은 대체로 과대 포장된 교육과정과 취업률 광고를 통해 학생들을 끌어모은다.

21. [옮긴이] non-traditional students. 평균적인 대학 입학 연령보다 늦게 입학한 학생, 재학 중 시간제로 출석하는 학생, 재학생이지만 전일제 일자리를 가진 학생, 배우자 이외의 부양가족이 있는 학생, 정규 고등학교 졸업자는 아니지만 동등 학력을 인정받아 입학한 학생 등이 이 범주에 포함된다. 이 기준에 따르면 1999/2000 학년도 미국대학 학부생의 73%가 비정규학생에 해당한다.

로 연방 학자금 대출에서 창출되는 간접 수입원에 의존한다. 현재 영리대학에 학적을 두고 있는 학생들은 미국의 대학 재학생들 가운데 10~13% 남짓이지만, 이 학생들은 연방 학자금 대출총액의 25%를 수령하고 있다. 날이 갈수록 상장기업들과 사모펀드 회사들에 의해 인수되면서 영리대학들은 수익 중에서 그 어느 때보다 더 큰 몫을 마케팅·학생 충원·주주 이익에, 점점 더 작은 몫을 교육에 돌리는 월가의 대학이 되어 왔다. 2010년 상원 건강·교육·노동·연금위원회의 조사를 통해 영리대학의 학위과정 이수 비용이 지역사회대학의 4배에 달한다는 사실이 드러났다. 그로 인해 영리대학 학생의 96%가 연방대출을 받고 있지만 (지역전문대학의 경우 13%), 무려 63%의 학생들이 학위를 취득하지 못한 채 학교를 떠나고 있다. 게다가 다섯 명 중 한 명 이상의 영리대학 학생들이 상환 개시 3년 이내에 채무불이행 상태에 빠지고 있으며, 그 규모는 전체 연방 학자금 채무불이행자의 약 47%에 이른다.[22]

영리대학 부문의 과도한 부채, 채무불이행, 그리고 백주의 날강도 같은 행위에 관한 통계 수치는 충격적이다. 그러나 영리대학 붐은 무엇보다 많은 가족을 길바닥에 나앉게 한 국가의 공교육 포기에서 비롯된 것이다. 몇몇 주, 특히 딥 사우스 지역Deep South [23] 지역사회대학의 연방 학자금 대출 프로그램 탈퇴는 아프리카계 미국인

---

22. Health, Education, Labor, and Pensions Committee, U.S. Senate, *For Profit Higher Education: The Failure to Safeguard the Federal Investment and Ensure Student Success* (July 30, 2010).
23. [옮긴이] 미 남동부에 위치한 미시시피, 앨라배마, 조지아, 루이지애나 주 등을 뜻한다.

들에게 불균등한 영향을 미쳤다.[24] 대학 지원자들은 고위험 대출자들을 대상으로 하는 민간 대부기관을 택하는 수밖에 없었고, 그도 아니면 더욱 부실한 영리대학 입학을 조건으로 제공되는 연방학자금 대출을 택해야 했다. 사우스웨스트의 지역사회대학 방문 과정에서 나는 한 이민자의 아들에게서 다음과 같은 이야기를 들었다. "입학 상담관들"의 조언을 듣고서 줄곧 대출을 받아 한 영리대학을 다녔지만 졸업할 무렵에야 정식으로 인가된 교육기관이 아니라는 사실을 알게 되었다는 사연이었다. 취득학점을 인정받지 못한 그는 또 다른 대출을 받아 새 학교에서 처음부터 다시 학위과정을 밟고 있었다. 오늘날에는 대학을 다닌 세대가 있는 가정들조차 이용 가능한 수많은 학자금 지원 방안들을 선별하는 데 어려움을 겪고 있다. 이 학생의 경우처럼 윗세대가 대학을 다니지 않은 가정들은 정확한 정보를 얻기 어려워 노골적으로 자신들을 노리는 허위광고에 더욱 쉽게 속고 있다. 실제로 [연준 산하의] 〈소비자금융보호국〉은 민간 학자금 대출을 받는 학생 중 12%가 이자율이 낮고 상환조건도 탄력적인 연방대출 유자격자임에도 불구하고 신청조차 않는다고 밝혔다.[25]

---

24. Deborah Frankle Cochrane and Robert Shireman, "Denied:Community College Students Lack Access to Affordable Loans," *The Project on Student Debt* (April 2008), accessible at http://projectonstudentdebt.org/files/pub/denied.pdf.

25. Consumer Financial Protection Bureau, *Private Student Loans*, A Report to the Senate Committee on Banking, Housing, and Urban Affairs, the Senate Committee on Health, Education, Labor, and Pensions, the House of Representatives Committee on Financial Services, and the House of Representatives Committee on Education and the Workforce (August 29, 2012), p. 36.

중산층 가정 출신의 사립대학 졸업생들은 학자금부채의 전형으로 간주된다. 주류 미디어 제작자들은 20만 달러 이상의 빚을 안고 있는 이 "방탕한" 개인들의 이야기를 실컷 우려먹는다. 그러나 실제의 이야기는 소득 계층구조의 더 아래쪽에서 발견된다. 다른 모든 개인 부채들처럼 학자금부채의 전반적인 영향 또한 저소득층 가정들 사이에서 한층 더 격심해진다. 낯익은 인종별 분석이 등장하는 것도 당연하다. 학사 학위 취득자 중에서 아프리카계 미국인 학생의 약 81%와 라틴아메리카계 남녀 학생의 67%가 빚을 안고 졸업했다. 이는 백인 학생의 64%가 빚을 지고 졸업한 것과 비교된다.[26] 서브프라임 모기지 불황에 따른 자산청산으로 심각한 타격을 입은 흑인 가정들은 대학 학비를 조달하기 위해 더 많은 대출을 받아야 했다. 그로 인해 아프리카계 미국인 학생 채무자들의 채무불이행 비율은 백인 학생의 4배에 달한다. 그러나 공황 직전인 2007~2008년에도 흑인 대학졸업생들의 27%가 대학 학자금을 조달하느라 3만 달러 이상의 빚을 지고 있었다. 이 비율은 [같은 수준의 학자금부채를 진] 백인 졸업생들이 16%, 라틴아메리카계 졸업

---

26. 소비자금융보호국은 후속 조치로 만연한 뇌물 수수 관행에 대한 조사에 착수했다. 은행들은 이러한 뇌물 공여를 통해 학생들에 대한 독점적인 금융상품 판매권, 예컨대 과도한 수수료가 붙는 학생증 겸용 직불카드와 같은 금융상품 판매권을 기꺼이 넘겨주려는 대학들과 유착 관계를 맺는다. 이에 관해서는 CFPB, "Request for Information Regarding Financial Products Marketed to Students Enrolled in Institutions of Higher Education," accessible at http://tinyurl.com/pnrkzcr. Or Shahien Nasiripour, "Lawmakers Probe Big Banks Using Colleges To Target Students," *Huffington Post* (September, 27, 2013), accessible at http://www.huffingtonpost.com/2013/09/27/college-debit-cards_n_4004692.html을 참조하기 바란다.

생들이 14%, 아시아계 미국인 졸업생들이 9%에 그친 것과 비교된다.[27] 불균등한 부채의 짐을 짊어지기는 성 소수자[LGBTQ] [28] 학생들도 마찬가지다. 성 소수자의 친지들이 대체로 비우호적인 태도를 보이기 때문에 자녀의 등록금 납부를 도우려는 부모들은 이용 가능한 연방 플러스[PLUS]대출에 필요한 보증인을 구하는 데 어려움을 겪는다. 이러한 상황에서 그들은 고금리 대부기관에 휘둘릴 수밖에 없다. 법적으로 연방 학자금 대출에서 배제되고 대개는 주 정부나 대학이 제공하는 학자금 지원을 받을 자격도 없는 불법체류 학생들, 이른바 꿈꾸는 세대들[Dream Generation]도 같은 처지에 놓여 있다.

아메리카 선주민, 아프리카계 및 라틴아메리카계 미국인들 대부분은 최초 〈제대군인원호법〉이 규정한 주택 소유와 교육 혜택에서 배제되었다. 2008년 이라크 전쟁 및 아프가니스탄 전쟁 참전자들의 고등교육을 지원하기 위한 새로운 〈제대군인원호법〉(9·11 이후 전역자 교육지원법)이 연방 의회를 통과하자 그러한 역사적 홀대가 개선될 것이라는 기대감이 고조되었다. 그러나 자그마치 연간 90억 달러에 이르는 자금이 교부되자 영리대학의 신입생 모집 담당자들은 저돌적으로 전역자들을 뒤쫓아 다니기 시작했다. 외상성 뇌 손상을 입은 일부 전역자는 수강신청을 한 사실조차 기억하지 못함

---

27. Sandy Baum and Patricia Steele, "Who Borrows Most? Bachelor's Degree Recipients with High Levels of Student Debt," *College Board* (2010), p. 6, accessible at http://tinyurl.com/DROMBaum.

28. [옮긴이] 레즈비언(Lesbian), 게이(Gay), 양성애자 (Bisexual), 성전환자(Transgender), 그리고 이들 모두를 포괄하는 범주로서 이성애 제도에 의문을 제기하며 성 정체성을 탐색하는 사람들(Queer)을 통칭하는 개념.

에도 불구하고 등록금을 납부하라는 독촉에 시달렸다. 그 결과는
군 복무자 비율이 훨씬 더 높은 유색인종 계열의 전역자가 과도한
피해를 보는 것으로 나타났다.[29] 문제의 영리대학들은 교육부 이외
의 재원에서 조달하도록 의무화된 10%의 수입에 (국방부에서 교부
하는) 〈제대군인원호법〉 자금을 산입할 수 있다는 법률상의 허점
을 악용해 왔다. 교육부를 재원으로 하는 연방 학자금 대출은 영리
대학 수입의 나머지 90%를 차지한다. 영리대학들이 "제복 입은 달
러박스"를 표적으로 삼은 결과 〈제대군인원호법〉 시행을 위한 재정
자금의 38% 이상이 월가 대학들의 금고 속으로 들어갔다.[30]

톰 하킨Tom Harkin이 위원장으로 재직하던 2010년 상원 [건강·교
육·노동·연금]위원회 보고서는 영리대학 교육에 대한 의회 차원의
신랄한 첫 고발은 아니었다. 샘 넌Sam Nunn은 세간의 이목을 끈 일
련의 청문회를 통해 1970년대 중반, 그리고 1994년에 다시 한 번 영
리대학 교육에 대한 조사를 진행한 바 있다. 머리털이 곤두서게 하
는 영리대학 업계의 악폐를 고발하는 증언들로 인해 연방 의회가
규제안 마련에 나섰지만, 이 법안들은 노골적인 로비에 부딪혀 수
년에 걸쳐 무력화되었다. 그러나 이는 2010년 상원 [건강·교육·노동·
연금]위원회 보고서를 실행에 옮기려던 오바마 행정부의 시도에 대
한 반발에 비한다면 아무것도 아니었다. 300억 달러 규모의 영리대

29. Julianne Hing, "Study:Only 37 Percent of Students Can Repay Loans on Time,"
    Colorlines (March 17, 2011), accessible at http://tinyurl.com/DROMHing.
30. Hollister Petraeus, "For-Profit Colleges, Vulnerable G.I.'s," *New York Times* (Sep-
    tember 21, 2011); Tamar Lewin, "Obama Signs Order to Limit Aggressive College
    Recruiting of Veterans," *New York Times* (April 27, 2012).

학 업계는 상정된 규제 법안이 원안대로 채택되지 않도록 방해하기 위한 강력한 캠페인의 일환으로 수많은 로비스트를 의회로 보냈다. 그리고 그들 중 다수는 백악관과 밀접한 관계를 맺고 있던 전직 민주당 내부 인사들이었다. 1,600만 달러에 이르는 활동 자금 일부는 전성기 시절 하원 다수당의 리더로 통했던 "진보적 성향의 맹장"liberal lion 리처드 게파트Richard Gephardt에게 건네졌다. 수많은 전직 의원들과 마찬가지로 이제 게파트 또한 [현역 시절] 한때 당선되면 규제하겠노라 공약했던 바로 그 기업들을 대변하는 수익성 유망한 직업에 종사하고 있다. 케이 스트리트K Street 31의 기준에 비추어 보더라도 극단적인 것으로 평가된 이 맹렬한 로비 공세는 발의된 법안의 골자를 성공적으로 제거했다.32

오바마 행정부의 시도는 선의에도 불구하고 결국 좌절로 끝나고 말았다. 그렇더라도 입법자들이 오랫동안 약탈적인 월가 대학들의 발 빠른 성장을 억제하는 데서 무력했다는 사실은 이처럼 좌절된 시도가 실패한 정책 결정 사례쯤으로 치부될 수 없음을 뜻한다. 오히려 학자금부채의 전반적인 증가와 더불어 영리대학 부문이 부상한 것은 교육 행정을 활용한 신자유주의적 협치의 직접적인 결과로 보아야 한다. 관리자본주의가 지배적이던 냉전기에 국가의 고

---

31. [옮긴이] 백악관에서 북쪽으로 세 블록 떨어진 곳에 있는 거리의 명칭. 이 거리에는 유명 로비회사들이 모여 있다. 그 때문에 케이 스트리트는 미국 의회를 대상으로 한 대기업, 자영업자, 노동단체, 초국적 기업의 로비활동 및 로비스트 집단을 상징하는 용어로도 통용된다.

32. Adam Weinstein, "How Pricey For-Profit Colleges Target Vets' GI Bill Money," *Mother Jones* (September 2011).

등교육 재정 지원은 노동자 대중과 그 자녀들에게 중산층 수준의 소득과 소비자 편의를 제공한다는 협약의 일부였다. 고등교육에 대한 재정 지원은 또한 영구전쟁경제 아래에서 이권을 누린 미 국방성과 방위산업체 및 기타 기업들의 유착관계를 보증했다. 미국 자본주의에서 금융이 제조업을 추월해 주요한 수익 흐름으로 자리잡기 시작하자 고등교육은 매우 쓸모 있는 분야로 판명되었다. 대출 공정성이라는 미명 아래 대출상품을 이용할 기회가 모두에게로 확대되자 월가로 향하는 채무상환의 수도꼭지는 활짝 열렸다. 냉전의 요구에 부응해 연구대학의 규모가 확대된 것과 마찬가지로 급속히 성장하는 영리대학 부문이 부채지대debt rents의 가장 신속한 전달 경로로 등장했다. 그사이에 영리대학 부문의 교육 서비스 포장술은 지불사회pay-per society라는 신자유주의의 이상을 철저히 반영하고 있다.

자산 거품인가, 정치적 운동인가?

불황기에 접어들면 감소하기 시작했던 다른 가계부채와 달리 학자금부채는 대학 학비와 더불어 모든 연령대에 걸쳐 지속적으로 증가해 왔다. 현재의 학자금 채무 부담이 금융위기에서 비롯된 "채무과잉"의 일환이 아님은 분명하다. 실제로 주 정부들이 연이어 교육예산을 대폭 삭감한 2008년 이후 학자금부채 누적률은 상승해 왔다. 매우 주목할 만한 내용을 담은 2013년 3월의 연준 보고서에 따르면 2004년부터 2012년 사이에 학자금부채가 거의 3배나 증가하고, (지불 기일을 90일 이상 넘긴) 학자금 대출 연체율도 가파르게 상승한 것으로 나타났다. 상환이 시작된 학자금 대출자의 약 3분의 1은 채무불이행 상태에 놓여 있었다.[33]

이러한 학자금 채무불이행률은 학자금부채가 다음번에 붕괴할 자산 거품으로 이어질지도 모른다는 새로운 우려를 자아냈다. 투자자들이 학자금대출자산유동화증권 시장에 재차 주목하고 있다는 뉴스는 그러한 우려를 더욱 증폭시켰다. 2008년 붕괴 이후 시장 규모가 축소되긴 했지만, 학자금대출자산유동화증권 거래액은 1990년의 7,560만 달러에서 정점에 도달한 붕괴 직전 2조 6천7백억 달러로 증가한 바 있다.[34] 샐리메이가 민간 학자금 대출채권을 담보로 하는 11억 달러의 학자금대출자산유동화증권을 판매한 2013년 3월, 투자자들의 최고위험계층 상품 highest-risk tranche에 대한 매수 주문량은 공급량의 15배를 웃돈 것으로 드러났다.[35] 그러나 이처럼 위험성이 높은 채권에 대한 매수 욕구의 부활은 아마도 저금리 시대의 투자자들이 느끼는 절박감과 더 깊은 관련이 있을 것이다. 2012년 샐리메이는 무려 138억 달러어치의 학자금대출자산유

33. Eric Lichtblau, "With Lobbying Blitz, For-Profit Colleges Diluted New Rules," *New York Times* (December 9, 2011).
34. Sam Ro, "How Student Debt Tripled in 8 Years, and Why It's Becoming a Growing Economic Problem," *Business Insider* (February 28, 2013), accessible at http://www.businessinsider.com/ny-fed-student-loans-presentation-2013-2?op=1#ixzz2YfEDysLd.
35. Malcolm Harris, "Bad Education," *n+1* (April 2011), accessible at http://nplusonemag.com/bad-education.

동화증권을 발행했다. 하지만 그 규모는 2008년 이전의 비보장 서브프라임 증권 거래액에 비하면 새 발의 피에 지나지 않았다.[36] 주택저당증권의 경우 부실화되더라도 언제든 회수할 수 있는 주택이 어딘가에 있지만, 일반적으로 정부가 보증하는 [학자금 대출채권들로 구성된] 학자금대출자산유동화증권에는 압류 후 [낙찰을 받아] 소유권을 취득하거나 타인에게 매각할 수 있는 기초 실물자산이 존재하지 않는다. 교육은 양도 불가능한 자산이다. 적어도 은행들이 채무자의 두뇌에서 그 성과물을 내려받을 수 있는 소프트웨어를 개발할 날이 오지 않는 한!

학자금부채에 거품이 끼어 있다면, 이는 금융적 골칫거리라기보다는 오히려 사회적 재앙일 것이다. 미국의 경제 관리자들은 과중한 부채를 진 대학 졸업자들이 GDP 증대에 이바지할 고가의 소비품을 구매하기는커녕 주택을 마련하거나 자녀를 키울 수 있는 경제적 여유조차 갖지 못해 성장이 정체되지는 않을까 조바심을 내고 있다. 일부 개혁주의 그룹들은 "경기부양"을 위한 공리주의적 방안의 일환으로 대규모 부채탕감을 제안했다.[37] 더욱 급진적인 목소리들은 죄culpability라는 의미를 내포한 사면[탕감]의 패러다임을 거부하고, 그러한 현대판 부채노예제에 수반하는 인간의 고통을 덜어주어야 한다는 도덕적 근거를 들어 학자금 채무 희년제를 요구한다.

36. R. Simon, R. Ensign, and A. Yoon, "Student-Loan Securities Stay Hot," *Wall Street Journal* (March 3, 2013).
37. Jordan Weissmann, "Don't Panic: Wall St.'s Going Crazy for Student Loans, But This Is No Bubble," *The Atlantic* (March 4, 2013).

어떤 경우든 그러한 고통은 이제 숨겨진 비밀이 아니다. 채무자들이 자신들의 고통스러운 상황에 대해 공공연히 말함으로써 부채를 둘러싼 관습적 침묵을 깨뜨려 왔기 때문이다.

미국 각지의 점거운동 장소에서 한층 더 눈길을 끈 시위자들 틈에는 자신들의 채무 상태를 당당하게 밝히는 표지를 몸에 두른 불완전취업underemployment 상태의 대학 졸업자들이 섞여 있었다. 이 표지들에는 "나는 12만 달러를 빚지고 있다", "나는 학자금부채를 갚을 수도 없고, 갚지도 않을 것이다." 등의 문구들이 박혀 있었다. 많은 이들이 서로의 얼굴을 맞댄 집회 현장에서, 그리고 크게 호응을 받은 [블로그 서비스 중 하나인] 텀블러Tumblr "우리가 99%다" 등의 온라인 발언대를 통해 저마다의 좌절감을 토로했다.[38] 빚에 관한 이 공적 "커밍아웃" 의식은 정치적 운동의 시작으로 보였다. 그러한 의식은 적어도 채무자들의 심신에 내밀한 손상을 입혀 우울증, 이혼, 끝내는 자살로도 몰아갈 수 있는 수치심을 떨쳐버리는 행동이었다.[39]

내가 몸담은 뉴욕대학교 학생들은 미국 대학생 평균 부채액보

---

38. 로버트 애플바움(Robert Applebaum)은 경기 부양을 위한 학자금부채 탕감이라는 명목하에 〈2012년 학자금부채 탕감법〉을 지지하는 청원운동의 일환으로 100만 명의 서명을 받아 낸 바 있다. "The Proposal"(January 29, 2009), accessible at http://www.forgivestudentloandebt. com/content/proposal 참조.

39. "We Are the 99 percent" at http://wearethe99percent.tumblr.com/. [신설된] 소비자금융보호국(CFPB)의 첫 번째 연차 보고서에는 일반인을 대상으로 의견 개진을 요청한 후 접수된 3천 건의 학자금부채 관련 민원 사항이 [유형별로] 편집·수록되어 있다. 이 보고서는 http://files.consumerfinance.gov/f/201210_cfpb_Student-Loan-Ombudsman-Annual-Report.pdf에서 볼 수 있다.

다 40%나 더 많은 빚을 진 채 졸업한다. 몇몇 추정치에 따르면 뉴욕대학교는 미국에서 가장 학비가 비싼 (2013~14학년도의 경우 [연간] 수업료, 기숙사비와 급식비, 필수 비용을 모두 합해 61,977달러) 대학이다. 그 때문에 이 대학에서는 깜짝 놀랄 만한 액수의 빚을 진 졸업생들을 어렵지 않게 찾아볼 수 있다.[40] 한 남자 졸업생은 자신과 동료들이 여섯 자릿수의 빚을 지고 있는 졸업자들을 위한 "헌드레드 클럽"hundred club을 만들었음을 알리는 편지를 내게 보내왔다. 뉴욕대학교가 젊은 여성과 나이 든 남성 "슈거 대디"Sugar Daddies를 연결하는 한 온라인 "만남" 사이트에 가입한 여대생 "슈거 베이비"Sugar Babies들이 가장 많이 다니는 학교라는 대대적인 보도는 학생들의 입에 오르내리는 주요 화젯거리 가운데 하나다. 부족한 학자금 지원이 필사적으로 빚을 지지 않고 살 길을 찾던 미국 최대의 사립대학교 학생들을 가장 굴종적인 이들로 전락시킨 것이다.

나는 꽤 오래전부터 내 급여가 부채의 수렁에 깊숙이 빠져들고 있는 학생들에게 기대고 있다는 사실을 알고 있었다. 많은 경우에 향후 수십 년 동안 빚에서 헤어나지 못할 바로 그 학생들 말이다. 그러나 대다수 동료와 마찬가지로 나는 아주 오랫동안 교수들의 급여가 좀처럼 오르지 않았음을 고려할 경우 타당해 보이는 결

---

40. 대중의 이목을 끌고 있는 블로거이자 학자금부채 문제 비평가인 크라이언 요한슨(Cryn Johannsen)은 "National Emergency? Suicidal Student Debtors," *All Education Matters* (June 17, 2012)에서 [자살 충동에 시달리는] 학자금 채무자들이 그녀 앞으로 보낸 유서[와도 같은 편지]들의 의미를 되새기고 있다. 이 글은 http://alleducationmatters.blogspot.com/2012/06/suicidal-debtors-is-national-emergency.html에서 찾아볼 수 있다.

정 사항에 대해 깊이 따져 보려 하지 않았다. 사실 교수학습 비용은 교수 요원의 임시직화로 인해 대폭 삭감되어 왔기 때문에 가파른 대학 수업료 인상과는 거의 무관하다. 그에 반해서 행정 부문의 공연한 "팽창"은 인상 요인 목록의 상위에 올라 있다.[41] 미 교육부에 따르면 2001~11년 인력, 프로그램, 학사규정을 관리·운영하기 위해 고용된 대학 직원의 수가 강의를 담당하는 인원보다 50%나 더 빠르게 증가했고, 그들의 급여 또한 교원 급여보다 훨씬 더 가파르게 인상되었다.[42] 미국 대학들의 이사진과 사무직원 수는 이제 전임 교원 수를 웃돌고 있다. "마른걸레 쥐어짜기 식" 기업경영을 추구하면서 관리직급들을 잘라 낸 주식회사 미국[미국식 자본주의]와 달리 대학들은 관리직 총원을 계속해서 늘려 왔다. 기타 비교육 활동 비용들도 급증해 왔다. 그중에서도 첫손에 꼽히는 것이 자본 집약적인 건물 확장에 들어가는 비용이었다. 건축을 위한 차입비용은 많은 대학에 거대한 채무부담을 안겨 주는 요소다. 또한 밥 마이스터 Bob Meister가 보여준 대로 학생 등록금은 건설채권建設債券의 지불보증을 위한 담보일 뿐만 아니라 채권이자 지급재원이기도 하다.[43] 교육부에 따르면 실제로 2002~2011년에 4년제 공립대학 기관부채 총

---

41. Peter Jacobs, "America's REAL Most Expensive Colleges," *Business Insider* (July 10, 2013), accessible at http://www.businessinsider.com/most-expensive-colleges-in-america-2013-7?op=1#ixzz2YqBs7t9r.

42. Benjamin Ginsberg, *The Fall of the Faculty: The Rise of the All-Administrative University and Why It Matters* (New York: Oxford University Press, 2011).

43. Douglas Belkin and Scott Thurm, "Deans List: Hiring Spree Fattens College Bureaucracy And Tuition," *Wall Street Journal* (December 28, 2012).

액은 3배 이상 늘어나 880억 달러에 이르렀다.[44]

특히 도시 대학들은 점점 더 도시성장연합city's growth machine의 중심이 되어 가고 있다. 따라서 대학들이 재정상 과도한 차입비용을 감수하고서라도 물리적 공간을 확장할 만한 동기는 충분하다.[45] 뉴욕대학교 당국은 최초 추정가액만 50억 달러에 달하는 자체 확장 계획을 논란 속에 추진해 왔다. 이는 지난 수십 년간 맨해튼 중심가에서 추진된 최대 규모의 개발계획이다. 그 정도 액수의 자금을 조성하려면 21억 달러 수준인 현재의 대학 기부금을 훨씬 웃도는 차입, 그리고 (2003년의 9억 9,800만 달러에서 급증한) 37억 달러 규모의 장기 부채 부담이 불가피할 것이다. 대학 팽창의 확고한 대변자인 [신용평가회사] 무디스조차 뉴욕대학교의 재무상태를 "과다차입"으로 규정했다. 무디스는 뉴욕대학교의 "직접부채 대비 가용재원" 비율이 0.51에 불과하다는 점을 "재정부실"의 근거로 들었다. 비영리법인의 경우 일반적으로 용인되는 비율은 0.8~2.0 수준이지만 대부분의 대학은 1.0을 훨씬 웃도는 비율을 유지하느라 골머리를 썩인다. 확장 계획에 대한 교수진의 격렬한 반발은 부분적으로는 확장 자금 조달 과정에서 등록금이 대폭 인상되고 학자금부채도 전반적으로 많이 늘어날 것이라는 확신에 가까운 판단을 근

---

44. 이에 관해서는 밥 마이스터(Bob Meister)가 캘리포니아 대학교 학생들에게 보낸 공개서한 "They Pledged Your Tuition to Wall Street," *Keep California's Promise* (October 2009), accessible at http://keepcaliforniaspromise.org/383/they-pledged-your-tuition을 참조하기 바란다.

45. Belkin and Thurm.

거로 한다.[46] 실제로 대학들은 임의로 등록금을 인상할 수 있으며, 그 덕분에 저리 융자 이용자격이 부여되는 양호한 신용등급을 유지할 수 있다. 다른 기업들과 달리 대학은 해마다 수입을 늘려 나가는 데 적합한 속성을 이미 갖추고 있다.

학자금부채는 뉴욕대학교의 재정적 존립에서 핵심적인 중요성을 지닌 문제이다. 하지만 필자가 이 문제를 강의시간의 토론 주제로 제시하자 선뜻 나서서 자신의 의견을 밝히려는 학생이 아무도 없었다. 그러한 모습은 대부분의 주제에 관해 본인의 견해와 소감을 자유롭게 개진하는 동일 연령 집단의 전형적인 행동양식과는 사뭇 달랐다. 개인적으로 그 까닭을 묻자 두 학생이 자신들의 학자금부채 액수가 심한 수치심을 안겨주기 때문이라고 대답했다. 학비가 비싼 대학에서 모든 것을 갖춘 부유한 집안 출신의 동료들에 둘러싸인 그들은 자신들의 궁핍한 형편을 밝힐 때 받을 상처를 두려워한 것이다. 그들 중 한 학생은 수업 도중 졸음을 이기지 못한 것에 대해 사과했다. 그는 더 많은 빚을 지지 않으려고 부업을 하고 있었다. 요즘에는 이처럼 부업에 종사하는 학생들을 흔히 볼 수 있다. 다른 한 여학생은 그녀가 꿈꾸었던 대학교육이 성공으로 가는 디딤돌이 될지, 아니면 무거운 재정적 짐이 될지를 두고서 마음속에 싹트는 의구심을 키우고 싶지 않다고 털어놓았다. 그녀는 공부를 계속하는 동안만이라도 그러한 고민을 피하려 했다.

---

46. Andrew Ross, "Universities and the Urban Growth Machine," *Dissent* (October 4, 2012).

뉴욕대학교에서의 내 경험에 대한 확신은 다른 대학들을 방문하면서 더욱 굳어졌다. 내가 만난 학생들 대부분은 자신들이 대출받은 학자금을 전혀 빚으로 여기지 않았다. 그들에게는 대출금을 매월 상환한다는 것이 어떤 기분일지를 떠올릴 이유가 없었다. 어떤 학생은 자신의 대출금을 "불확실성이 높은 거래에 투자되는 돈"funny money으로, 다른 학생은 금융용어를 빌려 미래의 "위험회피 수단"hedge 또는 미래에 대한 내기에 건 돈bet으로 불렀다. 자신들을 채무자로 간주하는 학생들은 거의 없었다. 실제로 문화[일상생활]기술지적文化記述誌的 증거에 따르면 미청산 부채를 보유한 사람들은 지불기일을 넘기기 전까지 자신을 "채무자"로 여기지 않는다.[47] 나처럼 주택담보대출을 받은 사람들은 주택금융 채무자가 더 정확한 명칭임에도 불구하고 우리 자신을 주택 소유자로 간주한다. 매월 채무상환 수표를 끊던 관행은 한때 [채무명세에 대한] 자기진단, 의심, [서명] 거부의 여지를 허용했을지도 모르지만, 거래계좌 자동인출 방식으로 인해 이제는 그마저도 사라져 버렸다.

대출상품을 소개받은 학자금 대출자들 대부분은 내용을 확인하지도 않고 소개자의 권유를 그대로 받아들인다. 대출상품을 평가할 만한 약간의 금융지식이나마 갖춘 학생은 소수에 불과하다. 대출을 받는 일은 대학생활의 일상적인 광경이 되어 왔기 때문에 신중한 판단을 필요로 하지 않는다. 이처럼 순조로운 대출의 관례

---

47. Faculty Against the Sexton Plan, *While We Were Sleeping : NYU and the Destruction of New York* (New York : McNally-Jackson, 2012). 뉴욕대학교의 확장계획에 대한 추가적인 분석은 http://nyufasp.com/에서 찾아볼 수 있다.

화가 신입생들에게 고금리 대출이 미래를 위한 든든한 투자라는 확신을 심어주고 급여를 지불받는 입학 담당관들의 죄책감을 무디게 하리라는 것은 분명하다. 그들 중 더욱더 파렴치한 부류는 노골적으로 대출기관들과 담합해 왔다.[48] 부모들은 너무 많은 것을 묻지 않는다. 대학의 위신에 주눅이 들어 있거나 행여 자녀의 열의에 손상을 입히지 않을까 우려해서다. 그렇다 해도 학생과 그 가족은 당연히 끊임없이 쌓여가는 등록금 수표가 대학 관리자들에 의해 어떻게 사용되고 있는지 알 권리가 있다. 사립대학들의 회계장부가 여전히 공개되지 않고 있는 데다 수많은 공립대학의 재정도 흑막에 싸여 있지만, 적어도 재정 투명성을 요구하는 움직임은 점차 증가하고 있다.

내가 재직하는 대학에서는 대학 당국이 고위직과 스타급 교수들의 주택 구매를 위한 상환면제가능대출fogivable loans 확대 계획을 비밀에 부쳐 왔다는 사실이 폭로되면서 분노의 목소리가 고조되었다. 무엇보다 심한 악평을 받은 것은 이 계획이 여러 채의 휴가용 별장 구매를 허용했다는 사실이다. 그중에는 총장 자신을 위한 백만 달러 상당의 해변 별장도 포함되어 있었다.[49] 학자금 대출 처리 방

---

48. Michael Denning, "The Fetishism of Debt," Dossier on Debt, *Social Text* (Periscope), (September 2011), accessible at http://www.socialtextjournal.org/periscope/going-into-debt/.

49. Tola Adewola, "Cuomo's Code of Conduct: Troubled Times for the Student Loan Industry," *Illinois Business Law Journal* (April 24 2007); Pam Martens and Russ Martens, "The Untold Story of Citibank's Student Loan Deals at NYU," *Wall Street on Parade*, (September 16, 2013), accessible at http://wallstreetonparade. com/2013/09/the-untold-story-of-citibankpercentE2percent80percent99s-

식과 고위직 대상 상환면제대출 간의 극명한 대비는 대학 총장들과 측근 관리자들의 급여 수준 상승과 더불어 점점 더 분명하게 드러나고 있는 이중 잣대를 전형적으로 보여준다. 차입재정에 의존하는 교육이 그들의 은행계좌를 두둑이 채워 주었음을 고려한다면, 학자금부채 위기에 대한 공개토론에서 대학 총장들의 목소리가 눈에 띄게 잦아들었다는 것은 그다지 놀라운 일도 아니다. 그들은 일신에 닥친 곤경에서 벗어나는 데만 급급한 것으로 보인다.

수요가 감소하기 전까지는 대학 학비를 억제하기도 쉽지 않아 보인다. 설령 미국의 국내 교육 수요가 줄더라도 해외 수요의 증가는 십중팔구 부족분을 메우는 데 도움이 될 것이다. 급속히 성장하는 개도국에서 확대되고 있는 중산층 인구의 [해외] 유명 대학 학위취득 열망은 그러한 수요를 부채질한다. 영국 의회 보고서에 따르면 전 세계 3차 교육기관[50] 등록자 수는 1990년 대비 160% 증가해 2009년 1억 7천만 명에 달했다. 이 보고서는 2009년 이후 10년간 3차 교육기관 등록자의 증가 속도는 다소 늦춰지더라도, 그 수는 계속 증가할 것으로 전망했다.[51] 이러한 장밋빛 예측이 주 의회

---

student-loan-deals-at-nyu/.

50. [옮긴이] 3차 교육(tertiary education)이란 영국의 교육 과정 중 중등학교 이후의 대학 및 직업 교육 과정을 가리키며, 여기서는 고등교육 과정과 같은 의미로 사용되고 있다.

51. Ariel Kaminer and Alain Delaqueriere, "N.Y.U. Gives Its Stars Loans for Summer Home," *New York Times* (June 17, 2013); Pam Martens, "NYU's Gilded Age:Students Struggle With Debt While Vacation Homes Are Lavished on the University's Elite" (June 17, 2013); 그리고 "NYU Channels Wall Street:New Documents Show Lavish Pay, Perks and Secret Deals" (June 10, 2013), accessible at *Wall Street on Parade* (http://wallstreetonparade.com/).

들의 추가적인 예산삭감에 직면해 있는 대학 관리자들의 재정난 대처법에 영향을 끼치는 것은 당연하다. 외국인 유학생들이 납부하는 등록금에 대한 의존도는 이미 높은 수준이다. 외국인 유학생들은 미국의 수많은 과학·기술·공학·수학Science, Technology, Engineering and Mathematics, STEM 분야 대학원 과정 등록생의 다수를 차지한다. 해외 교육과정 및 분교 설립 열풍 또한 부채 없는 수익이라는 동일한 목표를 지향하고 있다. 이러한 모험적 사업에는 수많은 위험이 따르지만, 특히 권위주의적 국가에서 시작된 사업의 경우 더욱 그러하다.[52] 그러나 해외에서 추가적인 수익 흐름을 확보할 수 있으리라는 기대는 절박감에 시달리거나 야망으로 가득 찬, 그도 아니면 순전히 신자유주의 경제학의 훈육에 길든 고등교육기관 재정 관리자들을 끊임없이 매혹할 것이다.

당신은 빚이 아니다YOU ARE NOT A LOAN

---

52. British Council, *Going Global 2012*, accessible at http://ihe.britishcouncil.org/sites/default/files/going_global/session_attachments/GG2012%2012.1%20Janet%20Illieva.pdf. 2009년 〈국제교육자협회〉(NAFSA) 회장 존 후직(John Hudzik)은 다음 10년간 고등교육 등록자 수가 80% 늘어날 것으로 내다보았다. [그의 예상대로라면] 고등교육 수요는 2020년 "정원"(seat) 2억 명 수준으로 증가하게 된다. [영국 의회 보고서 집계와 달리] 2009년 당시의 고등교육기관 등록 학생을 1억 1천만~1억 1천5백만 명으로 추산했기 때문이다. Elizabeth Redden, "In Global Recession, Global Ed Still Growing," in *Inside Higher Ed* (May 29, 2009), accessible at http://www.insidehighered.com/news/2009/05/29/international.

2011년 11월, 나는 〈오큐파이 학생부채운동〉(www.occupystu-dentdebtcampaign.org)의 출범을 도왔다. 이 캠페인은 100만 명의 [지지자들로부터] 서명을 받은 다음 [이를 토대로] 학자금 채무자들에게 상환거부 서약을 권유했다. 당시 개별적으로 채무불이행 상태에 놓여 있던 사람들은 수백만에 달했다. 따라서 (바이러스처럼 퍼져 나가던 점거운동의 활력을 이용하기 위해 서둘러 고안된) 우리의 상환거부 서약 운동은 학자금부채 문제에 대응하는 행동을 취하고 이 문제에 대한 대중적 관심을 모아 낼 더욱 유력한 자기역능 증진 방안의 제안을 목표로 삼았다. 수천 명이 [상환거부를 약속하는] 서명에 참여했지만, 학생 채무자들의 결의를 모으는 일은 쉽지 않았다. 우리에게는 전국적인 운동을 펼칠 자원이 턱없이 부족했다. 게다가 우리의 노력은 대부업계와 개혁주의자들의 사보타주에 부딪혔다. 대부업계의 대변자들은 어떠한 형태의 부채저항도 재빨리 표적으로 삼았고, 개혁주의자들은 의회 로비에만 온통 정신을 빼앗기고 있었다. 하지만 우리는 학자금부채 위기에 대한 경각심을 불러일으켰고, 캠페인 종료에 앞서 학자금부채 거부라는 구상을 공개적으로 제출했다. 우리는 부채거부 운동이 본격적으로 진행되기에는 아직 때가 무르익지 않았고, 이 운동이 채택했던 수단들은 우리가 얻을 수 있었던 것보다 한층 더 조직적인 캠페인의 지원이 필요하다는 결론을 내렸다. 아이러니하게도 부채거부 운동 이후 1년 동안 100만 명의 채무자들이 개별적으로 채무불이행 상태에 놓였다. 만일 그들이 경제적 불복종의 한 형태로 집단적인 채무불이행을 조직했더라면 그 정치적 효과는 심대했을 것이다.

〈오큐파이 학생부채운동〉의 2012년 4월 25일 1조 달러의 날(1T Day)거리 행진(사진 제공:Giles Clark)

이 캠페인은 상당한 사회적 주목을 받은 네 가지 원칙들에 기초했으며, 그 원칙들은 아직도 유효하다. 1) 공교육은 무상화되어야 한다. 당시 우리는 연방정부가 2년제 및 4년제 공립대학에 재학 중인 모든 학생의 등록금을 부담하더라도 그 비용은 연간 700억 달러에 불과할 것으로 추산한 바 있다. 2) 학자금 대출은 무이자여야 한다. 누구도 교육으로부터 이익을 취해서는 안 되며, 정부는 더 말할 것도 없다. 3) 완전한 재정 투명성의 정착을 위해서 종합대학과 대학은 회계장부를 공개해야 한다. 학생들과 그 가족들에게는 알 권리가 있다. 4) 기존 [학자금] 부채는 채무자 모두에게 공통으로 적용되는 구제조치인 주빌리 방식으로 청산되어야 한다. 각각의 원칙들은 학자금부채 사면을 운운하는 개혁주의자들의 어법, 즉 채무자들이 무언가 잘못을 저질렀다는 의미를 함축한 도덕주의적 어법과는 다르다. 무상교육 권리의 증진은 연방 학자금 대출 이자율 1~2% 증감을 놓고 마구잡이로 다투는 연방 의회 식 언쟁과는 전혀 다른 도덕적 영역에 속하는 문제다.

그해 여름이 끝나갈 무렵 오바마 대통령은 고등교육 재정조달에 대한 정부의 접근방식을 재조정한다는 목표 아래 개선안을 발표했다. 이 방안은 오바마 행정부의 교육부 장관 아른 덩컨Arne Duncan과 교육이 보상을 놓고 순위 다툼을 벌이는 대학 간 경쟁의 장으로 전환되어야 한다고 주장하는 자들의 지지를 받던 여러 성과 기준들을 조잡하게 기워 맞춘 것에 지나지 않았다. 오바마의 구상에 따르면 대학들은 학생과 납세자에게 더 많은 [경제적] "가치"를 제공하려는 노력을 통해 비용 억제에 나서도록 유도되어야 할 것이다. 졸업생 수와 졸업자들의 소득에 기초한 지표들은 [대학별로] 학자금 대출금리와 연방정부 무상 학비 보조금Pell Grant awards을 차등화하는 데 활용하게 되어 있었다. 또한, 압도적 다수의 대학 종사자들이 반대하는 계획들이 그러한 "가치" 추구 방안의 일환으로 장려되었다. 예컨대 직업 교육과 무크 – 쌍방향의 웹 기반 네트워크를 통해 참여자들이 널리 이용할 수 있도록 만들어진 "개방형 온라인 강좌"massive online open courses, MOOCs – 의 확대 등이다.

문제의 대학들은 보상 수준은커녕 고용 여건에조차 거의 영향을 미치지 못한다. 그런데도 오바마의 접근법은 업무 현장에 즉시 투입될 수 있는 신규 노동력을 가장 비용 효율적인 방식으로 공급하는 것이야말로 고등교육의 주된 목표라는 확신에 근거하고 있다.[53] 이러한 계획을 감독할 고비용의 복잡한 관료제적 방식은 미국만큼 부국이 아니더라도 시민의 권리라는 차원에서 무상 고등교육을 제공하는 전 세계 수많은 나라의 대열에 합류해야 한다는 단순한 도덕적 주장과 뚜렷이 대비된다. 지난 20세기 동안 안정된 중산층과 시범적 민주주의의 필요성을 느낀 미국의 국가 관리자들은 K-12[54] 교육 과정에 대한 전면적인 재정 지원을 결정했다. 21세기에는 3차 교육으로 재정 지원 범위를 확대하는 것이 제 기능을 발휘하는 중산층, 즉 미국의 경제 관리자들이 보기에 적어도 지구적 시장 내에서 최후까지 의지할 수 있는 소비자로서의 통상적인 역할을 담당할 수 있는 중산층을 재건하는 데 필수적이다. 경제 관리자들은 교육받고 자유롭게 사고하는 시민들을 자신들의 관리 책임 아래 두기를 원치 않는다. 하지만 채권자 엘리트들은 되도록 대출을 받아서라도 부채를 상환하고 고가품을 구매할 정도의 가처분소득을 보유한 사람들을 필요로 한다.

좀 더 실용적인 근거를 들어보자. 로버트 새뮤얼Robert Samuels, 마이크 콘찰 Mike Konczal 등에 따르면 학자금 대출 시스템을 보조하고 있는 세액공제와 조세감면 조치를 철폐하기만 하더라도 막대한 액수의 등록금 비용을 확보할 수 있다.[55] 누구나 대학 학비가 지나치

---

53. Andrew Ross, "Human Rights, Academic Freedom, and Offshore Academics," *Academe* (January-February, 2011); 그리고 "Away from Home:The Case of University Employees Overseas," *South Atlantic Quarterly*, 108, 4(2009); Jackson Diehl, "Yale, NYU Sacrifice Academic Freedom," *Washington Post* (June 23, 2013).

54. [옮긴이] 유치원에서 한국의 고등학교 3학년까지에 해당하는 교육 과정.

55. 이와 유사한 확신이 오바마 행정부에 의해 제출된 소득기반상환 방안의 확대를 뒷받침하고 있다. 더 나아가 이러한 확신은 2013년 7월 오레곤 주 의회가 채택한 Pay

게 비싸다는 사실은 알지만, 미국의 대학교육을 무상화하는 데 얼마나 적은 비용이 소요될지를 알고 있는 사람은 극히 드물다. 〈부채타파운동〉이 최근 추산한 바에 따르면, 2010/2011 학년도에 학생들이 각급 공립대학 등록금으로 지출한 금액은 599억 달러에 달한다. 기존의 아메리칸 오퍼튜니티 프로그램, 호프 프로그램[56] 등의 세액공제 제도들과 대출이자 감면 조치들을 폐지할 경우 371억 5천만 달러의 예산이 확보된다. 영리대학들에 부당하게 할당되는 공적 자금(연방정부 학자금 무상지원과 제대군인 원호기금) 환수액

It Forward 방안에도 어느 정도의 근거를 제공한다. Pay It Forward 방안은 소득기반상환 방식에 따라 [학자금을 지원받은 학생들이] 졸업 후에 기금을 조성케 하는 무상교육 시스템을 전면에 내세운다. 사라 제프(Sarah Jaffe)는 오레곤 주의 새로운 계획을 둘러싼 논쟁을 다음과 같이 요약한다. "아마도 가장 큰 — 그리고 가장 답을 내리기 어려운 — 의문은 Pay It Forward 방안이 고등교육은 사회 전체에 유익하므로 사회 구성원 전부가 그 비용을 지불해야 한다는 관점으로의 전환을 앞당길 것인지, 아니면 교육은 각자가 비용을 부담해야 할 개인적 투자라는 신자유주의적 관념을 한층 더 전폭적으로 수용하게 할 것인지다." "A Debt-Free Degree?" In These Times (August 7, 2013). [오레곤 주가 검토한 방안은 "미리 쓰고, 나중에 갚자(pay it forward, pay it back)"는 발상을 기초로 한다. 그러나 이는 영국과 호주에서 수십 년 전부터 도입되어 온 소득기반상환 모델을 벤치마킹하고 있다는 점에서 완전히 새로운 구상으로 보기는 어렵다. 이 방안에 따르면 재학 중 주 정부로부터 학자금을 지원받은 오레곤 주의 공립대학 학생들은 취업 이후 24년간 연 소득의 3%를 특별기금 형식으로 내놓음으로써 상환 의무를 이행해야 한다. ― 옮긴이]

56. [옮긴이] 아메리칸 오퍼튜니티(American Opportunity), 호프 스칼라십(HOPE scholarship)은 납세자들에게 중등교육 과정 이후(대학, 전문대학, 직업훈련기관)의 교육비 일부를 세액공제 방식으로 되돌려 주는 프로그램들이다. 아메리칸 오퍼튜니티 세액공제는 기존 호프 스칼라십 세액공제의 수정안이라고 할 수 있으며, 2009년 경기부양책의 일환으로 도입된 후 2013년 세법 개정을 통해 2017년까지 실시 기한이 연장되었다. 2015년 현재 교육비 관련 각종 세액공제 프로그램을 통합하기 위한 확대된 아메리칸 오퍼튜니티 세액공제 법안(학생·가족 세금 단순화법안, HR 3393)이 의회에 계류 중이며, 이 법안이 통과될 경우 한시적인 아메리칸 오퍼튜니티 세액공제 프로그램은 영구화된다.

도 103억 5천만 달러에 이른다. 이러한 방식으로 조성되는 자금 총액은 472억 5천만 [475억] 달러에 달하며, 부족액은 124억 달러에 불과하다.[57] 고등 공교육 전면 무상화를 위해 추가로 조달해야 할 비용은 이 정도가 전부인 것이다. 이 비용은 방위비 지출 시스템 내에 은닉된 수백억 달러의 용도불명 예산에 비하면 하잘것없는 액수이며, 은행과 기업에 대한 보조금으로 사용되는 그 못지않게 막대한 납세자들의 세금과 견주어 보더라도 미미하기는 마찬가지다. 추가적인 세금 수입은 이미 연방 학자금 대출 수익과 기타 정부 보조금에 과도하게 의존하고 있는 사립대학들이 누리는 면세법인 지위를 취소한다면 거둬들일 수 있을 것이다.

국제적 관점에서 바라보면 미국 교육의 정치경제학은 매우 이례적인 경우에 속한다. 그러나 미국식 교육을 특징짓는 영리 목적 대학과 차입을 통한 재정조달 모델은 해외로 전파되고 있다. 잉글랜드에서는 정부의 예산삭감으로 인해 최근 들어 대학들이 대폭적인 납부금 인상을 단행하기 시작했다. 그러나 필자가 1970년대에 수학한 스코틀랜드 대학들은 지금도 무상교육을 실시하고 있으며, 이 지역에서는 사회적 권리로서의 교육에 대한 국가 지원이 충분한 수

---

57. Robert Samuels, *Why Public Higher Education Should Be Free: How to Decrease Cost and Increase Quality at American Universities* (New Brunswick: Rutgers University Press, 2013). 또한, 다음의 글도 참조하기 바란다. Mike Konczal, "Could We Redirect Tax Subsidies to Pay for Free College?" *Next New Deal* (December 20, 2011), accessible at http://www.nextnewdeal.net/rortybomb/could-weredirect-tax-subsidies-pay-free-college; 그리고 Jordan Weissmann, "How Washington Could Make College Tuition Free (Without Spending a Penny More on Education)," *The Atlantic* (March 8, 2013).

준을 유지해야 한다는 견해가
여전히 주민들의 강력한 지지를
얻고 있다. 미국식 교육 사유화
에 대한 학생들의 저항도 거세
게 일었다. 특히 2011~12년 무렵
칠레와 퀘벡에서 벌어진 대규모
저항운동은 가장 두드러진 사
례들이다. 퀘벡 운동의 붉은 정
사각형carrément dans le rouge 휘장
은 국제적인 부채 저항의 상징

교육 사유화와 등록금 인상 반대, 전면 무상
교육을 요구한 퀘벡 학생운동과 〈오큐파이
학생부채운동〉에서 부채 저항의 상징으로
채택된 붉은 정사각형 휘장

으로 채택되었다. 〈오큐파이 학생부채운동〉이 부채타파 연대를 형
성하기 위해 다른 점거운동 단체들과 결합한 2013년 초여름 붉은
정사각형은 한층 더 상황에 부합하는 의미를 부여받았다. 네 개
의 모서리가 각각 교육, 의료, 주택, 신용카드를 상징하게 된 것이
다. 사실상 네 가지 부채는 서로 얽힌 채 모든 가구 단위들을 순환
하고 있을 가능성이 크다. 학자금부채와 채무자들의 개인적 측면
에만 초점을 맞추면 이러한 대출상품들이 연계되는 방식을 간과
하기 쉽다. 이렇게 본다면 〈부채타파운동〉의 형성은 부채가 우리를
어떤 식으로 옭아매는지를 더욱 명확히 밝히기 위한 노력의 결실인
것이다.

일례로 내가 방문한 대학의 한 학생은 아버지가 해고되는 바람
에 가족이 주택담보대출금을 상환하지 못하고 있다는 사정을 털어
놓았다. 아버지는 가족들이 사는 주택 [순가치]를 담보로 그녀의 대

출에 보증을 섰지만, 이미 그녀의 학자금 일부를 납부하기 위해 2차 주택담보대출까지 내어 쓰고 있었다. 그때부터 주택을 담보로 대출을 받을 길은 막혀 버렸고, 가계 재정은 심각한 마이너스 자산 [부채초과] 상태로 빠져들었다. 엎친 데 덮친 격으로 양친은 그녀의 조모에게 청구된 병원비 일부까지 떠안았다. 그녀는 스스로 "최악의 빚더미"라고 묘사한 상황에 부딪친 가족의 부담을 다소나마 덜어주기 위해 중퇴를 진지하게 고려하기도 했다. 하지만 결국 그녀는 두 장의 신용카드를 학비를 조달할 대체 재원으로 사용하면서 채권자들이 찾아와 두드릴 문을 연이어 만들었다. 이로써 그녀는 신용카드로 등록금을 납부하는 전체 미국 대학생의 3분의 1 가운데 하나가 되었다.[58] 그녀의 여동생이 꾸었던 대학 진학의 꿈은 순식간에 사라졌다. 고등학교를 갓 졸업한 여동생은 가족에게 닥친 난관을 극복하는 데 힘을 보태기 위해 어머니가 다니는 지역 월마트 매장에서 함께 일하려던 참이었다.

〈부채타파운동〉은 매주 일요일 뉴욕시의 공원들에서 "채무자 집회"debtors' assemblies를 잇달아 열어 커밍아웃 의례를 중심으로 운동의 기반을 다졌고, 그 후 『부채에 저항하는 사람들을 위한 행동 안내서』Debt Resisters' Operations Manual와 (앞 장에서 설명한) 〈롤링 주빌리 프로젝트〉를 통해 더 많은 주목을 이끌어 냈다. 이 집회들은 대

---

58. Strike Debt, "How Far to Free?" (August 15th, 2013), accessible at http://strike debt.org/how-far-to-free/; 그리고 Ann Larson and Michael Cheque, "Higher Education Can Be Free," *Jacobin*, accessible at http://jacobinmag.com/2013/09/higher-education-can-be-free/.

2012년 4월 1조 달러의 날에 빌리 목사와 함께 샐리메이의 학자금부채 명세서를 공개 화형에 처하는 장면(사진 제공:Sarah McDaniel).

체로 일정한 틀에 매이지 않았고, 언제든 공개적으로 발언할 기회를 제공했다. 모여든 사람들의 수는 많지 않아서 상당한 친밀감을 느끼기에 충분했다. 집회 분위기는 편안했지만, 종종 사람들의 마음을 격동시켰다. 부채가 어떻게 그들의 열망을 가로막고 뼈저리게 후회스러운 결정으로 몰아갔는지에 대한 발언자들의 증언은 가슴이 터질 것 같은 비통함을 안겨 주었다. 많은 발언자가 오랫동안 우울증을 앓아 왔다고 털어놓았다. 어떤 이들은 이혼과 개인적 상실감에 대한 소회를 밝혔다. 또 다른 이들은 집을 장만하고 아이들을 키우려던, 이제는 도저히 이룰 수 없으리라 여기게 된 미래의 꿈에 대해 말했다. 부모들은 그때까지도 일자리를 구하지 못한 자식들의 학자금 대출 연대보증 책임에 시달리고 있었다. 한 동료 활동가는 훨씬 더 비참한 상황을 환기했다. 그녀는 생명을 위협하는 병에 걸려 있었다. 게다가 얼마 되지도 않는 수입으로 살아가는 부모가 그녀의 빚까지 떠안게 되리라는 사실은 꺼져 가는 젊은 생명의 비통한 전망을 더욱더 가혹하게 만들었다.

무크와 연을 맺지 말라

조직된 학생부채 운동이 부재할 경우 정책 결정자들은 기업과 행정부 엘리트들이 제안한 해결책을 본뜨기 마련이다. 최근 선호되는 해법은 무크[대규모 개방형 온라인 교육과정]으로 알려진 기술적 해결책의 형태로 등장하고 있다. 실리콘 밸리의 차세대 기술표준에 비추어 보더라도 2011~12년 무크의 개시와 더불어 과대광고가 급증한 것은 이례적이었다. 그렇다 하더라도 무크 구상은 그다지 혁신적이지 않다. 즉, 피닉스 대학과 같은 영리대학들은 10년 이상 온라인 교육을 주력 부문으로 삼아 왔으며, MIT도 2002년에 이미 오픈 코스웨어OpenCourseWare[온라인 개방 학습 프로그램] 서비스를 개시한 바 있다. 오픈 액세스 브로드캐스팅open access broadcasting 모델 또한 돌파구가 될 수 없다. 1920년대 당시에도 많은 사람이 라디오가 교육 매체로 이용될 수 있을 것으로 내다보았으며, 영국의 개방대학 Open University은 1970년대 초반부터 멀티미디어 강의를 실시해 수백만 명에게 학위를 수여해 왔다. 그러나 선도적인 무크 공급업체들 (실리콘 밸리의 두 신생기업인 유다시티Udacity와 코세라 Coursera, 그리고 비영리 기업인 에드엑스EdX)은 정책 결정자들이 고등교육의 문턱을 낮추고 비용을 줄일 묘책을 찾고 있던 바로 그 시점에 사업을 개시했다. 제안된 해법이 벤처 자본가들에게 대학을 새로운 수익원으로 간주할 것을 부추기는 방식을 채택한 것은 의미심장했다. 비영리 서비스인 에드엑스의 경우, 그 해법은 하버드, MIT, 버클리, 맥길, 조지타운 등 일류대학 유명 교수들이 보유한 "무대 위 현자"Sage on the stage 59의 지혜를 우매한 청중들에게 전달한다는 전형적인 엘리트주의적 처방("대중을 위한 아이비리그")으로 나타났다. 많은 비판자는 무크를 고등교육 사유화 경쟁에서 새롭게 떠오른 선두주자로 간주했다. 또 다른 비판자들은 고용시장에서 무크의 학위가 훨씬 더 미미한 영향력을 발휘할 것이라는 전망을 근거로 에드엑스의 전송 모델을 자격증의 가치를 더욱 떨어뜨리기 위한 수단으로 보았다.

일부 경제학자들은 재빨리 무크를 윌리엄 보몰William Baumol이 1960년대에 진단한 "비용병"에 대한 해결책으로 평가했다. 애초 공연예술에 관한 연구를 통해 제출된 그의 이론에 따르면 의료, 교육과 같은 노동집약적 산업들의 비용은 증가할 수밖에 없다. 이 산업들에서는 자동화나 기술혁신을 통한 생산성 증대 효과를 활용할 수 없기 때문이다.[60] 치솟는 등록금을 설명하는 데 이 이론을 적용

---

59. [옮긴이] 강의 진행 방식, 학습 방법, 평가 등 교수·학습과 관련된 모든 사항에 대해 단독으로 결정을 내리는 권위자로서의 교사 역할 모형을 뜻한다. 이 경우 교사는 학생들이 필요로 하는 모든 지식을 갖추고 있는 것으로 가정된다. 반대로 수업 과정에 대한 통제를 최소화하고, 학생들 간의 자율적인 상호작용 속에서 능동적인 학습이 이루어질 수 있도록 촉진하는 교사는 "객석의 안내자"(Guide on the side)로 불린다.

할 경우, 문제는 교수 비용이 눈에 띄게 증가했다는 증거가 어디에도 없다는 점이다. 루디 피히텐바움Rudy Fichtenbaum과 행크 라이히만Hank Reichman의 지적대로 공립대학의 급여는 실제로 한동안 동결되거나 하락해 왔다. "1999/2000 학년도의 공립교육기관 전임 교수진 평균 연봉은 7만 7,897달러였다. 2011/12학년도의 평균 연봉은 [1999/2000학년도] 불변가격 기준으로 7만 7,843달러에 그쳤다."[61] 현재 대학 강사의 압도적 다수가 한시 고용직이라는 사실에서도 보이듯 총비용 절감 요인은 대학 교직의 급속한 임시직화에서 찾을 수 있으며, 따라서 급여 하락 추세도 훨씬 더 뚜렷해지고 있다. 오히려 보몰 효과와 좀 더 밀접한 요인은 총비용이 줄어든 만큼이나 인상된 관리직의 급여일 것이다. 그렇더라도 관료제 비용은 보몰 효과의 핵심이 아니다.

예술은 물론이고 교육과 의료 서비스까지 상대적인 시장 효율성을 입증하도록 내몰리는 곳은 모든 것이 수익창출 능력에 의해 평가되는 일그러진 신자유주의 세계뿐이다. 그러나 이러한 부문들을 "산업"이 아니라 필수적인 사회적 서비스로 간주하는 나라들에서조차 국가의 서비스 공급 원가는 미국에서 점점 더 선호되

60. Alternative Banking Group of Occupy Wall Street, *Occupy Finance* (2013), p. 13. At http://www.scribd.com/doc/168661471/Occupy-Finance에서 인용.

61. William Baumol and William Bowen, *Performing Arts, The Economic Dilemma : A Study of Problems Common to Theater, Opera, Music, and Dance* (New York : Twentieth Century Fund, 1966). William Bowen, in *The Economics of the Major Private Universities, Carnegie Commission on Higher Education* (New York : McGraw-Hill, 1968). 이 책은 특히 비용병 모델에 따라 고등교육을 분석하고 있다.

어 온 시장 메커니즘의 가격 산출액보다 훨씬 낮다. 보몰은 비용병을 재고찰한 최근의 저작에서 증가하는 부의 혜택을 누리는 사회들은 교육과 의료 등 "비효율적" 부문의 상대비용에 대해 보조금을 제공할 수도 있다고 언급한다.[62] 요컨대 다른 많은 국가는 공교육과 공적 의료서비스가 사회 전반에 필수 불가결한 편익을 가져다준다는 확신에 근거해 종합과세를 통해 그러한 조치를 시행하고 있는 것이다.

그러나 미국의 시스템은 교육의 가치에 대한 입증 책임을 개인들 각자의 비용–편익 분석, 즉 학자금부채라는 선불비용과 소득세 신고서에 기재될 평생수익의 비교에 돌린다. 학자금부채 부담을 둘러싸고 깊어 가는 우려에 대응하기 위해서는 대학교육에 대한 "투자"가 실질적인 경제적 가치를 창출한다는 신념을 뒷받침할 더욱더 많은 경제 지표들이 제시되어야만 한다. 대학 교육 이수에 따른 수익률은 흔히 주식, 채권, 부동산 등에 대한 투자 수익률보다 높은 것으로 산정된다.[63] 일반적인 학사 학위가 평생에 걸쳐 안겨 줄 금전적 가치는 65만~275만 달러 정도로 추산되었다.[64] 현행 대출 시

---

62. Rudy Fichtenbaum and Hank Reichman, "Obama's Rankings Won't Solve Crisis in US Academy," *Times Higher Education Supplement* (12 September 2013). 또한, AIR(the American Institutes for Research)의 델타 코스트 프로젝트(Delta Cost Project)를 통해 수집된 자료를 참조하기 바란다. 이 자료들은 http://www.delta-costproject.org/에서 확인할 수 있다.

63. William J. Baumol et al, *The Cost Disease : Why Computers Get Cheaper and Health Care Doesn't* (New Haven, CT : Yale University Press, 2012).

64. Hamilton Project's report, "Regardless of the Cost, College Still Matters," Brookings Institution, accessible at http://www.hamiltonproject. org/papers/Regardless_of_the_Cost_College_Still_Matters/을 참조하기 바란다.

스템을 옹호하는 이들은 어떻게 해서든 이러한 투자의 예상 가치를 환기함으로써 순전히 금전적 동기에 따라 교육과 재무수익을 동일시하는 경향을 강화한다. 그러나 최근 〈데모스〉의 보고서는 5만 3천 달러의 빚을 안고 4년제 대학의 학사 학위를 취득한 한 학생이 일생에 걸쳐 20만 8천 달러에 상당하는 재산상의 손실을 볼 것으로 추산한 바 있다.[65] 동일한 계산법에 따르면 현재의 학자금부채 1조 2천억 달러는 학자금부채를 지고 있는 가구들이 평생 모을 재산을 4조 5천억 달러나 감소시킬 것이다. 손실액 대부분은 퇴직저축금의 감소에 따른 것이다. 평균치를 웃도는 학자금부채를 진 가정, 즉 저소득 가정의 학생, 유색인종 학생, 영리대학 학생 등의 경우는 훨씬 더 큰 손실을 볼 것이다. 게다가 모든 손실은 누군가에겐 이익이다. 따라서 그 이익의 규모는 채권자 계급의 이익과 정확히 일치할 것이다.

교육을 오직 수익창출원으로 간주하는 조야한 자기가치self-worth 개념을 순순히 받아들이든 않든 대다수 학생은 통상적으로 최상위 소득계층 진입을 열망해 왔다.[66] 그러나 날이 갈수록 최상

---

65. 27만 달러로 추산한 조지타운 공공정책 연구소의 분석 결과는 다음의 보고서를 참조하기 바란다. Anthony P. Carnevale, Stephen J. Rose, and Ban Cheah, "The College Payoff : Education, Occupations, Lifetime Earnings" (August 5, 2011), accessible at http://www9.georgetown.edu/grad/gppi/hpi/cew/pdfs/collegepay-off-complete.pdf. 65만 달러로 추산한 퓨 리서치 센터(Pew Research Center)의 분석 결과는 D'Vera Cohn, "Lifetime Earnings of College Graduates" (May 16, 2011), accessible at http://www.pewsocialtrends.org/2011/05/16/lifetime-earnings-of-college-graduates/를 참조할 것.

66. Robert Hiltonsmith, "At What Cost? How Student Debt Reduces Lifetime Wealth," *Demos* (August 1, 2013), accessible at http://www.demos.org/what-cost-

위 1%가 부의 가장 큰 몫을 흡수하고 있어서 충분한 보상을 받을 것이라는 기약조차 멀어지고 있다.[67] 대공황 이후 최악의 노동시장 내에서 대졸자들이 직면한 만성적 불완전고용은 채무경감 조치에 대한 전망의 부재와 맞물려 "잃어버린 세대"lost generation에 관한 담화의 확산에 불을 지폈다. 더욱 능동적인 채무자들은 신용정보기관의 감시권역과 은행·추심업체의 통제 범위에서 벗어난 "격자 구조 밖의"off the grid 삶을 진지하게 고려하거나 이미 그러한 삶을 실행에 옮기고 있다. 월가의 부채에 대한 퍼주기 식 탕감에서 드러난 정부의 이중 잣대에 큰 충격을 받은 그 밖의 많은 사람은 부채 지배의 손아귀에서 미래를 되찾아 올 공통의 역능과 담대함을 갖춘 채무자 운동을 기다리고 있다.

삶 전부가 거래될 수 있는 것으로 선언되고, 사회재들이 적합한 수익원으로 간주되는 마당에 교육과 같은 특정한 부문은 왜 예외로 보아야 하는가? 마이클 샌델Michael Sandel은 세속적이고 도덕과 무관한 시장의 논리가 들어설 수 없는 신성불가침한 사회적·문화적 행위의 영역들이 존재한다고 주장해 왔다. 그가 언급한 영역들은 학교, 병원, 감옥, 군대, 법률 집행기관, 입법부, 모성, 생태계 등이다. 그는 "시장"이 거래되는 재화를 변질시킴으로써 "그 흔적을 남긴다"고 말한다.[68] 샌델의 주장에 따르면 시장은 제 자리에 놓여야

how-student-debt-reduces-lifetime-wealth.

67. Bob Meister, "Debt and Taxes:Can the Financial Industry Save Public Universities?" *Representations*, 116 (Fall 2011).

68. Michael Sandel, *What Money Can't Buy:The Moral Limits of Markets* (New York:Farrar, Straus & Giroux, 2012)[마이클 샌델, 『돈으로 살 수 없는 것들』, 안기

한다. 샌델은 그 이유를 시장이 심어 놓은 사익의 정신에서 찾는다. 사익의 정신은 시장이 익히 알려진 신성한 재화의 전당에서 쫓겨난 후에도 좀처럼 사라지지 않는다는 것이다.

눈에 보이는 모든 것을 상품화하려는 경향은 냉혹한 자본주의 논리의 일부이기 때문에 교육 영역에서 신과 맘몬을 갈라놓으려던 샌델 부류의 시도들은 오랫동안 헛수고에 그쳐 왔다.[69] 그러나 사회재를 시장화하는 것과 종신 부채로부터 지대를 추출하는 것은 전혀 다른 차원의 문제다. 학자금부채의 경우 교육재敎育財에 대한 접근권이 적어도 주택이나 자동차가 구매되거나 거래되는 방식처럼 시장재로 팔리지는 않고 있다. 요컨대 의료와 마찬가지로 교육은 양도할 수 없는 재화로서 어떠한 전매가치resale value도 갖지 않는다는 것이다. 따라서 학자금부채로부터 이득을 취하는 것은 개별 인격체에 대한 교육을 통해 창출될 수 있는 모든 개인적이고 공적인 편익을 약탈하는 수단이다. 공통재의 경우 그러한 편익은 개인의 생애보다 더 오래 지속될 수 있다. 문화, 과학, 철학, 그리고 전체 학문 영역의 위대한 저작들에 담긴 불후의 유산들을 생각해 보라. 교육부채 부담은 개인들 각자에게 일생에 걸쳐 경제적 제약을

순 옮김, 와이즈베리, 2012].

69. 이 주제와 관련된 문헌은 "금력 과시" 문화를 한탄한 소스타인 베블런(Thorstein Veblen)의 *The Higher Learning In America : A Memorandum on the Conduct of Universities by Business Men* (New York : B. W. Huebsch, 1918)[소스타인 베블런, 『미국의 고등교육』, 박종현 옮김, 길, 2014]에서 2004년 학계를 자본 형성의 수단으로 분석한 Sheila Slaughter and Gary Rhoades, *Academic Capitalism and the New Economy : Markets, State, and Higher Education* (Baltimore : Johns Hopkins University Press, 2009)에 이르기까지 방대하다.

가할 수 있다. 그러나 우리를 한층 더 약하게 만드는 것은 우리의 정신적 삶에 채워진 족쇄다. 그러한 족쇄는 윌리엄 블레이크^{William}의 "마음이 빚어낸 수갑"^{mind-forg'd manacles}처럼 — 모든 자유로운 사회의 원천인 — 자유로운 탐구의 충동을 억제함으로써 결국 일체의 사회적 진보를 가로막을 것이다.

학자금부채를 지극히 반사회적인 것으로 간주할 수밖에 없는 이유도 여기에 있다. 학자금부채는 공통재에 적대적일 뿐만 아니라 인간의 발달에도 해를 끼친다. 다른 형태의 가계부채 못지않게 학자금부채 역시 사회적 불평등 양상을 급격하게 강화하고 확대한다. 연방 학자금 대출의 물꼬를 튼 1965년 〈고등교육법〉은 교육받을 기회에 접근할 길이 막혀 있던 저소득층과 소수 계층을 위한 구제책으로 입안되었다. 그러나 동시에 이 법은 최소자산 보유자들에게 무거운 부담을 지우는 것으로 귀결된 차입조달 시스템의 도래를 예고했다. 이제 선택지는 점점 더 분명해지고 있다. 우리는 연방 의회 의원들이 몇 %의 이자율을 놓고 벌이는 언쟁의 구경꾼으로 남을 수 있다. 반대로 이처럼 우리를 방관자로 남아 있게 하는 게임을 가학적인 것으로 규정짓고, 그것이 영속시킬 냉혹한 거래에 정면으로 이의를 제기할 수도 있을 것이다. 학자금부채 거부가 일종의 시민불복종 행동이라는 사실에는 거의 의심할 여지가 없다. 그러나 더 나아가 학자금부채 거부는 교육의 미래를 되찾고 그로부터 생겨날 생산적인 삶을 회복하기 위한 첫걸음이 될 수도 있다.

4장

미래의 임금

대가 없는 노동?
육체와 영혼
노동은 어떻게 대응해야 하는가?
잃어버린 세대?

산업화의 과정에서는 대체로 임금을 둘러싼 갈등이 중심적인 위치를 차지한다. 이러한 경향은 많은 개발도상국의 제조업 지대에서도 여전하며, 발전 과정에서 탈산업화된 것으로 평가받는 국가들 사이에서도 과거의 일로 치부하기 어렵다. 그러나 고도로 금융화한 사회에서는 부채를 둘러싼 투쟁이 점점 더 첨예한 갈등을 빚어내고 있다. 임금을 둘러싼 투쟁이 수명을 다해서가 아니라(앞으로도 결코 그럴 일은 없을 것이다), 일반적으로 부채는 미래의 임금, 즉 채권자가 훨씬 먼저 청구권을 주장할 임금이기 때문이다. 우리는 삶 일부를 번번이 부채를 통한 소비재원 조달 시스템에 새롭게 양도한다. 이리하여 우리는 아직 획득하지 않은 보수로 아직 수행하지 않은 노동의 결실을 계속해서 소비한다. 이러한 조건이 이제 불가피해졌기 때문에 맑스가 공통감각에 근거해서 경제적 삶에 대한 설명으로 제시했던 자본과 노동 간의 대립보다 채권자와 채무자 간의 투쟁이 훨씬 더 오랜 역사를 갖는다고 보아야 할 것이다. 요컨대 부채를 통한 착취는 임금 전제정$^{\text{wage tyranny}}$ 시대보다 한참 앞선다. 부채를 통한 착취는 최근 들어 가장 효율적인 부의 축적수단으로 부활함으로써 신용이야말로 더욱 영속적이며 어떠한 상황에서도 기능하는 경제적 권력 수단임을 환기하고 있다.

그러한 결론이 매력적이라 하더라도 노동과 부채 간의 밀접한 관계를 숙고해 보면 더욱 유익한 도움을 얻을 수 있을 것이다. 우리는 노동의 역사 곳곳에서 이런저런 형상으로 출몰하는 파산이라는 유령을 목격한다. 부채는 채권자의 강압에 의한 강제노동을 통해 노동에 속박된 고대의 채무노예로부터 부채에 의해 추동된 아프리카 노예무역의 순환에 이르기까지 모든 형태의 노동착취를 강화하기 위해 끊임없이 체계적으로 활용되었다. 매우 신중하게 선별하더라도 이 목록 속에는 수확 전에 빌린 대여금을 갚지 못한 아메리카의 농업 부채노예와 분익소작농, 작물선취제도[1]하에서 월가 은행들의 신용 제공에 의존하다 강탈당하기 일쑤였던 인민주의 시대의 독립 자영농, 회사전표company scrip [2]로 연명한 공장 및 철도 노동자, 전당포와 고리대금업자들에 휘둘린 도시 프롤레타리아, 입국 및 취업 과정에서 진 빚을 갚기 위해 고된 노동에 시달리는 오늘날의 국가 간 이주자, 저임금 경제하에서 사실상 고용주들의 자본 조달원 역할을 하는 도처의 임금절도 피해자들이 망라된다.[3]

이처럼 오랜 역사적 기록에 비춰보면 변한 것이 거의 없다는 결론을 내리더라도 무리는 아닐 것이다. 채무노예제 또는 담보노동 bonded labor은 여전히 세계 전역의 수천만 인구에 해를 끼치는 조건

---

1. [옮긴이] 1860~1930년대에 미국 남부 지역에서 성행한 약탈적 신용제도를 말한다. 이 시스템하에서 지주나 지역 상인들은 현금을 구하기 어려운 분익소작농, 차지농, 독립 자영농 등 직접 생산자들에게 종자, 식료품, 생필품 등을 제공하는 대신에 그들의 수확물을 처분해 원리금을 우선 변제받을 수 있는 권리를 확보했다. 원칙적으로 채권자들이 원리금을 회수하고 남은 몫의 작물은 농민들에게 돌아가게 되어 있었다. 그러나 이 시기에 면화를 비롯한 환금성 작물 가격이 대체로 낮은 수준에 머무른 데다 월가 은행들에서 생필품 공급 자금을 대부받은 지주와 지역 상인들은 폭리 수준의 이문에 더해 자신들의 이자 비용까지 생필품 가격에 부과했다. 그로 인해 대부분의 농민은 적자 상태에서 이듬해를 시작해야 했고, 날이 갈수록 막대한 빚더미에 올라앉을 수밖에 없었다.
2. [옮긴이] 특정 기업이 자사에 고용된 노동자들의 임금을 지불하기 위해 자체적으로 발행한 주화나 전표 형태의 대용 화폐를 뜻한다. 회사전표는 발행 기업이나 그 계열사가 운영하는 소매점들 사이에서만 통용되었다.
3. Steve Fraser, "The Politics of Debt in America: From Debtor's Prison to Debtor Nation," *Jacobin* (February 4, 2013).

으로 남아 있다. 금융화의 발흥과 더불어 문제의 노동형태는 더 많은 사람 사이에서 더욱 간접적인 형태로 횡행하고 있다. 버크셔 해서웨이[Berkshire Hathaway]의 CEO 워런 버핏은 주주들에게 제출한 2004년 연차 보고서에서 조지 부시가 호언장담하던 "소유자 사회"라는 이상과는 정반대로 미국은 오히려 "소작인 사회"가 되어가고 있다고 경고했다.[4] 버핏이 쓴 구절은 인구 대다수에 미치는 부채의 전반적인 영향에 대한 논평으로 더욱 널리 받아들여졌다. 하지만 그는 급증하는 무역수지 적자와 점증하는 외국계 채권자들의 미국 자산 "소유"를 직접적으로 염두에 두고 있었다. 그는 1%의 인구가 꽤 오랫동안 계급전쟁을 벌여 왔다는 사실을 공개적으로 인정한 극소수 부호 중 한 명으로 명성을 얻기도 했다. 그는 "전쟁을 일으킨 쪽은 바로 내가 속한 계급, 즉 유산계급이며, 우리가 승리하고 있다"고 말한다. 그가 부자들의 부 가운데 더 많은 몫이 세금으로 납부되어야 한다고 믿는 이유도 바로 여기에 있다.[5] 그러나 "권력으로부터 알아낸 진실을 말하는" 인물로 이름난 버핏은 단지 주세페 디 람페두사 Giuseppe di Lampedusa의 소설 『레오파드』 The Leopard에 나오는 시칠리아 귀족 돈 파브리치오 Don Fabrizio의 충고를 반복하고 있을 뿐이다. 돈 파브리치오는 동료 귀족들에게 다음과 같이 짧고도 의미심장한 권고를 남겼다. "아무것도 변하지 않기를 바란다면,

---

4. Chris Noon, "Berkshire Hathaway CEO Blasts 'Sharecropper's Society,' " *Forbes Magazine* (March, 7, 2005).
5. Ben Stein, "In Class Warfare, Guess Which Class Is Winning?" *New York Times* (November 26, 2006).

2011년 11월 17일 듀어트 스퀘어 점거 시도 당시에 사용된 시위
대의 보호막(사진 제공 : Not an Alternative)

모든 것을 바꿔야만 할 걸세." 부채의 지배가 온전히 살아남기 위해
서는 개혁이 필요함을 인정하면서도 버핏의 양보는 악마와의 거래
라는 모습을 띤다. "우리는 기꺼이 더 많은 세금을 낼 것이다. 단 너
희가 이 시스템, 즉 우리가 맨 먼저 부를 획득하도록 짜여 있는 현
재의 시스템에 멋대로 손을 대지 않는 한에서." 버핏이 설립한 버크
셔 해서웨이의 부회장 찰스 멍거Charles Munger는 더욱 전형적인 채권
자 계급의 시각을 드러낸 적이 있다. 그는 2010년 학생 청중들을 대

상으로 월가에 대한 긴급구제를 "천우신조로 여겨야" 한다고 단언
하면서 경제적 곤경에 처한 평범한 미국인들은 "상황을 받아들이
고 헤쳐 나가야" 한다고 충고했다. 급기야 그는 자신의 동료들이 공
유하는 본능적 사고방식인 사회다원주의를 들먹이며 다음과 같은
말을 덧붙였다. "개인들 모두에게 상황에 적응하라고 요구하지 않
고 긴급구제를 개시하는 데만 급급해 한다면 이 나라의 문화는 끝
장날 것이다."[6]

금융화가 자신의 계급에 매우 편리하게 봉사해 왔다는 버핏의
실토를 문제 삼을 사람들은 드물 것이다. 하지만 우리는 우리 자신
을 버핏이 말한 "소작인 사회"의 부채노예로 보기를 거부한다. 그 적
절한 사례 가운데 하나가 학자금부채를 묘사하는 데 "기한부 노예
계약"이라는 용어를 사용하는 것에 대한 양가적 반응이다.[7] 대학
졸업장이 모든 면에서 남부럽지 않은 생활의 필수적 수단으로 간
주되는 지식경제 아래에서 노동시장 신규 진입자 대부분은 노동할
권리를 얻기 위해 빚을 질 수밖에 없다. 이러한 종류의 계약이 기한
부 노예계약의 본질이라는 것은 지금껏 분명히 입증되었다. 혹자들
은 한 걸음 더 나아가 학자금부채를 신봉건적 조건으로 묘사하기

---

6. Andrew Frye, "Munger Says 'Thank God' U.S. Opted for Bailouts Over Hand-outs," *Huffington Post* (September 20, 2010), accessible at http:// www.bloom-berg.com/news/2010-09-20/berkshire-s-munger-says-cash-strapped-should-suck-it-in-not-get-bailout.html.
7. 제프 윌리엄스(Jeff Williams)는 그의 소논문 "Student Debt and The Spirit of In-denture"에서 이러한 연구에 착수했다. 문제의 글은 *Dissent* (Fall, 2008), pp. 73~78 에 수록되어 있다.

도 한다. 채무자들은 채권자들에게 구속되지만, 상환 방법을 스스로 선택할 수는 있기 때문이다. "[학자금부채는] 근대와 고대 시스템의 완벽한 종합이다. 중세 농노제의 모든 통제수단과 개별 노동자의 복리에 대한 일체의 책임에서 자유로운 임금노예제가 결합되어 있기 때문이다."[8] 그러한 비유들은 채무자들을 실질적으로 자극함으로써 그들 자신이 처한 곤경에 대한 분노를 가중시켰다. 다른 한편으로 혹자들은 대학교육을 받은 사람들이 담보노동자들에 비해 너무 특권적인 계층에 속한다는 이유로 문제의 비유들을 못마땅하게 여겨 왔다. 장시간 노동으로 인해 "하이테크 혹사공장"에서 일하고 있다는 불만을 자주 토로하는 기술 부문의 고임금 노동자들에게도 종종 이와 유사한 반박이 가해지곤 한다.

오늘날 전 세계를 종횡하는 이주노동자나 초청노동자 등 공식적인 기한부 노예노동에 종사하는 빈곤층은 자신들에게 지워진 빚을 노동으로 상환해야 한다. 이러한 상황에서 부채 사슬 내부에 위치한 고용주들은 채무변제를 위한 일자리를 기꺼이 제공하고자 한다. 기한부 노예계약이 비공식적일수록 노동자들은 더욱더 착취당한다. 따라서 국경 통과와 취업을 알선한 이들에게 건네지는 선불 수수료는 이주자들을 점점 더 끝없는 부채의 굴레 속으로 밀어 넣는다. 그러나 학자금 채무 상태 또한 몇십 년이고 지속될 수 있다. 고용 전망은 갈수록 더 불투명해지는 반면 채무불이행은 십중팔

---

8. David Blacker, *The Falling Rate of Learning and the NeoLiberal Endgame* (London: Zero Books, 2013), p. 133.

구 점점 더 늘어날 것이기 때문이다. 민간 금융기관 학자금 대출의 경우 한두 달의 연체만으로도 신용평점이 하락하며, 이는 구직 활동에서 또 다른 장애로 작용할 수밖에 없다. 많은 고용주가 지원자들의 신뢰도 평가를 위해 부채 상환 내역을 조사하기 때문이다. 아이러니하게도 대학 졸업자들이 교육부채를 변제할 수 있는 가장 빠른 방법은 돈벌이가 되는 금융업계에 취업해서 자신들과 비슷한 처지에 놓인 더 많은 사람들을 부채의 덫에 빠뜨리는 고금리 대출 상품을 판매하거나 도박에 자산을 건 사람을 매우 위험스러운 상황에 빠뜨리는 파생상품 투기에 동참하는 것이다.[9]

기한부 노예계약이라는 비유가 이해되지 않는다면 교육부채를 매우 비도덕적인 유형의 노동계약으로 규정하는 방법도 있다. 교육부채는 필연적으로 미래의 임금 탈취를 수반하므로 미리부터 임금을 도둑질하는 것으로 볼 수 있다. 요컨대 채권자는 마치 그런 자산들이 이미 존재하기라도 하는 양 현재의 대부로부터 발생할 소득을 빠짐없이 장부에 적는다. 이렇게 해서 우리가 받을 미래의 급료봉투 내용물은 지불되기 수십 년 전에 채권자의 대차대조표로 감쪽같이 빠져나간다. 그러나 학자금부채는 고등교육을 이수한 노동력으로부터 최종적으로 이익을 얻는 자들을 위해서 정부와 금

---

9. 그도 아니면 타인을 부채의 함정에 밀어 넣음으로써 자신의 빚을 갚는 영리대학의 입학 담당관과 같은 일자리를 구하는 방법도 있을 것이다. 이에 관해서는 Patricia Sabga, "Putting a Face on the Student Debt Crisis," Al-Jazeera America (September 19, 2013), accessible at http://america.aljazeera.com/watch/shows/real-money-with-alivelshi/Real-Money-Blog/2013/9/19/putting-a-face-onthestudent-debtcrisis.html을 참조하기 바란다.

용 부문이 징수하는 일종의 비공식적 세금[준조세]로 간주할 수도 있다. 이러한 분석에 따르면 [학자금] 부채 이자란 1%를 위해 넘칠 정도로 부를 창출할 우리 자신의 직업교육 비용을 조달할 수 있는 자격에 부과되는 십일조다.

기한부 노예계약이라는 비유를 받아들이든 이처럼 변형된 관점들을 취하든, 학자금부채가 일종의 노동계약으로 분석될 경우, 이는 공정계약의 일 요소인 윤리적 용인 가능성과는 거리가 먼 심각하게 퇴행적인 계약 형태로 볼 수밖에 없다. 학자금부채를 부채 지배의 전형적인 특징으로 간주할 경우 그것이 노동에 미칠 영향은 매우 극단적이다. 한때 인간복지에 쏟는 역량으로 이름 높던 사회가 금융 부채에 의해 움직이는 사회로 빠르게 이행하고 있다. 이 사회의 대다수는 근근이 생계를 잇거나 고작 고용주의 눈에 들 수 있는 자격을 갖추기 위해 대출을 받고 있다. 이러한 상황에서 1970년대 당시 밀턴 프리드먼 등 신자유주의 경제학자들에 의해 처음으로 제안된 "인적 자본" 계약이 새롭게 관심을 끄는 것은 당연하다. 이러한 계약 풍조가 만연하자 시티그룹의 전 CEO 비크람 팬디트Vikram Pandit와 일부 창업주들은 선발된 학생들에게 미래의 수익률을 대가로 교육비를 지원하는 방안을 모색하고 있다. 이것이 고등교육의 미래라면 앞으로 학생들은 심지어 대학 입학 이전부터 재력을 갖춘 후원자들의 환심을 사기 위해 애를 써야만 할 것이다. 물론 고소득을 올릴 가능성이 크지 않은 학생들은 지원할 필요도 없을 테지만[10]

노동시장 신규 진입자들, 특히 대졸자들은 지금까지 줄곧 스스로 고용 적격성을 갖춰야만 했다. 그러나 오늘날 그들은 수취한 임금 중에서 과거 어느 때보다 더 큰 몫을 현대의 노동에 요구되는 기본적인 육체적·정신적 조건을 충족하느라 진 부채를 상환하는 데 쓰고 있다. 이러한 조건들에는 고용주가 선호하는 건강 상태를 유지하기 위한 직접적인 비용 부담도 포함된다. 이러한 비용 부담은 40대 미만 인구 대다수가 거의 필수적으로 지출하는 헬스클럽 회비, 저렴한 가공식품 위주의 미국식 식습관에 따른 건강 악화로 인해 더욱더 많은 돈이 들어가는 영양 관리, 그리고 예방 의료와 스트레스 완화 치료 등의 항목들을 포괄하면서 점점 더 늘어나고 있다. 일반적으로 이 항목 중 어느 것도 건강보험으로 보장되지 않는다. 그런데도 이제 이 모든 것들은 유순한 지식노동자들이 반드시 갖춰야 할 신체적·정신적 균형을 유지하는 데 필수적인 것으로 간주되고 있다. 숙련 비용도 추가된다. 지식경제 아래에서 제대로 된 취업 경쟁력을 갖추려면 학사 학위만으로는 안 되고 석사 학위가 필요하다는 기존의 통념 때문이다. 그러나 대체로 석사 과정에는 이용 가능한 학자금 지원 제도가 드물다. 게다가 대학의 자격인증을 요구하는 직종에 진입하려면 최소 한 차례 이상의 교육실습을 거치는 동안 자립 비용을 치러야 한다.

10. William Alden, "Lending Start-Up CommonBond Raises $100 Million, With Pandit as Investor," *New York Times* (September 4, 2013). 또한, 다음의 글도 참조하기 바란다. Anand Reddi and Andreas Thyssen, "Healthcare Reform:Solving the Medical Student Debt Crisis Through Human Capital Contracts," *Huffington Post* (June 10th, 2011), accessible at http://www.huffingtonpost.com/anand-reddi/healthcare-reform-solving_b_874651.html.

이 모든 기본 요구들을 충족하는 데 들어가는 시간과 자원은 점점 더 향후 수십 년 사이에 고용 가능성이 한계치 이하로 하락할 것에 대비하기 위한 (금융상품 용어를 빌리자면) 위험 분산 수단으로 간주되고 있다. 학생들이 종종 그처럼 계산적인 관점을 취하는 것은 사실이지만 그렇다고 해서 그들 중 누구도 비난할 수는 없다. 설령 그러한 태도가 현재의 이윤획득 능력이 고갈됨에 따라 점점 더 미래[의 노동]에 대한 서면상의 청구권에 의지하는 금융화한 사회의 사고방식과 완벽하게 일치한다고 해도 말이다.[11] 단기적으로 학생들은 시장의 요구에 부합하는 학문을 전공함으로써 졸업과 동시에 파산상태로 빠져드는 곤경을 미연에 방지하도록 권고받는다. 이런 식으로 잠재력 계발에 대한 기대를 접는 것이 내키지 않는 학생들 사이에서는 자신들에게 훨씬 덜 바람직한 일자리를 구해서 대출금을 전액 상환할 때까지 좀 더 만족스러운 진로 계획을 보류하려는 경향이 나타나고 있다. 그로 인해 이 학생들은 진로 계획 자체를 포기해야 할지도 모를 위험을 무릅쓰게 된다. 대부분의 학생이 어떻게든 곤경에서 벗어나기 위해 채무불이행으로 가는 지름길인 불안정 노동 혹은 불완전 고용의 회색지대에 갇히고 있다.

대가 없는 노동?

---

11. Richard Dienst, *The Bonds of Debt : Borrowing Against the Common Good* (New York : Verso, 2009)[리차드 디인스트, 『빚의 마법 — 화폐지배의 종말과 유대로서의 빚』, 권범철 옮김, 갈무리, 2015].

2013년 6월 미국의 공식 실업률은 7.6%, 노동 저활용률 labor un-derutilization rates은 14.3%를 기록했으며, 계속해서 상승하고 있다. "실질" 실업률은 훨씬 더 높았다. 불황의 장기화로 인해 수백만 인구가 일할 수 있거나 구직 활동을 계속하는 자[노동할 능력과 의사가 있는 자]로 규정된 노동통계국의 실업자 범주에 더는 부합하지 않게 되었기 때문이다. 노동통계국의 규정에 따르면 12개월 이상 일자리를 찾지 못한 사람들은 실업자 명부에서 제외된다. 그해 여름이 끝나갈 무렵 경제활동 참가율은 최근 35년 사이에 가장 낮은 수준까지 하락했다. 이탈리아, 스페인, 그리스와 같이 긴축으로 허리띠를 졸라맨 국가들에서는 자살률이 상승하고 공식적인 청년 실업률도 각각 42%, 56%, 65%까지 치솟았다. 불황기에 창출되는 새로운 일자리 대부분은 여전히 최저임금 직종이자 복지후생 및 고용 안정성 면에서도 최저 수준일 가능성이 큰 식당, 소매업, 임시직과 같은 부문들에 집중되고 있다.

이와 동시에 무급노동 또는 물품교환권으로 임금을 지불하는 노동도 확산되어 왔다. 실제로 한 냉소적인 평론가가 "대가 없는 노동"working for nothing이야말로 최근 들어 고성장세를 보인 소형붐 boomlet이라고 평가하는 것도 무리는 아니다. 거의 모든 부문에서 다양한 형태의 무보수 노동들이 번성하고 있다. 그중 일부는 디지털 플랫폼으로의 지속적인 업무 이전 과정에서 새롭게 출현하고 있다. 다른 한편에서는 기존의 무보수 노동 방식을 개량(한층 더 강화된 임금절도와 수형자 노동의 활용)하거나 과거의 유급직을 인턴 신분과 같은 무급직으로 전환하는 일들도 일어난다. 게다가 또 다른 무보수 노동은 특히 청년들 사이에서 일종의 표준적인 경력처럼 받아들여지는 "이력서용 무급 노동"working for exposure의 대대적인 활용에 기초한다. 이러한 무급 노동의 급증으로 기록적인 기업 이윤과 높은 불완전 고용률 사이의 간극을 설명할 수 있을까? 그렇다면 개인 부채의 누적을 동반하는 교육은 이처럼 무보수나 헐값으로 노동을 활용하는 데서 어떠한 역할을 하는가?

기업이 거둬들이는 높은 소득과 점증하는 실업 사이의 간극을 초래한 원인 중 두 가지는 논란의 여지가 없을 듯하다. 기업들은 여전히 사업부문들, 특히 노동비용 절감 효과가 가장 큰 고숙련 부문 작업장들을 해외로 이전하고 있다. 게다가 기업들은 이러한 역외 기업 활동을 통해 이윤을 해외 계좌에 예치함으로써 미국 정부에 납부해야 할 조세를 포탈할 수도 있다. 두 번째 원인은 생산성 증대에서 찾을 수 있다. 엄혹한 해고 위협으로 인해 노동자들은 동일한 임금에 한층 더 강화되고 연장된 노동을 수행하거나 임금삭감을 감수하도록 내몰려 왔다. 세 번째 원인은 손익을 맞추는 데 능란한 고용주들이 결손을 메우기 위해 그 규모를 정확히 가늠하기 어려운 새로운 유형의 무급노동들에 점점 더 의존하고 있다는 데서 찾을 수 있다. 고용주들의 행태가 끼친 영향을 입증할 결정적인 증거를 수집하기란 그리 쉽지 않다. 그러나 유력한 피해사례 증언과 입수 가능한 문서 상의 증거는 그러한 행태의 악영향이 상당히 심각한 수준에 이르고 있음을 시사한다.

몇몇 분야들은 고용주들이 1930년대 이래 최악의 고용시장 상황(그리고 가장 미약한 고용회복세)을 악용하고 있다는 사실을 더욱 분명하게 보여준다. 각각의 경우 근원적인 빚짐의 상태는 공정 근로기준 위반 행위를 격화시킨다.

· 디지털 노동 분야에서는 매우 다양한 무급노동이 다음과 같은 원천들로부터 비롯되고 있다. 모든 종류의 전문적인 저작 및 예술 활동의 급여 수준에 예상대로 큰 타격을 안겨 주고 있는 산업 표준으로서의 무료 온라인 미디어 콘텐츠 구축, 페이스북·구글· 트위터와 같은 소셜 미디어 플랫폼들에서 이용자들이 대체로 의식하지 못하는 대량의 데이터마이닝data mining, 수행하는 데 몇 분밖에 걸리지 않는 단편적인 작업micro-tasks을 [이용자 개인에게] 할당하는 아마존 메커니컬 터크[12]와 같은 e-랜스[13] 프로그램, 일종의 산업적 원리로 자리 잡은 크라우드소싱crowdsourcing, 이용자/참여자들로부터 지대를 추출하기 위한 (통상적으로 개인화된 알고리듬을 포함하는) 그 외 다수의 복잡한 디지털 기술들이 그것들이다. 이상의 것들은 모두 "분산된 노동"distributed labor의 형태들로서 인터넷을 활용해 광범위하게 산재해 있는 다수의 분리된 개인들이 보유한 여분의 처리 능력을 동원한다. 이러한 노동 형태들은 노동통계국이 채택한 비전형고용nonstandard employment의 어떠한 정의

12. [옮긴이] Amazon Mechanical Turk. 일반인이 크라우드소싱에 참여할 수 있도록 아마존이 제공하는 웹 서비스. 프로그램 작성·사진의 태깅(tagging)과 평가·제품 매뉴얼 및 서평 작성 등 컴퓨터가 대신할 수 없는 일을 등록하고, 그 대가로 받을 금액을 제시하는 과정을 통해 용역 거래가 성사되는 일종의 온라인 인력 시장이다.
13. [옮긴이] e-lance. 인터넷과 프리랜스(freelance)의 합성어로 중앙집중식 명령체계를 구축한 대기업이 아니라 지식 자산가치가 중시되는 소기업에서 전문화된 업무를 처리하는 작업방식을 뜻한다.

와도 거리가 멀지만, 구글이나 페이스북과 같은 지식기업들의 막대한 수입원이 되고 있다. 문제의 기업들은 천정부지의 수익률을 기록하고 있으며, 이 기업들의 급여총액 대비 영업이익률도 그 못지않게 천문학적이다. 2013년 3분기 페이스북의 수익은 거의 20억 달러에 이르렀지만, 이 회사의 고용 인원은 고작 5천 명에 지나지 않았다. 약 3만 명의 노동자를 고용하고 있는 구글은 3분기에만 거의 150억 달러에 이르는 수익을 올렸다. 이러한 비율은 어떠한 역사적 기준에 비춰 보더라도 이례적이며, 21세기 자본가들이 선망하는 매력적인 모델의 특징을 보여준다.

무급 혹은 낮은 급여의 디지털 업무들은 정형화된 단순작업부터 하이-콘셉트high-concept 14 직업까지를 망라하는 분야에 종사하는 노동자들의 전반적인 소득 및 숙련 수준에 영향을 미친다. 그러나 디지털 노동에 대한 착취로부터 고용주들이 획득하는 가장 큰 몫의 보상은 창조적 경제 부문에서 나온다. 구상 작업이 더욱 흥미롭고 도전적일수록 이 작업들은 기꺼이 자신들의 시간을 바치려는 이들에 의해 무급으로 수행될 것이다. 창조적 업무는 관행적으로 직무 만족을 대가로 한 대규모의 자원자들이나 헐값의 노동을 수반한다. 최근 들어 극도로 유연한 고용 형태 아래에서 일하는 창의력의 보유자가 신자유주의 노동자의 모델이 되면서 흔히 자기 착취

---

14. [옮긴이] 무관해 보이는 아이디어들을 결합해 새롭고 독창적인 아이디어를 만드는 역량.

로 묘사되는 이러한 유형의 희생적인 노동은 산업적 규준으로 자리 잡았다. 이와 같은 추세는 규제가 제거되고 불안정고용이 일반화된 자유계약직 부문에서 두드러진다.[15] 그러나 이러한 유형의 노동자들과 결부된 개인 채무 부담의 심각성은 충분히 인식되지 못하고 있다. 미술, 디자인, 저술, 공연, 건축 등 전형적인 창조적 분야들에서 자기훈련을 수행하는 노동자들은 대개 정규 고용형태를 채택한 부문에서 일하는 노동자들보다 훨씬 더 높은 수준의 학자금 부채를 안고 있다. 그들은 자신의 노동을 헐값에 제공할 뿐만 아니라 그들 자신을 [이 부문의 고용주들이] 사용할 수 있는 존재로 만들기 위해 더욱 값비싼 대가를 지불한다. 그들이 안고 있는 고액의 교육부채로 인해 그처럼 낮은 임금마저 미리부터 채권자들에게 저당 잡혀 왔기 때문이다.

· 인턴십은 이제 전문적인 서비스 부문으로 진입하기 위한 통과의례가 아니다. 거의 모든 화이트칼라나 노칼라no-collar 경제 부문에서 사실상 의무적인 과정이 되어 왔기 때문이다. 많은 경우 인턴십은 절망적인 불확실성이 지배하는 단계가 되고 있다. 이 단계는 일부 대학원생들이 학생들을 가르치면서 보내는 기간과 다를 바 없

15. Tiziana Terranova, "Free Labor" and Andrew Ross, "In Search of the Lost Paycheck," in Trebor Scholz, ed., *Digital Labor: The Internet as Playground and Factory* (New York: Routledge, 2013); Mark Banks, Rosalind Gill, Stephanie Taylor, eds., *Theorizing Cultural Work: Labour, Continuity and Change in the Cultural and Creative Industries* (London: Routledge, 2013); David Hesmondhalgh and Sarah Baker, *Creative Labour: Media Work in Three Cultural Industries* (Abingdon and New York: Routledge, 2010).

2012년 노동절 집회에 등장한 수표 모형. 무급 인턴 노동자들에게 20억 달러를 지원하라는 요구를 담고 있다(사진 제공 : 로스 펄린).

다. 즉, 더는 도제 수업 연한이 아니라 사실상 그들의 교직 경력에서 종착점이라고 할 수 있는 기간 말이다. 지난 몇 년 사이에 무급 인턴십은 일반화되었으며, 특히 여성의 경우 더욱더 그러하다. 남성이 지나치게 많은 유급직을 차지하기 때문이다. 2011년의 한 추정치에 따르면 무급 인턴십을 통해 고용주에게 제공된 보조금 누적액이 미국에서만 20억 달러에 이르렀다.[16] 인턴십 시장의 성장과 함께 이러한 무급직들은 이제 공공연히 거래되고 있다. 이와 더불어 점점 더 수요가 늘고 있는 직업소개업은 보조금을 부풀려 브로커

16. Ross Perlin, *Intern Nation : How to Earn Nothing and Learn Little in the Brave New Economy* (New York : Verso, 2011).

와 고용주 양편에 상당한 이익을 안겨 주고 있다. 대부분은 아닐지라도 이러한 인턴십의 상당수는 노동 활동에 대한 공식 추정치들에 포함되지도 기입되지도 않는 장부 외 노동이다. 따라서 인턴십역시 가계부채의 증대로 이어질 가능성이 크다. 인턴십의 상당한부분은 학점 취득을 위해 수행된다. 따라서 적어도 미국에서는 이러한 인턴십에 종사할 경우 아마도 빚으로 살아가게 될 것이다. 그밖의 인턴십 대부분은 대학생들에게 요구되는 자격인증을 획득하는 데 따라붙는 반강제성을 띤 활동들이다. 당연히 이 기간에 요구되는 활동들 가운데 일부는 더 많은 빚을 떠안도록 강요한다. 고작 무보수의 인턴십 기간을 버텨 내느라 빚을 내는 일은 이제 흔하디흔한 현상이다.

· 체불임금 지급 거부, 초과근무수당 지급 거부, 봉사료 착복, 최저임금 이하의 급여 지급이나 시간 외 근무 요구를 통해 근로기준법을 상습적으로 위반하는 고용주들에게 임금절도는 무상 노동의 방대한 원천이 되어 왔다.[17] 불황의 초입인 2008년 〈전미고용법센터〉는 주로 여성과 소수인종들로 이루어진 저임금 노동자들이이런저런 형태의 임금절도로 인해 갈취당하는 임금 규모는, 평균적으로 볼 때, 그들의 연간 소득 가운데 15%에 달할 것으로 추산했다.[18] 그 후 수년간 특히 이주민과 이주 노동에 전적으로 의존하는

---

17. 킴 보보(Kim Bobo)는 *Wage Theft in America : Why Millions of Working Americans Are Not Getting Paid — And What We Can Do About It* (New York : New Press, 2009)에서 고용주들이 임금절도를 통해 연간 최소 1천억 달러의 순수익을 올리고 있는 것으로 추산한 바 있다.
18. Annette Bernhardt et al, *Broken Laws, Unprotected Workers : Violations of Em-*

경제 부문들에서는 이러한 불법적 관행이 만성화되었다. 고용시장에 하방압력이 가해지고 이주 노동자에 대한 감시가 강화되자 이 부문의 고용주들은 대담하게도 자신들이 고용하고 있는 노동자들 가운데서도 한층 더 취약한 처지에 놓인 이들에 대한 임금 지불 책임을 부정했다. 식당 서비스에서 소비자와의 직접적인 대면이 이루어지는 온갖 소매 업무에 이르기까지 급속하게 확산되어 온 팁 급여제는 노동비용을 소비자들에게 떠넘기기 위해 공을 들인 고용주들이 최근에 도입한 방안이다. 일단 작업현장에서 이런 관행들이 용인되어 자리를 잡으면, 이는 다수의 주에서 팁 노동자들에게 적용하는 '최저임금에 미달하는 임금'(연방법에 따라 시간당 2.13 달러) 지급의 법적 근거가 된다.

고용주들에게 임금절도는 일종의 공짜 선물이다. 이는 은행계좌를 만들 수 없는 사람들을 등쳐먹는 대부업자들로서도 마찬가지다. 은행계좌가 없는 사람들 대부분은 저소득층으로서 날이 갈수록 급료수표를 현금으로 바꾸는 것만으로도 수수료를 물어야 하는 상황에 놓이고 있다. 빈곤산업에 종사하는 수많은 수표할인업체, 전당업체, 페이데이 론 대부업체 등의 고리대금업체가 일반 은행의 고객이 될 수 없다는 이유로 노동의 대가를 제대로 받지 못하는 사람들을 대상으로 일종의 임금절도를 자행하고 있다. 한 추산에 따르

<hr />

ployment and Labor Laws in America's Cities (New York : National Employment Law Project, 2009).

면, 노동빈곤층은 대부업계의 금융상품을 이용하느라 사실상 연간 약 300억 달러의 부가 비용을 지불하고 있으며, 여기에 서브프라임 신용카드, 서브프라임 자동차 대출, 서브프라임 모기지론을 포함시킬 경우 추가적인 비용은 그 두 배를 웃돈다.[19]

· 수입 물가의 압박이 가중되고 불황으로 인해 소비자 수요가 감소하자 고용주들은 헐값에 공급되는 수형자 노동을 유례없이 대규모로 이용하기 위해 공을 들여 왔다. 수형자들을 민영 교도소에 위탁하기로 한 여러 주 의회들의 결정들도 제조업과 서비스업에서의 기결수 이용을 확대해 왔다. 〈전미입법교류협의회〉American Legislative Exchange Council, ALEC의 강력한 후원하에 〈교도소산업법〉Prison Industries Act이 제정된 결과 현재 약 100만 명의 재소자들이 최저임금에 미달하는 임금을 받으면서 노역을 제공하고 있다. 더구나 그들의 노동은 교도소 담장 밖에서는 강요될 수 없는 [엄격한] 행동 규율에 묶여 있다. 그뿐만 아니라 교도소산업 부문의 고용주들은 쥐꼬리만큼 지급되는 수형자 임금과 생산된 제품 판매액에서 자신들이 책정한 수용실 사용료와 식비, [수형자] 가족 생계보조비와 기타 명목의 비용들을 공제할 수도 있다. 19세기 형벌의 땅 남부 주들에서 재앙의 불씨로 작용했던 바로 그 수형자 노동이 일부 주들

---

19. Gary Rivlin, *Broke USA : From Pawnshops to Poverty, Inc. — How the Working Poor Became Big Business* (New York : HarperBusiness, 2011). Barbara Ehrenreich, "Preying on the Poor : How Government and Corporations Use the Poor as Piggy Banks," Economic Hardship Reporting Project (May 17, 2012), accessible at http://economichardship.org/preying-on-the-poor/.

에서 버젓이 되살아난 것이다.[20] 그 밖의 주들에서는 소액 채무자들이 월별 상환을 이행하지 못했다는 이유로 구금되는 일이 잦아지고 있다. 대부분은 수감이 아니라 구류 처분을 받는 데 그치지만, 그들이 빚을 갚기 위해 교도소 노역장에 유치되는 것은 시간문제일 뿐이다.

· 앞서 말했듯이 학자금부채는 그 자체로 [아직 벌지도 않은] 임금을 미리부터 도둑질하는 방식이다. 하지만 학생들이 그러한 상황을 회피하기 위해 선택한 수단들 역시 그들 자신의 노동에 심각한 악영향을 미친다. 부채로 학비를 조달하지 않을 수 있는 방도를 찾는 과정에서 대학원생 노동자들은 오랫동안 대학들이 운영하는 교과과정의 상당수 과목을 강의해 왔다. 그러나 이제 캠퍼스들은 날이 갈수록 학부생들의 값싼 노동력에 기대어 운영되고 있다. 오늘날 수많은 캠퍼스의 사무, 조경, 급식, 시설관리 업무 대부분은 지금보다 훨씬 더 큰 빚을 지지 않으려고 애를 쓰는 학생들에 의해 수행된다. 대학도시들에서는 학생들 전부를 값싸게 쓰다가 버릴 수 있는 노동예비군으로 취급하면서 이러한 절박감을 이용하고 있는 다양한 업종의 고용주들을 흔히 목격할 수 있다.[21]

· 마지막으로 자발적인 경연 참가자들이 엔터테인먼트 산업의 많

---

20. Mike Elk and Bob Sloan, "The Hidden History of ALEC and Prison Labor," *The Nation* (August 1, 2011); Steve Fraser and Joshua B. Freeman, "Locking Down an American Workforce," *Huffington Post* (April 20, 2012), accessible at http://www. huffingtonpost.com/steve-fraser/private-prisons-_b_1439201.html.

21. Marc Bousquet, *How the University Works : Higher Education and the Low-Wage Nation* (New York : NYU Press).

은 부문을 소수의 입상자들에게만 거액의 상금이 돌아가고 나머지 모두에게는 푼돈만 떨어지는 아마추어 탤런트 쇼로 바꾸어 놓았다는 점도 무시할 수 없다. 탤런트 쇼/리얼리티 TV형 채용 모델은 이제 일종의 산업표준으로 정착되면서 모든 직종의 급여 수준을 낮추고 있다. 대중 연예인들이 청소년들에게 미치는 강력한 영향력으로 인해 불확실한 경제적 결과를 수반하는 "이력서용 무급 노동"은 표준적인 직업관의 핵심적인 요소로 자리 잡고 있다. 청년들은 이것이 세상사 이치이며, 성공하기 위해서는 주목과 인기를 기대하면서 자기류의 노동을 미리부터 무상으로 제공하는 수밖에 없다는 논리를 받아들여 왔다. 적어도 한 세대에게 있어서만큼은 주목과 평판이라는 정서적 통화가 산업화 시대의 임금을 대체해 온 것이다. 이러한 상황에서는 갖은 고생과 노력으로 손에 쥘 수 있는 것이 생계수단을 걸고 벌이는 승자독식 내기에 참여할 수 있는 복권 한 장에 지나지 않는다.

이 새로운 기준은 전통적으로 엔터테인먼트 노동력 충원 모델로 활용되어 온 "캐스팅"을 넘어서는 중요한 전환일까? 만약 그렇다면 아마도 그 이유는 이제 이력서용 무급 노동이 생계수단을 구하는 과정에서 유리한 평가를 받을 수 있는 이력 한 줄을 보태는 데 필수적으로 들어가는 선불 비용의 일부로 간주된다는 데서 찾을 수 있을 것이다. 학자금부채가 미래의 미취업 위험을 회피하기 위한 대비책인 것과 정확히 마찬가지로 개인의 숙련 형성에 투여된 기부 노동donor labor은 산업계의 고용주들에게 선불로 갈취당하는 일종의 강제 할당금이다. 만약 이처럼 거저나 다름없는 노동이 없었더라면 고용주들은 [노동자들의] 직무훈련이나 직업인성 연마에 시간과 자원을 소모해야만 했을 것이다. 그러나 특정한 단체에 가입하기 위해 회비를 선납하는 경우와는 달리 여기서는 이용자들이 편익을 누리리라는 어떠한 보장도 없다. 확실한 것은 오직 고용주들이 자신들의 이익을 위해 이용할 수 있는 무상노동을 획득하리라는 것뿐이다.

앞서 언급한 "대가 없는 노동"에 대한 조사에서 발견되는 뚜렷한 특징 중 하나는 이러한 상습적 행위들이 결코 전통적인 저임금 부문에만 국한되지 않는다는 점이다. 실제로 무급 노동의 경향들 가운데서 가장 급속하게 발현되고 있는 일부는 높은 보수를 미끼로 격심한 노동을 요구하는 부문들, 특히 창조산업 부문에서 발견된다. 여기서는 주목경제attention economy 부문의 틈새시장을 확보하려는 아마추어적인 노력이 "블록버스터급 성공"을 낳기도 하지만, 공정 노동이 무엇인지를 판단할 수 있는 기준들은 이제 거의 사라지고 없다. 작업과 급여 간의 명확한 등식을 도출하려는 일체의 시도들은 점점 더 헛수고로 돌아가고 있다. 이러한 경제 시스템하에서 패배하는 "경쟁자들" 대부분은 자신들의 좌절된 노력이 착취당하는 노동의 한 형태라는 사실마저 깨닫지 못하고 있다.

지난 30여 년간의 고용 불안정화를 특징지은 "임시직 채용"temp-ing으로의 체계적인 전환은 훨씬 더 모호한 계약관계로 대체되고 있다. 새로운 노동형태, 특히 정형화된 디지털 단순작업은 고용의 흔적을 남기지 않는다. 게다가 확실히 이러한 노동형태들에는 고용주가 법규상 계약관계에 있음을 보여줄 수 있는 어떠한 증거도 남지 않는다. 한편으로 이 노동형태들은 "잡"job의 정의를 어원적인 원형, 즉 그 수행 기간에 한해서만 존속하는 불연속적인 노동의 "덩어리" 혹은 "조각"에 훨씬 더 근접하게 한다. 다른 한편으로 이 노동형태들 일부가 눈에 잘 띄지 않으면서 무보수로 일하는 개인들의 자기홍보라는 동기에 의해 수행되는 한 그러한 보상 형태는 산업혁명 이전 시대의 특징을 좀 더 분명하게 보여준다. 당시에는 주도면밀한 방법으로 부와 권력을 지닌 가문이나 회사들의 주목을 모으는 기술이 무시할 수 없는 경제적 가치의 원천이자 사회적 계층이동의 수단이었다. 새로운 노동형태들은 또한 채무자와 채권자 간의 관계가 오늘날보다는 사적인 성격을 띠면서도 [채무불이행으로 인해] 양자의 관계가 악화될 시에는 채무자들이 한층 더 형벌의 고통을 모면키 어려웠던 시대를 떠올리게 한다.

현재의 급여를 도둑맞는 것은 아니라 하더라도 기껏해야 가늠할 수 없는 미래의 어느 시점으로 보상이 유예되고 있을 뿐이다. 이러한 관점에서 보면 노동자들은 빚진 자로 간주될 수 없다. 정작 빚을 지고 있는 자들은 고용주들이기 때문이다. 마이클 데닝Michael Denning의 지적처럼 임금노동의 기본 원리는 노동자들이야말로 채권자라는 것이다. "우리는 매일 우리 자신의 노동력을 고용주들에게 무이자로 대여하기" 때문이다.

새로운 일을 맡을 때마다 매번 깨닫게 되는 것은 누구나 첫날, 첫 주, 혹은 첫 달 치 급료 없이 생계를 꾸려가야 한다는 점이다. 임시직 취업 알선업체가 "인력"이라 부르는 허구적 상품의 가장 기묘한 측면이 대가가 지불되기 전에 완전히 소모되는 극소수 상품 중 하나라는 사실 때문이다. 대다수 상품의 경우 값을 치른 후에야 향유할 수 있다. 레스토랑에서의 식사처럼 몇 안 되는 예외가 있기는 하다(이 때문에 음식값을 치르지 않고 내빼는 눈살 찌푸릴 만한 일들이 일어나기도 한다). 우리는 자주 대금을 지불하기 전에 상품을 사용use하지만, 그러한 경우들은 늘 소매상이나 신용카드 발행업체 같은 제삼자에게서 빌려 쓰는 일종의 대차貸借[유상소비대차] 행위와 같은 것으로 간주된다. 오직 임금노동의 경우에 한해서만 상품이 완전히 소모된used up 후에야 그 대가가 지불된다는 것이다. 맑스가 "곳곳에서 노동자들은 자본가들에게 신용을 제공한다."는 언급을 『자본』 속에 따로 남겨 둔 것도 바로 이러한 맥락에서다. 아마도 이러한 시간왜곡time warp에 대한 가장 의미심장한 메타포는 일하기도 전에 누군가에게 급료가 지불되는 드문 경우를 표현하는 이른바 "선대"advance라는 개념일 것이다. 즉, 18세기 초의 영어식 어법에 연원을 두고 있는 바로 그 용어 말이다.[22]

육체와 영혼

강경 재정적자 감축론자들은 긴축정책 채택 압박을 가할 때 대

---

22. Michael Denning, "The Fetishism of Debt."

체로 세대 간 형평성, 즉 우리의 자녀들과 손자녀 세대에 막대한 공적 부채를 떠넘기는 것은 부당하다는 주장을 빼놓지 않는다. 그러나 공공 부채는 결코 긴축론자들이 묘사해 온 것만큼 위협적이지도 부담스럽지도 않다. 단언컨대 다음 세대에 심각하게 훼손된 민주주의, 즉 모든 가계활동 영역이 채권자들에게 돌아갈 수익을 뽑아내는 개방된 시장으로 변해 버린 민주주의를 물려주는 것이야말로 더욱 불공정한 처사일 것이다. 한 사회가 기본적인 사회적 필요를 부당이득자들이 수취할 경제적 지대의 저수지로 전환할 경우, 앞에서도 언급했다시피 그 과정에서 발생하는 부채에 대한 거부는 정당할 뿐만 아니라 아마도 우리의 자녀들이 지금과는 다른 미래를 맞이하도록 보증할 수 있는 유일한 방도일 것이다. 차입은 언제나 미래를 포기하는 행위다. 특히 복리이율이 어마어마한 양의 미래 시간을 삼켜버릴 때가 그러하다. 대출을 받는다는 것은 곧 우리의 시간과 노동을 미리 저당 잡힌다는 것이다. 그 모든 대부계약의 총액이 한꺼번에 청구되어 [노동을] 명령받지 않고 살아갈 수 있는 미래로 향하는 경로들을 폐쇄해 버릴 시점은 언제쯤일까? 금융 용어를 빌리자면 부채액이 기초자산의 가치를 초과할 때 우리는 마이너스 자산의 상황에 놓이게 된다. 무엇이 자유로운 사회와 동등한 가치를 지닐 수 있단 말인가? 민주주의 그 자체는 어떤 상황에서 파산하는가?

냉전기에 서구 민주주의 국가들은 점진적으로 대다수의 미래를 개선하려고 시도했다. 이러한 약속은 보편적 의료 서비스에 기초했으며, 따라서 이 국가들 대다수는 국가적 의료공급 시스템을 확립했다. 영국과 독일의 초기 사회보험 형태들은 사회주의의 위협을 저지하면서 노동자들의 정치적 복종을 끌어내거나 노동조합의 성장을 억제하기 위해 도입되었다. 전후 미국의 경우 국가적 보건의료 서비스를 증진하려던 트루먼 행정부의 노력은 의료산업과 의회 내 동맹세력들이 구사한 반공 슬로건으로 인해 사실상 무산되고 말았다. 노동조합들 역시 소속 조합원들을 대신해 사회급여를 따낼 수 있는 매우 중요한 지위를 상실하는 것에 대해 우려하기는 마찬가지였다. 그럼에도 불구하고 정부가 운영하는 보편적 프로그램이 부재한 상태에서 노동자들이 의료비 충격에 그대로 노출되지 않도록 보호한 것은 노조 교섭을 통한 의료급여의 확산이었으며, 이는 전후의 사회협약에서 그만큼 주요한 요소로 자리 잡았다. 무노조 사업장 고용주들도 상대적 완전고용기의 경쟁에서 살아남기 위해 포괄적인 급여를 점점 더 늘리는 수밖에 없었지만, 그러한 급여 가운데 어느 것도 차입을 통한 자금 조달에 의존하지는 않았다. 이렇게 해서 노조교섭 임금union wage은 훨씬 더 많은 인구를 대상으로 적용되는 일종의 사회적 임금으로 자리 잡았다. 다수의 수혜자는 노동자들에게 부여되는 의료급여를 [직접]급여액 인상보다 더 중요하게 여겼다. 많은 경우에 의료보험은 지루한 작업을 견디게 하는 단 한 가지 이유였다.

비록 많은 부분이 소비자 신용에 의해 부양되었다고는 하더라도 상승하는 재정적 기대감과 노년기의 육체적·정신적 안정에 대한 상당한 희망을 보유한 비교적 견고한 중산층을 창출한 것은 미국의 세기가 이루어 낸 최고의 성과였다. 그러나 이러한 성과는 지난 40년 동안 서서히 손상되어 왔다. 의료비는 거의 대학교육에 들어가는 순 비용 net price 23만큼이나 급속히 인상되었으며, 그로 인해 민간 의료보험 가입자들조차 그칠 줄 모르는 의료비 부채 급증 사태에 직면한 것으로 보인다. 공중보건에 대한 그 어떤 측정기준에 비추어 평가하더라도 미국은 선진공업국들 가운데서 가장 막대한 비용을 의료 분야에 쏟아붓고도 가장 초라한 성과를 거두었을 뿐이다. 정부 추산에 따르면 의료비는 2011년에 GDP의 18%(미국과 [1인당] 소득 수준이 가장 비슷한 국가인 네덜란드의 경우 12%)에 달했고, 2021년에는 경제 규모의 5분의 1에 해당하는 금액이 의료비로 지출될 것이다.24 1950년에서 2011년 동안 미국의 1인당 실질 국내총생산은 연평균 2.0%씩 증가했지만, 1인당 실질 국가 의료비 지출은 매년 4.4%씩 증가했다.25 두 가지 증가율 간의 간극은 지속될 수 없다. 또한, 오바마 행정부가 2010년에 통과시킨 건강보험 개혁안이 총의료비(따라서 총의료비 부채)를 억제하리라고 믿을 만한 근거는 어디에도 없다. 그러한 변화가 지출 규모를 증대시킬 것이 거의 확실시되기 때문이다. 대조적으로 국민건강보험 단일보험자 시스템26은 비용을 감축하고 의료 성과를 증진할 뿐만 아니라 위험

---

23. [옮긴이] 수업료, 기숙사비 등 대학 교육을 이수하는 데 소요되는 제반 비용에서 장학금과 각종 보조금을 공제한 금액을 말한다.

24. Alex Wayne, "Health-Care Spending to Reach 20 percent of U.S. Economy by 2021," *Bloomberg News* (June 13, 2012), accessible at http://www. bloomberg. com/news/2012-06-13/health-care-spending-to-reach-20-of-u-s-economy-by-2021.html.

25. Victor Fuchs, "The Gross Domestic Product and Health Care Spending," *New England Journal of Medicine*, 369 (July 11, 2013), pp. 107~9.

을 적절히 분산함으로써 다른 선진공업국에서는 거의 찾아보기 힘들 만큼 심각하기 그지없는 미국의 의료비 부채 부담을 완전히 제거할 것이다.

오바마의 건강보험개혁법이 이전의 무보험자들 다수가 짊어져야 했던 부채를 감축할 것이라는 점에는 거의 의심할 여지가 없다. 그러나 건강보험개혁법의 규정은 또한 [보험금액이 보험가액에 미달하는] "일부보험 가입자"the underinsured를 늘림으로써 부채의 그물망 확장을 촉진할 수도 있다. 여기에는 현재 브론즈 플랜27, 즉 보험료가 가장 저렴한 대신에 가입자들에게 의료비의 60%만을 보장하는 상품을 선택한 사람들이 포함될 것이다. 이들이 보험 가입 이전보다 더 많은 의료혜택을 누리고자 하는 것은 당연하다. 하지만 그들은 병원비와 약값 전액을 지불할 수 없다. 보험회사들이 추산한 "보험계리적 가치"actuarial values가 그들을 의료비 차액을 충당하기 위해 [의료 서비스를 받기 전에] 미리 대출을 받을 수밖에 없는 상황으로 몰아넣기 때문이다. 오바마의 건강보험개혁법은 사적 부문의 의료산업계는 물론 환자들을 대상으로 채권을 추심하고 병원들의

---

26. [옮긴이] 정부가 통합·일원화된 국민개보험(國民皆保險, Universal health care)의 지급자(payer) 역할을 하는 시스템. 이념형의 측면에서 접근할 경우 정부가 의료 제공자(provider)인 민간 의료기관과 계약을 맺는 유형, 정부가 자체적으로 자원과 인력을 보유하고 의료 서비스까지 제공하는 유형으로 분류할 수 있다. 하지만 현재 국민개보험 제도가 정착된 나라들 가운데 압도적 다수는 전자의 유형 혹은 혼합형을 채택하고 있다.

27. [옮긴이] 브론즈 플랜(bronze plans)은 오바마 정부의 건강보험개혁법에 명시된 네 가지 보험상품(플래티넘, 골드, 실버, 브론즈) 중 하나다. 브론즈 플랜의 경우 보험료는 가장 낮지만, 의료 서비스 이용 시 가입자 본인 부담 비율이 40%로 가장 높다.

신용등급을 매긴 다음 시장원리에 따라 움직이는 의료산업복합체들의 영업 활동에 필요한 대부를 제공하는 사적 금융기관들까지도 계속해서 풍족한 이윤을 획득할 수 있도록 보장할 것이다. 무보험자들이 줄어듦에 따라 상대적으로 부채로부터 자유로운 자선 의료기관의 간병 서비스 역시 쇠퇴할 수밖에 없다. 점점 더 독점화되고 있는 거대 민간 의료기관들의 지배력이 강화됨에 따라 공적 의료기관과 지역사회 의료기관들 사이에서는 이미 폐업 사태가 속출하고 있다.28

삶이 부채의 지배하에 놓여 있음을 알려 주는 징후 가운데 하나는 부채가 이미 우리의 미래를 박탈해 버린 것처럼 보인다는 사실이다. 미래는 이제 우리가 더욱 자유로울 권리를 갖게 될 시간으로 소중하게 여겨지지 않는다. 미래가 지금부터 족히 노년기까지 계속해서 빚을 갚느라 허덕여야 할 지난한 기간이 되리라는 조짐은 점점 더 짙어지고 있다. 지금까지 한동안 금융산업은 남아 있는 냉전기 사회보험 제도의 유일한 지주인 노인의료보험과 사회보장연금의 민영화를 목표로 삼아 왔다. 1980년 당시 미국 노동자들의 40%는 전통적인 확정급부형연금 defined-benefit pensions 29 혜택을 누

---

28. Strike Debt, *Death By For-Profit Health Care* (February 2013), accessible at http://strikedebt.org/medicaldebtreport/.

29. [옮긴이] 확정급부형 연금은 확정기여형 연금(defined contribution pension)과 함께 대표적인 민간기업 퇴직연금 제도로 꼽힌다. 확정기여형 연금제하에서는 기업이 납부하는 갹출액만 사전에 확정되므로 퇴직 이후 연금액수는 유동적이다. 반면 확정급부형 연금제를 채택할 경우 노동자의 연봉, 근무 기간 등에 따라 퇴직 이후 연금액이 사전에 확정된다.

렸다. 1980년 이후 이 연금들의 절반 이상이 위험도가 높은 401(k) 플랜401(k) plan 30으로 전환되면서 월가에 직접적인 수익을 제공하고 있다. 401(k) 플랜이 위험 요인을 고용주로부터 개인에게로 이전시키자 기업들은 고용계약서를 최대한 속성으로 작성함으로써 고용계약을 통해 얻을 수 있는 연금 혜택을 박탈하고 있다. 정치인과 정부 관리자들은 민간부문의 사례를 모방해 공공부문 노동자들에게 지불해야 할 연금채무pension obligatioin 규모의 대폭적인 감축을 점점 더 강력하게 요구하고 있다.31 고용주 제공 건강보험에서도 동일한 감소 양상이 나타나고 있다. 건강보험 혜택을 계속 누리는 사람들은 훨씬 더 많은 보험료를 납부하고 있지만, 보장 범위는 예전보다 줄어들고 있다. 그 결과 [전체 개인파산 건수 가운데서] 의료비 부채로 인한 개인파산 건수가 차지하는 비율은 꾸준히 증가하고 있다. 1981년 당시 8%에 불과했던 이 비율은 2001년 들어 50%까지 급증했으며, 2007년에는 60%로 정점에 도달했다. 엘리자베스 워런과 그녀의 하버드대 동료들이 수행한 현황 조사에 따르면 2007년 당시 의료부채로 인한 파산 신청자 가운데 78%가 발병 초기에 이미 의료보험에 가입한 상태였으며, 그중 60.3%는 민간보험 가입자

---

30. [옮긴이] 기업과 노동자가 펀드를 운용하는 민간 금융회사에 매칭(matching) 형식으로 매달 일정 금액을 내는 연금제도. 납부금을 채권 또는 주식에 투자해서 얻은 수익금으로 퇴직 후 연금을 지급한다. 채권 투자의 경우 수익은 낮더라도 비교적 안전하다는 이점이 있지만, 주식 투자의 경우 수익이 높은 반면 그만큼 위험도가 높다. 투자 형태와 납부금액은 노동자들이 선택하게 되어 있지만, 대부분은 고위험·고수익의 주식형을 택한다.

31. Mark Brenner, "Pension Theft Crime Wave," *Labor Notes* (October 21, 2013).

였던 것으로 드러났다.[32] 오바마케어가 의료부채로 인한 파산을 줄일 것이라는 증거는 어디에도 없는 것이다. 실제로 동종의 건강보험 프로그램이 밋 롬니가 주지사로 재임하던 매사추세츠 주에 도입되었을 때도 주목할 만한 파산율의 감소는 확인되지 않았다.[33]

의료부채 상환을 위해 터무니없는 불이익을 감수하고서라도 퇴직금을 중간 정산해야만 하는 현재의 피고용자 수치 역시 그 못지않게 인상적이다.[34] 이러한 상황은 영리 의료제도로 인해 현재의 생계를 유지할 능력이 현저하게 약화된 사람들에게는 제 살 깎아 먹기나 다름없다. 모든 공식적 채무계약은 미래의 임금에 대한 저당권 설정을 함축한다. 그러나 이 경우에는 현재의 시점에서 육신의 안위를 지켜 내기 위해 장래의 신체적 안위를 유지할 수단을 양도하도록 요구받는 셈이다. 생활임금 living wage을 벌 수 있는 능력이 사라진 후에도 노령층이 살아갈 수 있도록 보장하는 것은 인도적인 사회의 핵심 원칙이며, 세대 간 정의의 잣대로서도 공적 부채를 억제하는 것보다 훨씬 더 중요하다. 우리가 단기간의 생존을 위해 장기적인 보장 수단을 포기하도록 강요당할 때 자유는 고사하고

---

32. David Himmelstein, Deborah Thorne, Elizabeth Warren, and Steffie Woolhandler, "Medical Bankruptcy in the United States, 2007: Results of a National Study," *The American Journal of Medicine* (2009).

33. David Himmelstein, Deborah Thorne, Steffie Woolhandler, "Medical Bankruptcy in Massachusetts: Has Health Reform Made a Difference?" *American Journal of Medicine*, 124, 3 (March 2011), pp. 224~28.

34. Jose Garcia and Mark Rukavina, "Sick and in the Red: Medical Debt and its Economic Impact," *Demos/The Access Project* (March 26, 2013), accessible at http://www.accessproject.org/new/pages/item110.php.

생존할 권리조차 위협받을 것이다.

이것이 바로 데이비드 블래커David Blacker가 "실존적 부채"existential debt에 대한 자신의 정의, 즉 "인간의 지속적 실존 그 자체와 분리될 수 없는 유형의 부채"에 교육부채와 함께 의료부채를 포함한 이유이다. 그는 실존적 부채란 "누군가의 존재 그 자체에 맞서 쌓여온 부채이며, 개인에게 철저히 들러붙어 일생에 걸쳐 그를 과도하게 통제한다는 바로 그 사실 때문에 공정하고 민주적인 사회에서는 결코 용납될 수 없다."고 주장한다.[35] 학자금부채와 의료부채의 경우 자기자산과 담보로 제공되는 자산은 자동차나 집과 같은 우리 외부의 상품들이 아니라 우리 자신을 구성하는 살아 있는 일부이다. 바로 이 현대 미국의 부채는 봉건적인 노예제와 채무노예제 상태, 즉 속박의 족쇄가 한평생 벗어날 수 없는 육체적 생존의 결정 요인으로 작용하는 상태와 자주 비교된다. [현대 미국의 경우] 실제로 채무가 삶의 유지와 선택에 있어서 그만큼 내재적이기 때문이다. 이러한 부채의 부당성에 대한 인식이 단지 개인별 상환조건 협상을 예비하는 행위에 그쳐서는 안 된다. 부채 거부, 그리고 궁극적으로 부채의 폐지는 인간의 자유를 소중히 여기는 어떠한 사회에서도 절박한 과제임에 틀림없다.

노동은 어떻게 대응해야 하는가?

---

35. David Blacker, *The Falling Rate of Learning*, p. 140.

학자금부채는 면책될 수 없는 데다 연방 학자금 대출채권에는 소멸시효도 없다. 따라서 학자금부채는 결코 벗어날 수 없는 어떤 것으로 간주되어 왔다. 확실히 많은 대출자가 그들의 학생 채무를 마치 일종의 종신형인 듯 말한다. 따라서 부채를 상환해야 한다는 강박은 강력한 응보적 근거에 의해 심화되며, 채무불이행에 따르는 인격적 수치심과 죄의식 때문에 강화된다. 이러한 도덕주의는 채무자들이 발휘할 수 있는 자유재량의 여지를 서서히 잠식하지만 반대로 채권자들이 빚을 받아내는 데는 필수적이다. 이야말로 대대적인 부채탕감이 필요할지도 모른다는 예상이 엘리트들에게 심각한 딜레마를 안겨주는 이유다. 대대적인 가계부채 경감 조치가 취해지지 않으면 무슨 수를 쓰더라도 소비경제는 침체를 벗어날 수 없다. 그렇더라도 채무탕감 조치를 확대하게 되면 부채의 지배 시스템이 채권 추심 과정에서 의지하는 상환의 도덕률이 약화되기 마련이다. 20세기 초에 헨리 포드와 같은 기업가들은 소비사회를 창출하기 위해서는 공장 임금을 인상해야 한다는 결론에 도달했다. 다시 말해 노동자들이 그들 자신의 손으로 제작한 T형 자동차를 구매할 수 있는 능력을 보유해야만 한다는 논리였다. 지금 생각하면 그러한 원칙이 상식처럼 보이지만 당시까지 임금인상은 자본가들의 관습에 정면으로 반하는 일이었다. 바로 그와 같은 취지에서 오늘날의 경제 관리자들이 채무자들을 고가상품 소비생활을 위한 경쟁의 장에 원활하게 재진입시킬 부채감축 프로그램을 고려할 수밖에 없다고 보더라도 그다지 무리는 아닐 것이다. 하지만 그 경우 상환의 도덕률이 점차 약화될 위험을 감수해야 할 것이다. 임금통제가 포드와 같은 산업 자본가들에게서 그러했듯이 상환에 대한 도덕적 명령은 오늘날의 금융자본주의에서 훈육의 중심적 요소로 자리 잡고 있다. 일시적이나마 상환의 도덕적 명령이 무효화될 경우 월가의 장기적 이익에는 훨씬 더 중대한 위협이 될 것이기 때문이다.

이와 함께 포드가 제공한 일당 5달러의 임금이 그의 자동차를 구매하기에 충분치 않은 액수였음을 상기할 필요가 있다. 외부금융의 필요성이 새롭게 부각된 것이다. 소비자 혁명과 이를 뒷받침하는 개인 대출이라는 산업 문화에 시동을 건 것은 고액의 공장 임금이 아니라 바로 이 자동차 [구매자금] 대출이었다. 임금인상은 노조 결성을 저지하기 위한 노골적인 책략이었다. 이처럼 두툼해진 급여 봉투를 수령할 노동자의 자격은 검약, 절제 등의 (부르주아적인) 가족관에 입각한 포드 자신의 도덕적 기준을 준수하느냐에 달려 있었다. 그리고 그 준수 여부는 포드사 사회부에 의해 감시되었다. 노동자의 개인적 삶에 대한 이러한 침해는 사회주의적 대안이 발휘하는 호소력에 대항하기 위해 구축된 복지 자본주의의 전성기인 1920년대에 확대되었다. 노조들은 결국 산업현장 내에서 활동할 수 있는 권리를 획득하면서 노동자들의 도덕적 훈육에 대한 실질적 책임을 넘겨받았다. 노조 관료들에게는 소속 노조원들의 생활 습관이 기업주들 측에서 정기적인 임금인상의 대가로 요구하는 작업장 수준의 높은 생산성을 달성하는 데 방해가 되지 않도록 보장하는 과업이 부여되었다.

19세기 당시 산업노동의 윤리를 규율하던 도덕적 구속들은 소수의 대변자 집단을 필요로 했다. 거대한 열정과 신념으로 무장한 성직자, 교육자, 재계 지도자들은 그러한 도덕적 구속들을 장려했다.[36] 시간이 흐를수록 노동의 옹호자들은 노동의 존엄성에 대한 저들 특유의 해석을 변형시켰지만, 그러한 변형은 격화된 근로노력을 유도하는 것 이상으로 노동자로서의 자부심을 주입하는 데 역점을 두었다. 그렇지만 금융화한 경제에 어울리는 노동의 복음이란 도대체 어떤 것일까? 채권자들이 채무자들을 속여 넘기기 위해 구사하는 자기중심적인 거짓말은 무엇인가? 상환의 도덕률은 가정들에 채무계약을 이행하는 채무자의 미덕은 물론 채무계약을 준수하지 못하는 채무자의 결함까지 주지시킬 수 있는 전형들을 필요로 한다. 오늘날 채무불이행자들을 낙인찍는 오욕과 죄악감은 (또한 그들이 내면화하고 있는 수치심과 죄의식은) 일자리를 구하거나 유지할 능력이 없다는 이유로 폄하된 공장 시대의 쓸모없고 무기력한 이들을 겨냥한 멸시와 맥락을 같이한다. 이 장에서 개괄하고 있는 노동과 부채 간의 내밀한 역사적 관계를 강화하는 저 두 가지 전도傳道 형태들 사이에는 상당한 연속성이 존재한다. 그러나 19세기에 노동의 복음을 강론하던 자들과는 달리 월가의 거물들은 결코 윤리에 관한 설교를 늘어놓을 처지가 못 된다. 십중팔구 그들은 대중들 사이에서 강탈의 동업자인 마피아 보스들보다도 못한 평가를 받고 있을 것이다. 더구나 마피아 보스들의 경우와는 달리 월가의 거물들

---

36. Daniel Rodgers, *The Work Ethic in Industrial America, 1850~1920* (Chicago: University of Chicago Press, 1978).

이 대중문화에서 긍정적인 시각으로 그려지는 일은 드물다.

오늘날 노동의 옹호자들이 월가의 도덕주의라는 뻔뻔스러운 공갈을 제쳐두고 부채탕감을 노동하는 민중들을 위한 운동으로 내세우는 데는 그럴 만한 까닭이 있다. 1990년대에 가계부채가 증가하자 앨런 그린스펀Alan Greenspan조차 가계부채에 노동의 전투성을 위축시키는 효과가 있음을 스스럼없이 시인한 바 있다. 물론 노동자들에게 갚아야 할 빚이 있을 경우 파업에 참여하는 경향이 확연히 감소한다는 만족스러운 의미였지만 말이다.[37] 오늘날 긴축이 가속화되는 가운데 지방채와 연방부채는 교원, 운수 노동자, 소방관, 경찰, 집배원, 그리고 그 밖의 도시 공공서비스 노동자들을 망라하는 공공부문 노동자들에게서 대폭적인 양보를 이끌어 내기 위해 조작되고 있다. 위스콘신 주의 스콧 워커Scott Walker를 필두로 하는 보수 성향 주지사들은 〈일할 권리법〉right-to-work law [38] 도입을 통해 부채 위기를 무엇보다 공공부문 노동조합들의 저항력을 약화시킬 기회로 활용해 왔다. 이들 공공부문 노조 일부, 특히 뉴욕시 운수노조는 오큐파이 시위에 적극적으로 참여했다. 반면 오클랜드의 〈국제항만·창고노동조합〉ILWU 지도자들은 조합원들이 오큐파이 활동가들과 연대해 살쾡이 파업행동에 나서자 고의로 이를 무시했다. 공공부문 노조들은 또한 자신들의 일자리와 권리를 지키

---

37. 그린스펀의 언급은 다음의 책에서 인용한 것이다. Michael Hudson, *Finance Capitalism and Its Discontents* (Dresden:Islet, 2012), p. 163.

38. [옮긴이] 고용계약을 체결한 노동자가 일정한 기일 내에 자동으로 노조에 가입하도록 규정한 유니언숍 제도를 무력화하기 위해 도입된 고용 관련 법률. 흔히 '노조 죽이기 법'으로 불리는 이 법률은 현재 미국의 24개 연방 주에서 시행되고 있다.

기 위한 투쟁을 공개적으로 벌이면서 유럽에서 전개된 대규모 긴축 반대 파업의 선두에 서기도 했다. 일부 사례들에서는 부채 감사가 한층 더 혁신적인 방식으로 반격을 가하고자 하는 노동조합원들에게 유용한 수단이라는 사실이 입증되고 있다. 부채 감사를 통해 공적 부채의 의심스러운 발생 근거는 물론 부채를 이용해 노동자들에게 강력한 공세를 취하는 간교한 책략까지 폭로할 수 있기 때문이다.

2000년 전설적인 노조 조직가 토니 마쪼치Tony Mazzochi가 노동당을 창당할 당시 가장 중요한 정강 정책은 냉전기 수십 년 동안 제공된 제3차 교육에 대한 정부 지원 수준의 회복을 목표로 하는 무상 고등교육 캠페인이었다. 이 캠페인을 앞장서 지지했던 아돌프 리드Adolph Reed는 다음과 같이 말했다. "이 프로그램은 헛된 기대가 아니다. 무상 고등교육의 선례는 생생히 기억되고 있다. 〈제대군인 원호법〉은 약 800만 명의 2차 세계대전 참전자들에게 생활임금 수준의 지원금뿐만 아니라 등록금[수업료와 기타 납부금] 전액을 제공했다. 과거에 해 본 적이 있다면 지금도 다시 할 수 있으며 이번에는 모든 이들을 대상으로 시행할 수 있다."[39] 오늘날 점점 더 곤궁해져 가는 노동자 가구의 경제적 상태를 고려하면 무상교육에 대한 요청은 자명하다. 자신들이 평생을 재정적으로 시달릴 필요 없이 대학을 다녔듯이 자녀들도 그처럼 대학교육을 받게 하자는 데 어떤 부모가 마다하겠는가?

---

39. Adolph Reed, "Majoring in Debt," *The Progressive* (January, 2004).

2012년 7월 〈미국노동총연맹·산업별노동조합회의〉AFL-CIO 위원장 리처드 트럼카Richard Trumka는 학생 활동가들에게 다음과 같이 말했다. "여러분 세대는 공정한 임금과 충분한 혜택이 제공되는 일자리, 즉 양질의 일자리를 위해 투쟁하고 있습니다. 이 투쟁을 통해 학자금부채를 안고 있는 여러분들은 상환 능력과 원하는 삶을 살 기회를 확보할 수 있습니다. 즉, 결혼을 하고, 원한다면 가족을 부양하며, 창업에 나서고, 여러분이 믿는 대의를 위해 싸울 수 있는, 그리하여 다음 세대에 더욱 부강한 미국을 물려줄 수 있는 능력 말입니다. 이러한 투쟁이 곧 노동운동의 투쟁이며, 또한 나의 투쟁이기도 합니다."[40] 주목할 만한 연대사이긴 했지만 트럼카가 공개적으로 표명한 원칙은 무상교육을 하나의 권리이자 사회재로 간주하는 노동당의 훨씬 더 설득력 있는 입장과는 거리가 멀었다.

미국의 노동조합운동은 채무노예화에 맞선 다채로운 저항의 역사를 자랑한다. 노동운동은 초창기부터 줄곧 채무불이행을 이유로 한 구금의 폐지와 함께 무상 공교육을 요구했으며, 19세기 후반에는 고용주들에게 유리한 회사전표라는 화폐 대용물 대신 현금으로 급여를 지불받을 권리를 위해 싸웠다. 1920년대의 미국 노동조합운동은 한때 막강했던 아말가메이티드 은행Amalgamated Bank[41]과 다수의 상호신용조합을 포함한 대안적인 비영리 금융기

---

40. Jackie Tortora, "Trumka : Unions and Student Activists Share Similar Vision for America," *AFL-CIO Now* (July 26, 2012), accessible at http://www.aflcio.org/Blog/Other-News/Trumka-Unions-and-Student-Activists-Share-Similar-Vision-for-America.

41. [옮긴이] 1923년 〈전미연합피복노조〉(Amalgamated Clothing Workers of Ameri-

관을 설립하는 한편 조합원들에게 적정한 가격의 아파트를 공급하는 협동조합주택운동의 확산에도 앞장섰다. 오늘날 노동운동은 비전통적 고용의 지속적인 증가에 대응하여 혁신적인 대안적 노동 조직화 방식들을 기꺼이 수용하고 있다. 여기에는 〈독립노동자센터〉, 노조를 설립할 수 없는 노동자들을 조직화하기 위해 〈미국노동총연맹·산업별조합회의〉가 독자적으로 운영하는 〈워킹 아메리카〉와 같은 기획뿐만 아니라 〈전국가사노동자연대〉, 〈프리랜서 노조〉, 〈소매유통노동자행동계획〉, 〈요식업노동자권익향상센터〉, 〈이모칼리 노동자연대〉Coalition of Immokalee Workers, 〈모델연맹〉, 〈패스트푸드 포워드〉Fast Food Forward, 〈인턴노동권리찾기〉, 〈워싱턴기술노동자연대〉WashTech, Washington Alliance of Tech Workers, 〈브랜드워커스〉Brandworkers, 〈택시노동자연대〉 등의 조직 또한 포함된다. 이처럼 갓 출현한 단일 사용자 노조single-employer union의 대안적 형태들은 재구조화되고 탈금융화한 경제 안에서 노동의 역능을 재건하는 데 필수적인 수단들이다. 그러나 노동운동은 또한 노동자 가계의 부채 부담을 낮출 수 있는 가장 효과적인 방안인 무상 공교육의 회복을 관철해 나가는 데서도 더욱 중심적인 역할을 담당해야 한다.

---

ca) 주도로 설립된 미국에서 가장 큰 규모의 노조 소유 은행이다. 현재 〈국제[북미]서비스노조〉(SEIU)가 다수 지분을 보유하고 있다. 2013년 6월 기준으로 아말가메이티드 은행의 자산 규모는 35억 달러를 웃돈다. 설립 이후 단 한 차례도 미국 정부의 긴급구제 금융을 요청하지 않은 것으로 유명하다.

잃어버린 세대?

　지난 20년 동안 학자금부채의 누적과 급격한 불안정 고용의 증가가 동시에 진행되었다는 사실은 결코 가볍게 지나칠 수 없다. 미래의 임금에서 나올 수익에 대한 채권자들의 의존도가 점점 더 커지고 있을 때 대부분의 학자금 채무자들 사이에서는 안정된 일자리와 꾸준한 소득을 얻을 수 있으리라는 전망이 차츰 약화되어 온 것이다. 대체로 가장 많은 빚을 진 졸업생들은 언제라도 사라질 수 있는 임시직 위주의 경제 활동에 종사하게 된다. 여기서 그들은 프리랜서에게 닥쳐오는 온갖 시장위험을 떠안아야 하며, 상이한 수입원들을 이리저리 맞추거나 최대한 효율적으로 조직함으로써 어떻게든 파산을 피해 가는 수밖에 없다. 닷컴 시대에 이러한 불안정 노동의 형상을 맹목적으로 지지하는 태도는 "프리 에이전트"에 대한 예찬의 형태로 나타났다. 즉, 이 자유로운 영혼들은 구경제Old Economy 시대의 고용안정이라는 "위험 회피적 선택에 부과되는 제약들"을 받아들이기보다는 차라리 대담하게 시대의 첨단을 걷는 자기고용 쪽을 택했다는 것이다.[42] 뒤이어 2000년대 중반에는 창의적인 도시 노동자들의 "인적 자본"을 요란하게 치켜세우는 운동이 일어나 일거리별로 지불받는 수입과 빚으로 취득한 자격증

---

42. Daniel Pink, *Free Agent Nation : The Future of Working for Yourself* (New York : Warner, 2001)[다니엘 핑크, 『프리에이전트의 시대』, 석기용 옮김, 에코리브르, 2004]; Andrew Ross, *No-Collar : the Humane Workplace and Its Hidden Costs* (New York : Basic Books, 2003).

에 의지해 살아가는 위험하기 짝이 없는 생계방식을 한층 더 미화하는 데 일조했다.[43] 불황기에 "대가 없는 노동"의 광맥을 캐러 나선 고용주들은 DIY^{Do It Yourself} 고용 운동에 대한 이 두 가지 선행적인 선전 공세를 통해 확립된 조악한 노동 규범에 의지하고 있었다.

이러한 독립형 노동 대부분에서 확인되는 불안정성은 지식경제의 불운한 부산물이 아니라 그 기본 조건에 더 가깝다. 불안정 노동에 특유한 극도의 불확실성과 대학교육의 이익에 대한 엘리트들의 공약이 어떻게 어울릴 수 있단 말인가? 고등학생들은 학사 학위가 부유하지는 않더라도 적어도 안락한 중산층의 삶으로 진입할 티켓이며, 곧 출현할 저 모든 21세기형 일자리들의 필수조건이라는 말을 거듭해서 듣고 있다. 대학 교육에 드는 비용이 급등하고 있다는 사실을 고려하면 그 결과가 일종의 투자 수익률로 측정된다는 것은 그다지 놀랄 만한 일도 아니다. 하지만 그러한 일자리 경제^{jobs economy}가 어떻게 엘리트들의 공약과 부합하는 방식으로 대졸자들을 받아들일 수 있을까? 학사 학위를 소지한 구직자들이 고졸자들에 비해 평균 두 배 정도를 버는 것은 여전히 사실이지만, 미국에서 구할 수 있는 직장들 가운데 학위를 요구하는 곳은 30%도 채 안

---

43. Richard Florida, *The Rise of The Creative Class : And How It's Transforming Work, Leisure and Everyday Life* (New York : Basic Books, 2002)[리처드 플로리다, 『Creative Class : 창조적 변화를 주도하는 사람들』, 이길태 옮김, 전자신문사, 2002]; 그리고 *Cities and the Creative Class* (New York : Routledge, 2005) [리처드 플로리다, 『도시와 창조 계급』, 이원호 외 옮김, 푸른길, 2008]. Jamie Peck, "Struggling with the Creative Class," *International Journal of Urban and Regional Research*, 29, 4 (December 2005), pp. 740~70. Andrew Ross, *Nice Work If You Can Get It : Life and Labor in Precarious Times* (New York : NYU Press, 2009).

된다. 한 [보고서의] 추정치에 따르면 현재 취업 중인 미국의 대졸자 가운데 절반가량은 4년제 대학 미만의 교육 수준을 요하는 직무에 종사하고 있다.[44] 고숙련 일자리 부문의 수급 상황을 개괄적으로 검토한 이 보고서는 대졸 학력자의 과잉생산에 눈을 돌리라고 종용한다. 적어도 그러한 방식[취업 경쟁력이 낮은 대학과 학과의 정원을 축소하는 방식]으로 교육기관의 경영 합리화를 추진하는 자들은 과잉생산의 결과로 나타나는 불완전고용을 어떻게든 막대한 인적 자본의 낭비로 해석하려 든다.

이와 같은 자료에서 끌어낼 수 있는 한 가지 결론은 미국이 대졸자들을 위한 일자리를 창출하기보다는 대졸자를 배출하는 데 더 힘을 쏟아붓고 있다는 것이다. 버락 오바마는 2009년 상하원 합동 연설에서 마치 산업 할당량을 부과하듯이 "2020년이면 미국은 다시 한 번 세계 최고의 대졸 인구 비율을 확보하게 될 것"이라고 장담했다. 이 목표는 미국이 대졸 학력자 배출에서 다른 나라들에 뒤처지고 있음을 보여주는 증거가 속출하는 상황에 대응하기 위해 설정되었다. 그는 이렇게 말했다. "미국의 10대 후반 청소년 대학입학률은 세계에서 9번째 순위를 차지하고 있지만, 25~34세 연령대 미국 성인들의 자격증 취득률과 학위 수여율은 이미 한국, 캐나다, 일본 등 다른 나라들보다 낮은 세계 16위까지 떨어졌습니다."[45]

---

44. Richard Vedder, Christopher Denhart, and Jonathan Robe, *Why are Recent College Graduates Underemployed? University Enrollments and Labor Market Realities*, Center for College Affordability and Productivity (January 2013).

45. "Knowledge and Skills for the Jobs of the Future" on the White House website, accessible at http://www.whitehouse.gov/issues/education/higher-education. 미

이 연설에서 오바마는 또한 행정부에 고숙련 일자리 창출을 주문했다. 이 일자리들 다수는 [2009년 경기부양법으로 불리는] 〈미국 경제회복 및 재투자법〉American Recovery and Reinvestment Act, ARRA의 경기부양 효과에 의지해서 창출될 예정이었다. 그러나 이듬해 백악관은 정부 경제정책의 거대한 방향타를 경기부양에서 긴축 쪽으로 전환함으로써 배출되는 대졸자 수와 숙련직종 취업 가능성 사이의 괴리가 사실상 훨씬 더 커지도록 만들었다. 국가 산업정책은 여전히 학위 보유자 수의 증가를 목표로 삼았을 뿐 과잉 상태의 대졸 인구를 흡수하는 데 필요한 "하이 로드"high road 46 직종들의 창출과는 무관했다. 실상 학부 과정 증설이라는 목표의 제도화는 채권자 계급에 노다지를 안겨 준 고등교육 붐을 한층 더 부채질했다. 수익이 학자금 대출에서 창출되느냐, 거의 모든 대학에서 저마다의 시장원리에 입각한 성장[방안]의 불가결한 구성요소로 추진되어 온 자본 집약적 건축계획에서 비롯되느냐는 중요치 않았다. 금융적 부당이득의 수취 과정이 여전히 급속도로 진행되는 한, [고등교육산업] 투자자들로서는 다른 곳으로 자금을 돌릴 이유가 없었다.

1990년대 중반부터 대학 졸업자들은 학자금부채라는 고단한 짐을 감당해야 했다. 그러나 신경제의 장밋빛 일자리 약속과 고용시장의 음울한 현실 사이에서 커져 가던 괴리는 "밀레니얼 세

셸 오바마(Michelle Obama) 역시 이 캠페인에 관여해 왔다. 이에 관해서는 Jennifer Steinhauer, "Michelle Obama Edges Into a Policy Role on Higher Education," *New York Times* (November 11, 2013)을 참조하기 바란다.

46. [옮긴이] 위기 시 기업이 취하는 노동 전략 중 하나로 어느 정도의 고용 안정에 대한 반대급부로서 노동 생산성의 향상을 도모하는 방법.

대"millennials 47에 한층 더 심각한 타격을 안겨 주었다. 단순 서비스 업계의 일자리에 종사하는 자격 과잉 노동자들 사이에 만연한 불만은 더할 나위 없이 심각하다. 산더미 같은 빚을 진 채 대공황 이래 최악의 노동시장에 진입하는 것은 그야말로 쓰린 상처에 소금을 뿌리는 격이다. 따라서 이러한 채무자들의 곤경이 세대 용어들에 의해 표현되고 있다는 사실은 그다지 놀랍지 않다. 대중매체들에서 [일하기 싫어하는] 게으른 족속들로 매도당하자 문제의 "부메랑" 자녀들boomerang offspring 48과 불완전고용 상태의 "어린애 같은 어른들"adultescents 49은 곧바로 반격에 나섰다. 애나 카메네츠Anya Kamenetz의 2006년도 저작 『부채세대』Generation Debt는 중요한 사례다. 그녀는 이 책에서 갓 졸업한 자신의 동료들이 부딪힌 경제적 난관과 그들에게 쏟아지는 조롱에 대해 예리하게 분석했다. 카메네츠는 논평 과정에서 국가부채라는 참담한 유산을 젊은 세대에게 물려주어서는 안 된다는 논리로 [긴축 반대론자들을 향해] 독설을 퍼붓

---

47. [옮긴이] 1982년~2000년 사이에 태어난 세대로 뚜렷한 개성과 열정으로 자신만의 목표를 지향하지만, 타인과 함께하려는 참여 성향 역시 높은 편이다. 신경제 시기에는 향후의 미국 경제를 이끌어 갈 미래 세대라는 찬사를 받았다.
48. [옮긴이] 한동안 집을 떠나 있다가 경제적 곤란 등을 이유로 다시 부모 곁으로 돌아온 성년의 자녀들.
49. [옮긴이] 원래 어덜테슨(adultescents)은 성년기에 들어섰지만 취향이나 행동 면에서 청소년과 유사한 이들을 가리키던 말이다. 최근 비즈니스 신문 등 대중매체들은 이 용어의 의미를 비틀어 구조적인 고용 불안이 지속되는 상황에서 좀처럼 경제적 자립 기반을 확보하지 못하고 있는 대학 졸업 이후의 청년들을 비하하는 데 활용해 왔다. 이러한 어법의 이면에는 오늘날의 청년 세대를 성숙한 인간으로서의 책임감과 자질을 갖추지 못한 채 무위도식하거나 부모에게 경제적으로 의존하는 '미성숙한 존재' 혹은 '덜떨어진 성인'으로 묘사함으로써 고용 불안 문제를 사사화(私事化)하려는 의도가 숨어 있다.

는 피터 피터슨 Peter Peterson 등 강경 재정적자 감축론자들의 주장에 공감을 표한다. 개혁적 자유주의자 liberal 카메네츠는 피터슨과 같은 긴축론자들의 보수주의적 내력과 목표를 익히 알고 있음에도 불구하고 [과거의] 재정적자 무시에 따른 후과를 의식하지 못하는 베이비붐 세대를 향한 그녀 세대의 원망에 설득력이 있음을 인정한다. 〈제대군인원호법〉 수혜자들에게는 그녀 세대의 책임으로 돌려지고 있는 고통을 분담할 마음이 없는 듯하다는 것이다. 카메네츠는 그녀 자신이나 동료들은 받지 못할 수도 있는 사회보장연금과 퇴직연금 비용을 누가 지불하고 있는가를 고려할 경우 "세대 간 분할선은 일종의 계급적 분할선"이라는 결론을 내린다.

피터슨의 〈부채를 해결하라〉 캠페인에서 시작된 미디어의 전면적 공세는 그릇된 믿음을 조장했다. 이기적인 베이비붐 세대가 몇 남지도 않은 사회복지 급부들에 대한 은퇴자들의 권리를 고수하느라 "젊은이들을 잡아먹고 있다"는 것이다. 이러한 관점에서 본다면 노인 의료보험, 사회보장연금, 공적연금 계획을 보전하려던 활동들은 〈부채를 해결하라〉 캠페인의 대변자인 월가 거물들이 저지른 경제적 강탈보다 더 해로운 결과를 초래한 셈이다. [문제의 논리에 따르면] 여하튼 간에 불황기 미국에서 자행된 진정한 불의는 65세 [이상의] 노인들이라는 모호한 집단이 총결집해서 벌인 "청년과의 전쟁"이었다!50 보전되고 있는 정부 프로그램들은 젊은 노동자들이 더는

---

50. 이에 관해서는 Stephen Marche, "The War Against Youth," *Esquire* (March 26, 2012)를 참조하기 바란다.

재원을 댈 수 없는 베이비붐 세대 "재정지원 혜택"으로 왜곡되었다. 이러한 악의적 왜곡은 그 본질상 과거 우파들이 복지 수급권과 프로그램들에 대한 지원을 대폭 삭감하는 데 써먹었던 딱지 붙이기 수법과 하나도 다를 바 없다. 1%를 향한 부의 상향적 재분배가 가장 극명한 자산 약탈 방식으로 활용되는 시기에는 보수주의자들이 과거에 흔히 세대 간 갈등을 연막술로 활용했던 이유를 쉽게 간파할 수 있다. 영리 건강보험료와 부채로 조달되는 교육비가 급등해 청년들에게 극도로 과중한 부담을 지우는 한 저 프로그램들의 재원 조달을 목적으로 하는 급여세payroll tax 51는 한 편의 촌극에 지나지 않는다. 청년들이 미래에 경제적으로 안정된 삶을 누릴 수 있는 유일한 가능성마저 사회보험료 명목으로 앗아가는 작태가 청년 빈곤화의 해법으로 제시된다는 것은 불공평하기 짝이 없는 일이다.

세대마다 짊어져야 할 부채가 따로 있다는 뜻이 아니다. 청년들이 그들의 부모나 조부모보다 경제적으로 더 불리한 처지에 놓여 있다는 사실에는 의심할 여지가 없다(물론 만성적인 젠더·인종·계급 불평등은 여전히 세대 간 불평등보다 한층 더 중요하다).52 그들은 아이폰과 페이스북 계정을 보유하고 있을지도 모른다. 하지만 바로 앞 세대와 달리 그들 대부분은 이제 적정가격[지불 가능한 가격]의 사회재에 접근하기 어렵다. 당시와 비교하면 청년들의 소득전

---

51. [옮긴이] 노동자의 급여에서 원천 징수되는 사회보장세로서 사용자도 동일한 액수를 내게 되어 있다.
52. 이에 관해서는 Tamara Draut, *Strapped : Why America's 20- and 30-Somethings Can't Get Ahead* (New York : Doubleday, 2006)를 참조하기 바란다.

망은 어둡고, 그들의 생활수준 역시 열악한 편이다. 게다가 그들의 사회적 계층이동 가능성도 줄어들었다. 결국, 청년들에게 지워진 무거운 채무 부담은 그들이 일찌감치 금융산업에 의해 종신 회전 대출자로 포획되었음을 뜻한다. 금융산업은 현재의 청년들이 고등학교에 다닐 무렵부터 줄곧 대출을 강권하면서 그들의 미래 임금을 저당 잡아 왔다. 그것으로도 모자라 금융산업은 추가적인 수익원을 발굴하기 위해 페이스북 계정을 망라한 청년들의 삶 구석구석까지 이 잡듯이 뒤져 왔다.

그러나 다른 한편으로, 부당하게 희생되면서 하나의 세대로서 갖춰야 할 통합성마저 잃어 왔다는 자각은 청년들, 특히 월가 점거운동에 참여하거나 이 운동의 영향을 받은 청년들에게 활력을 불어넣으면서 그들을 결집해 왔다. 점거운동 참여자들은 기성체제를 거부하는 이들이지만, 그들의 거부방식은 1950~60년대에 출현한 전통적인 보헤미안들의 그것과는 다르다. 1950~60년대 보헤미안들의 자발적 가난은 [18~19세기 이래의] 낭만주의적 경향에 공명하는 행동이었다. 당시의 보헤미안들은 옷차림, 화법과 같은 생활양식 표현법들을 통해 그/그녀[자신]들이 풍요의 안락함을 멀리한다는 메시지를 전할 수 있었다. 보헤미안적인 반문화의 맥을 잇는 오늘날의 인디indie 후예들도 여전히 부모 세대의 규범을 거부하는 행동에 나서고 있다. 그러나 과거의 보헤미안들과 마찬가지로 오늘날의 인디 후예들 역시 그들 자신의 대안적 규범이 신축적인 상업시장 구조 속으로 흡수되는 것을 막아 낼 수는 없다. 이와 대조적으로 "나는 빚이 5만 달러다"라는 문구가 선명하게 박힌 표지를 몸에 두르는 행동은 다른 무언가를 보여 준다. 오늘날의 청년 세대가 전혀 의도치 않은 상황, 즉 안락하고 자기만족적인 중산층의 삶으로 되돌아갈 길이 좀처럼 보이지 않는 상황에 놓여 있다는 사실 말이다. 막대한 부채를 걸머진 밀레니얼 세대의 손에는 분노, 거부, 비자본주의 경제체제로의 탈출이라는 전혀 다른 시나리오가 쥐어져 있다.

정치화된 학생 채무자들은 아마도 새로운 유형의 집단적인 사회적 행위자일 것이다. 그들은 부당이득자들의 정체를 밝히고, 법체계, 법원, 경찰, 은행가들의 수중에서 놀아나는 입법부 의원 등 채권자 계급의 이익을 보호하는 다양한 국가폭력 형태를 규명하는 데 초점을 맞추고 있다. 이 학생들의 어깨에 지워진 부채는 미래에 발휘될 그들의 노동능력과 불가분하게 연결되어 있다. 따라서 그들은 사실상 노동운동가이며, 바로 그 점에서 유구한 계보를 잇고 있는 것으로 볼 수 있다. 또한, 그들의 부채 부담은 예외 없이 부모를 비롯한 가족 구성원들과 공유되며, 그들의 경제적 책임으로 이어진다. 실제로 학자금 대출 시 부모와 조부모들이 선 연대보증은 가계부채 부담을 점점 더 노년층에 전가하는 주된 요인으로 작용함으로써 세대를 아우르는 저항의 가능성을 급증케 할 것이다. 한층 더 유망한 예측은 "청년에 대한 전쟁"이 아니라 오히려 부채의 지배에 대항해 "청년과 함께하는 전쟁"war with youth인 것이다.

5장

기후부채의 이행

난민들에게 진 부채
이행 방안들

"재정절벽"을 둘러싼 연방 의회 내의 치열한 각축이 한창일 무렵 강경 긴축론자들은 "부채 부정자"debt deniers 1라는 새로운 호칭을 만들어 냈다. 이 호칭은 [실제보다] 비관적으로 조작된 연방부채 통계를 활용해 사회지출을 삭감하려는 시도에 이의를 제기하는 의원들을 비하하기 위해 만들어졌으며, 그 후 부채한도 증액 문제를 둘러싸고 빚어진 2013년 가을 연방정부 폐쇄 사태 당시에도 티파티의 공격 수단으로 활용되었다. 이러한 꼬리표 붙이기는 공화당을 "기후변화 부정"climate denial 2이라는 가망 없는 불치병에 걸린 환자로 묘사해서 관심을 끌었던 민주당으로부터 주도권을 되찾으려는 적자 잔소리꾼들[긴축론자]의 약빠른 술수였다. 과연 어느 쪽이 더 현실을 외면한 것일까? 우파 편에 선 반과학적 군중들인가, 아니면 반대편에 있는 당[민주당]을 지지하는 사람들인가? 그들 모두에게는 쌓여가는 공적 부채가 극단적인 재정지출 삭감을 감수해야 할 만큼 명백하고 임박한 위협이 아님에도 불구하고 말이다.

두 가지 책임 전가 행위 사이에 실질적인 등가성은 존재하지 않았다. 어쨌든 경제학은 기후학과 같은 과학이 아니며, 경제학에 현재의 막대한 정부부채를 해결할 수 있는 재정적 묘책에 대한 일치된 의견 따위가 있을 리도 만무하기 때문이다. 특히 현재의 정부부채가 여전히 전능한 달러에 의해 보증되고 있다는 사실을 고려할

---

1. [옮긴이] 보수파들이 부채한도 증액을 주장하는 의원들을 공격하기 위해 "미국에는 이제 더는 부채 문제가 존재하지 않는다고 생각하는 이들"이란 의미로 붙인 호칭.
2. [옮긴이] 기후변화가 인간의 활동과는 전혀 무관한 순수 자연적 현상이라고 주장하는 보수파들의 입장을 가리킨다. 이 입장에는 과학적인 데이터조차 무시한다고 하여 '반과학적'이라는 수식어가 붙었다.

경우 더욱 그럴 수밖에 없다. "부채 부정"이라는 말을 지어낸 쪽이 CEO들의 후원 아래 사회보장연금, 노인의료보험, 저소득층·장애인 의료보호를 대폭 축소하고 기업들에 세제 혜택을 몰아주기 위해 로비 공세를 펼친 〈부채를 해결하라〉 캠페인이라는 사실도 전혀 의외가 아니다. 이러한 책임 전가는 곧바로 공직 선거 후보자들 사이의 논전에서 무기로 활용되었다. 그로버 노퀴스트가 주도한 장기간의 증세거부 서약3 캠페인이 결국 공화당 지지자들 사이에서 영향력을 잃자마자 부채 해결이라는 원리주의는 보수주의자들의 새로운 신조로 자리 잡았다.

연방 의회 내의 화려한 정치적 언행에서 고탄소 배출국들이 기후변화로 심각한 피해를 본 빈국들에 진 부채에 관한 언급은 이상하리만큼 찾아보기 어렵다. 미국 정계는 재정적인 문제로서는 복잡할지 모르나 도덕적으로는 명확한 기후부채라는 용어를 아직도 공식적으로 사용하지 않고 있다. 그로 인해 이 용어의 정당한 지위 인정을 위한 고투는 지금도 계속되고 있다. 이러한 채무를 온전히 인정할 경우 불가피하게 몇 가지 불편한 진실과 대면하게 된다. 예컨대 미국인들의 높은 생활수준이 다른 지역의 희생, 궁핍화, 생태계 파괴에 의존하고 있다는 사실이 그러하다. 그 결과 기후변화의 심각한 위협에 관한 여론을 선뜻 수용하는 사람들 사이에서조차 기

---

3. [옮긴이] 그로버 노퀴스트(Grover Norquist)는 〈세제 개혁을 위한 미국인들의 모임〉(Americans for Tax Reform)이라는 단체의 지도자다. 이 단체는 높은 세율로 인해 고용이 증가하지 않고 경기침체가 지속된다는 논리를 내세워 일체의 세금인상에 반대하는 주장을 펼치고 있다.

후부채를 부정하는 분위기가 고조되고 있다. 기후부채가 타당한 근거를 지닌 부채이며, 따라서 우리가 정말로 이행해야 할 채무라면, 그러한 채무 이행의 책임을 져야 할 당사자는 정확히 누구이며, 채무 규모는 어떻게 산정될 수 있는가? 기후부채가 불균등발전의 산물이라는 사실로부터 반드시 그 상환 책임이 국가들 사이는 물론 국가들 내부에서도 [각자에게 응분의 부담을 지운다는 원칙에 따라] 공정하게 배분될 것이라는 가정을 끌어낼 수 있는가? 기후부채가 완전히 상환되더라도 누가 그 이득이 [기후변화로 인해] 가장 절박한 처지에 놓인 사람들에게 돌아가도록 보장할 수 있는가?

2013년 현재 전 세계를 주도하는 국제 금융기구들도 기후 위험을 인정하고 있다. IMF 총재 크리스틴 라가르드Christine Lagarde는 다보스 세계경제포럼 연설에서 기후변화를 "21세기의 가장 엄중한 경제적 과제"로 규정하면서 "환경적 지속 가능성을 고려하는 녹색성장"을 선전하는 데 열을 올렸다. 더 나아가 그는 "탄소가격제의 즉각적인 도입과 화석연료 보조금의 폐지"를 주장했다. 세계은행 김용 총재는 충격적인 2012년 세계은행 보고서 『지구 온도 낮추기』 *Turn Down the Heat*의 발간을 언급하면서 "지구 온도가 4도 상승하는 상황은 막을 수 있으며, 막아야 한다. 상승치는 최대 2도 이하로 유지되어야 한다."고 주장했다. 이어서 그는 "우리에게는 미래 세대, 특히 최빈곤층을 위한 행동을 취해야 할 도덕적 책임이 있다"고 역설했다.[4]

---

4. Potsdam Institute for Climate Impact Research and Climate Analytics, *Turn*

사실상 IMF와 세계은행 모두 기후변화 효과가 세계의 최빈곤
층 인구 일부에 가장 심각한 타격을 입힐 것이며, 더 나아가 지속
가능한 발전이라는 자신들의 전망마저 위험에 빠뜨리리라는 점을
전적으로 인정한 것이다. 그러나 두 기관 가운데 어느 쪽도 부국들
을 향해 기후변화로 이미 타격을 받은 개발도상국들에 진 기후부
채를 상환하라는 압력을 가하기는커녕 상환을 권고하려는 노력조
차 기울이지 않고 있다. 남반구 국가들을 부채의 함정으로 몰아넣
은 IMF와 세계은행의 오랜 역사를 고려해 볼 때, 기후부채 문제에
서처럼 채권자-채무자의 관계[지위]가 뒤바뀐 경우에도 저들에게
서 그 정도의 성의 있는 행동을 기대하는 것 자체가 무리인지도 모
른다. "부정"이라는 저 용어가 바로 여기서 작용하는 구조적 저항의
성격을 묘사하기에는 부족할 수도 있다. 하지만 기후부채 상환을
기피하는 성향이 완강하게 저항하고 있는 국제금융계 구성원들의
울타리를 훨씬 넘어서 있다는 사실만큼은 분명하다.

부채의 덫은 널리 알려진 대로 1970년대 이래 시행되어 온 구조
조정과 같은 신자유주의 정책들의 결과물이지만, 직접적으로는 수
세기에 걸친 식민지 수탈 과정에서 확립된 경향들에 기초를 두고

Down the Heat: Why a 4°C Warmer World Must be Avoided, World Bank Work-
ing Paper 74455 (Washington DC: World Bank, December 19, 2012), accessible
at http://climatechange.worldbank.org/sites/default/files/Turn_Down_the_
heat_Why_a_4_degree_centrigrade_warmer_world_must_be_avoided.pdf; 그리
고 *Turn Down the Heat: Climate Extremes, Regional Impacts, and the Case for
Resilience* (Washington DC: World Bank, June 2013), accessible at http://docu-
ments.worldbank.org/curated/en/2013/06/17862361/turn-down-heat-climate-
extremes-regional-impacts-case-resilience-full-report.

있다. 프랑스 정부가 [자국 출신] 노예소유주들이 상실한 "재산"에 대한 보상 명목으로 1825년부터 1947년까지 매년 아이티에 부과한 변상금은 채무상환이 어떤 식으로 징벌 메커니즘 및 통제수단으로 운용되는지를 보여주는 가장 인상적인 사례다. 벌처펀드들(도니걸 인터내셔널Donegal International, 엘리엇 매니지먼트Elliott Management, 에 프지 해미스피어FG Hemisphere)이 법률적 쟁송의 당사자로 나설 수 있는 오늘날에는 한층 더 약탈적인 국가부채 처리방식이 빈번하게 활용되고 있다.5 벌처펀드들은 금융업계 내에서도 천덕꾸러기로 간 주될 만큼 극도로 타락한 사모펀드나 헤지펀드들이다. 문제의 펀드 소유주들은 채무불이행국들의 부실 국채를 채권 유통시장에서 폭 락한 시세로 매입한 다음 해당 국가들의 경제가 회복되면 런던 및 뉴욕 소재 법원에 액면가대로 상환할 것을 요구하는 소송을 제기 한다.

이러한 벌처펀드들의 약탈 행위는 식민지 시대 남반구에서 자 행된 자원 수탈을 상기시킨다. 실제로 대다수 분석가는 개발도상 국들에 대한 북반구의 생태부채 상환 책임이 바로 저 약탈 방식에 서 비롯된 것으로 보고 있다. "생태부채"는 칠레의 〈정치생태학연구 소〉가 1992년 리우 지구정상회의Earth Summit in Rio de Janeiro에 대비하 는 과정에서 최초로 제시한 개념이다. 이 개념은 남반구 국가들이 이전 30여 년 동안 누적된 외채를 전액 상환해야 하는지에 관한 논

---

5. [옮긴이] 강도 높은 구조조정이나 회계 조작을 통해 염가로 인수한 부실 자산의 장부 가치를 높인 다음 되팔아서 막대한 차익을 실현하는 기금 또는 회사.

의의 골자를 제공하기 위해 구상되었다. 남반구 국가들이 외국 채권자들에게 지고 있는 이 부채들은 초기 식민화 이래로 줄곧 환경적 악영향을 끼쳐 온 북반구의 채무와 어떻게 비교되었는가? 남반구가 주장한 생태 채권자로서의 청구권은 [남반구 국가들에] 채무 상환을 요구한 북미와 유럽 은행들의 재정적 권리만큼 분명한 근거를 지녔던가? 누가 누구에게 무엇을 빚진 것인가? 빈국들에 지워진 "더럽고" 부당한 채무에 대한 탕감 문제를 둘러싸고 남반구 주빌리 운동 내부에서 뒤이어 벌어진 논쟁 역시 구조조정이 진행된 최근의 탈식민 시기보다 훨씬 더 오래전에 형성된 바로 저 생태적 배경의 영향을 받았다. 다수의 논자는 근래의 고금리 외채 상환 의무가 더 먼 과거에 연원을 둔 도덕적·경제적 채무와 비교·검토되어야 하며, 양자의 지불액을 공정하게 평가해서 상계하기만 한다면 모든 외채는 탕감될 것이라고 주장했다.[6]

그렇다 하더라도 생태부채의 모든 요소가 쉽게 수량화될 수 있는 것은 아니다. 생태부채는 채굴산업extractive industry으로 인한 순자원약탈과 그 부수물인 일체의 공해 및 생물 다양성 훼손에서 노예무역과 식민전쟁에 따른 인구감소까지를 포괄한다. 게다가 생태부채의 범위는 오늘날 식물과 농업으로부터 유전자 자원을 약탈하는 생물 해적 행위로까지 확장되고 있다.[7] 이 모든 피해를 수

---

6. 이에 관해서는 Andrew Simms, Aubrey Meyer, Nick Robbins, *Who Owes Who?:Climate Change, Debt, Equity and Survival* (London:Christian Aid, 1999)를 참조하기 바란다.

7. Joan Martinez-Allier, *The Environmentalism of the Poor:A Study of Ecological Conflicts and Valuation* (New York:Edward Elgar, 2002).

량화하기는 어렵지만, 탄소부채의 경우 대기 중 탄소 방출량 추정치를 근거로 더욱 신뢰할 만한 측정이 가능하다. 오늘날 기후부채로 알려지게 된 것에 대한 주된 상환 요구 수단으로 2000년대에 등장한 것이 바로 이 생태적 의무사항으로서의 탄소배출량 할당제 carbon-specific portion였다. 기후부채는 탄소를 다량으로 배출하는 산업화의 수혜자들이 지고 있는 도덕적 채무일 뿐만 아니라 어느 정도 정확하게 계산할 수 있는 부채이기도 하다.

실제로 1750년 이후의 화석연료 사용으로 인한 이산화탄소 오염에 대한 국가별 책임 몫은 정확하게 나눌 수 있다. 2008년 미 항공우주국 기후학자 제임스 핸슨James Hansen은 호주의 순 탄소배출량을 감축하라는 요구를 지지하기 위해 케빈 러드Kevin Rudd 총리 앞으로 보낸 공개서한에서 국가별로 분류된 책임 몫을 적시했다. 핸슨의 추정치에 따르면 역사적으로 누적된 미국의 탄소부채는, 1인당 의무할당액으로 계산할 경우 영국의 33,307달러보다 적은 31,035달러에 그쳤지만, 총 탄소부채의 27.5%를 차지했다. 그 뒤를 이어 독일과 호주가 각각 27,856달러와 24,265달러로 3, 4위를 기록했다.[8] 탄소 오염의 화폐 평가액은 대체로 이산화탄소 1톤당 100달러, 즉 현재의 에너지 시장에서 경쟁을 통해 결정되는 풍력발전 비용과 비슷한 수준이다. 이러한 탄소가격 책정 기준을 따를 경우, 기

---

8. James Hansen, "Letter to Kevin Rudd" (March 27, 2008), accessible at http://www.aussmc.org.au/documents/Hansen2008LetterToKevinRudd_000.pdf. 핸슨의 분석은 미 에너지국 산하의 이산화탄소 정보분석 센터가 제시한 추정치에 근거를 두었다.

후채무국 목록 최상단에 위치한 미국(9조 7천억 달러), 그 뒤를 잇는 독일(2조 3천억 달러)과 영국(2조 1천억 달러) 등 북반구 선진공업국 모두는 순 기후부채를 지고 있다. 순 기후채권 국가들 가운데 1위는 인도이며, 상환받아야 할 액수는 6조 5천억 달러에 이른다. 채무이행에 대한 북반구 국가들의 반발은 종종 남반구 고도성장 국가들이 신고한 대기 중 배출물질 속의 수은 함유량 증가를 들먹이는 것으로 표출된다. 예컨대 중국의 경우를 보면 2007년 들어 미국을 제치고 세계 최대의 이산화탄소 배출국 자리에 올랐다는 것이다. 그렇지만 역사적으로 누적된 탄소부채 평가 결과는 중국이 2조 3천억 달러에 달하는 순 기후채권 보유국임을 보여준다.[9]

이처럼 엄밀한 측정치에 대한 신뢰는 부국들의 책임을 묻는 운동의 자신감을 높여 주었다. 지구 대기의 온난화가 빈국들과 이 국가들의 주변 집단 marginal populations 대부분에 이미 심각한 손해를 끼쳤음을 보여주는 기록상의 증거들 또한 기후부채 상환 요구에 힘을 실어 주었다. 이러한 온난화의 영향은 빙하·영구동토층·빙상 융해로 인한 막대한 양의 담수 손실, 토양 염류화와 사막화, 열대우림의 고사, 서식처 악화와 해안 범람, 생물 종의 대량 감소와 산호 부식, 곡물 수확량 감소 등으로 나타난다. 기후정의 주장은 〈기후 변화에 관한 국제연합 기본협약〉United Nations Framework Convention on Climate Change, UNFCCC 협상 절차를 매개로 국제협약 체결의 무대로

---

9. 이러한 평가는 다음의 문헌에서 확인할 수 있다. *Climate Debt, Climate Credit,* accessible at https://sites.google.com/site/climatedebtclimatecredit/net-climate-debt.

진입하면서 생존 자체를 위협받는 주민들, 특히 전 국토가 수몰될 위기에 놓인 저지대 도서국가 주민들을 대변하는 강력하고도 인상적인 요구들로 발전했다. 50개 이상의 개발도상국이 〈군소 도서국가연합〉, 49개 최빈국을 대표하는 최빈개발도상국 그룹과 연대해 갖가지 방식으로 기후부채 상환 압력을 가했다.

이러한 요구는 1997년 〈교토의정서〉가 국가 간의 "공통적이면서도 차별화된 책임"이라는 개념을 규준으로 확정함에 따라 법적인 근거를 획득하게 되었다. 지금은 대기가 생물권 공유자산 biosphere commons의 일부로 간주되지만, 〈교토의정서〉 양허안은 [채택 당시에] 몇몇 국가들이 이미 지구 대기를 지속 가능한 수준으로 유지할 수 있는 탄소예산 대부분을 소모해 버렸다는 사실을 자인한 바 있다. 하지만 기후 활동가들은 2008년 코펜하겐 기후변화 정상회의를 앞두고서야 [기후]부채정의debt justice에 관한 요구를 전면적으로 제기하기 시작했다. 미 국무부 수석 협상대표 토드 스턴Todd Stern은 각국 정상들 앞에서 과거에는 예상할 수 없었던 문제로까지 소급해서 미국에 책임을 지우려는 발상을 거부한다는 성명을 발표했다. 이 성명서의 의도는 기후 배상안이 포함된 모든 협약 체결 움직임에 선제공격을 가하는 데 있었다. 그는 다음과 같이 단언했다. "산업혁명 이후 거의 200여 년 동안 요행히도 사람들은 탄소배출이 온실효과를 야기한다는 사실 따위는 까마득히 모른 채 거리낄 것 없이 살아왔다. 온실효과는 비교적 최근의 현상이다." 〈국제연합 정부 간 기후변화위원회〉IPCC의 제1차 조사 보고서에 의해 대기중 이산화탄소[농도]와 기후변화 간의 연관성이 입증된 1990년 이후의 배출량을 기준으로 삼는 이러한 관점에 입각할 경우 기후부채 상환을 요구할 기회는 훨씬 더 제한될 것이다. 이러한 시간적 범위의 축소로 인해 협상의 근거인 생태부채(불균등한 탄소배출량)가 최적의 정량화를 통해 할당되기 어려워지라는 점은 거의 분명하다. 그런데도 주요 탄소 대국들 모두는 2008년 정상회의에서 결의된 한층 더 제한된 책임조차 인정하지 않았다.

〈코펜하겐 기후변화회의〉가 법적 구속력을 지닌 탄소배출 감축안에 대한 합의를 전혀 이끌어 내지 못하자 풀뿌리 활동가들은 이듬해 볼리비아 꼬차밤바에서 열린 〈기후변화 세계민중회의〉를 통해 그들의 아이디어와 열정을 쏟아내었다. 당시 기후부채는 수많은 실무그룹 사이에서 이루어진 논의의 최대 관심사였다. 특히 〈기후정의 재판소 그룹〉Climate Justice Tribunal Group은 "작위든 부작위든 오염을 유발하고 기후변화를 초래하는 국가, 기업, 개인들을 제재·심판·처벌할 수 있는 법적 구속력을 지닌 〈국제 기후환경정의 재판소〉의 창설"을 구상했다. 국제 재판관할권과 재판권을 보유한 그와 같은 기관을 설립하려는 시도는 국민국가 시스템에 부속된 대의기구들이 합당한 조치를 취하지 않는 데다 다국적 기구와 초국적 기업들의 생태범죄를 심판할 법원마저 전혀 존재하지 않는 상황에 맞서기 위한 정당하고 자율적인 대응으로 간주되었다. 민중회의 폐막에 즈음해 기후정의에 입각한 재분배 원칙이야말로 광범위한 사회운동을 조직화하려는 노력을 조율하기에 가장 적합한 틀이라는 합의가 이루어졌다. 꼬차밤바 선언문 최종안은 북반구의 기후부채 상환이 "기후변화에 대한 공정하고, 효과적이며, 과학적인 해법을 도출하기 위한 기본원칙"임을 분명히 했다.

　이 세 가지 조건 가운데 공정성은 꼬차밤바 민중회의에서 도출된 가장 중요한 성과였다. 하지만 "효과적" 혹은 "과학적" 방안으로 그럴듯하게 제시되어 검토를 거치고 있는 또 다른 해법들도 있다. 해양 철분 살포, 클라우드 화이트닝cloud whitening, 황 연무제sulfur aerosols를 활용해 태양복사를 굴절시키는 우주 차양space sunshading 등의 대규모 지구공학적인 계획들은 효과적이거나 과학적일지도 모른다. 전면적인 거래가 이루어지는 탄소배출권 시장("대기의 사유화")이라는 재정적 메커니즘이나 열대우림의 보존으로 확보한 탄소배출권을 오염 유발자가 구매할 수 있도록 규정한 유엔의 〈산림 전용 및 황폐화로 인한 온실가스 배출량 감축 방안〉REDD과 같은 상쇄 프로그램이 효과적이거나 과학적일 수도 있는 것처럼 말이다.[10] 그러한 해법들 각각은 대기 중 탄소 함유량을 전반적으로 감축시키는 데 도움이 될지도 모른다. 하지만 그중 어느 것도 민주적 경로를 밟지 않고 있다. 문제의 해법들은 기후변화로 가장 혹심한 피해를 본 사람들은커녕 주권을 보유한 시민의 동의나 참여도 없이 "전문가"들에 의해 교묘하게 고안된 엘리트적인 선택지 또는 기술 관료적인 선택지에 불과하다. 이 같은 해법들은 대규모 오염 유발자들의 행위에서 어떠한 변화도 이끌어 내지 못하며, 탄소를 다량 배출하는 인구집단의 채무이행을 강제할 수도 없다. 게다가 기

---

10. Eli Kintisch, *Hack the Planet : Science's Best Hope — or Worst Nightmare — for Averting Climate Catastrophe* (New York : Wiley, 2010).

후변화의 피해자들에 대한 즉각적인 구호 조치마저 제공하지 못하고 있다. 이 해법들 대부분은 (파국적인 생태계 훼손이라는 형태로든 시장실패라는 형태로든) 상당한 정도의 기술적 위험성을 동반한다. 더 나아가 이 모든 해법은 저개발국에 부당하게 많은 탄소예산이 배정되었다는 비난을 가하는 생태적 아파르트헤이트 경향의 위세를 높여 줌으로써 기존의 불평등 양상을 강화할 것이다.

　오로지 시장에 기초한 다른 해법들도 마찬가지로 비민주적인 결과를 가져올 것이다. 예컨대 녹색 자본주의 혹은 자연 자본주의의 지지자들은 OECD 가입국의 성인 인구 20%를 차지하는 로하스 Lifestyles of Health and Sustainability, LOHAS 소비자 시장 부문에만 초점을 맞추는 경향이 있다. 이미 다양한 친환경 제품군을 접하고 있는 부유층을 겨냥해 녹색 기기들을 시장에 내놓을 경우 그들의 탄소발자국 carbon footprint 11 총량은 줄일 수 있을지도 모른다. 그러나 이러한 제품들을 사용한 탄소 배출량의 감축보다는 이윤에 급급해 여전히 기본적인 사회적 필요조차 충족하지 못하고 있는 (OECD 가입국들의 성인 80%까지를 포함한) 그 외의 모든 소비자를 무시하는 태도가 더 문제시되어야 할 것이다. 친환경적인 부유층의 즉각적인 결론은 녹화된 고립적 거주지역 enclave 혹은 요새화된 자원집중형 고립지대 resource islands로의 이주를 택하는 쪽일 것이며, 이 장소들은 인간과 자연이 희생되고 있는 저 유명한 빈민가 구역들로

---

11. [옮긴이] 인간의 활동이나 상품의 생산·소비 과정에서 직간접적으로 발생하는 이산화탄소의 총량.

부터 보호되고 격리될 것이다.

고립적 거주지역이라는 시나리오는 오늘날 대부분의 대도시에서 이미 가시화되고 있다. 대도시들에서는 (탄소부채라는 뒤바뀐 조건 아래에서) 채권자에 해당하는 사람들이 도심 혹은 내부 교외 지역에 갇히거나, 서브 프라임 모기지 대출 "자격을 얻기 위해 떠밀려 갈" 수밖에 없었던 도시 변두리의 주택 압류 지대에서 오도 가도 못하고 있다. 생활 편의 시설, 생활임금을 제공하는 일자리, 영양분이 풍부한 식품에 접근할 수 없는 상태로 유독성 폐기물 처리 지역과 유해산업의 잔재에 노출되어 있는 그들은 지난 수십 년간 더 부유한 생태 채무자들의 요구에만 편향적인 관심을 기울여 온 도시 정책의 희생자들이다. 서비스업에 종사하는 미등록 이주 노동자들이 처한 상황은 열악한 도시 생태와 요새화된 엘리트들의 환경 사이에 존재하는 격차를 훨씬 더 뚜렷하게 보여준다. 값싸게 부리다 손쉽게 버릴 수 있는 노동력으로 활용하려는 수요가 있을 때조차도 구금을 거쳐 추방되고 있는 오늘날의 수많은 초국적 이주민들은 사실상 기후난민이며, 따라서 당연히 생태 채권자들이다. 그들이 돌려받아야 할 빚은 무엇이며, 그러한 채무는 어떤 식으로 이행되어야 하는가?

난민들에게 진 부채

기후변화로 인해 자신들의 땅에서 내쫓기고 생계수단을 빼앗긴 환경 이주민들의 역경은 생태부채의 또 다른 구성요소다. 이 요소는 코펜하겐 회의를 통해 거의 주목받지 못했다는 바로 그 사실 때문에 꼬차밤바 회의에서 집중적인 조명의 대상이 될 수 있었다. 환경 난민들은 기후변화의 영향을 가장 명백하게 보여주는 인적 증거다. 환경 난민의 수는 2000년 당시 전 지구적으로 수천만에 달했으며, 2006년 〈유엔 정부 간 기후변화위원회〉에 제출된 스턴 보고서Stern Report와 그 밖의 자료들은 기후변화로 인해 2050년까지 2~10억 명에 이르는 이주민이 발생할 것으로 예측하고 있다.[12] 2010년 적십자사는 기후 이주민들의 수가 전쟁과 폭력 사태로 인해 발생한 난민들의 수보다 훨씬 더 많을 것으로 추정한 바 있지만, 지금까지 체결된 어떠한 국제협약도 기후 이주민들의 요구와 권리를 인정하지 않고 있다.[13] 표준화된 법적 인정이 반드시 그들의 곤경을 해결하리라고 볼 만한 근거도 확실치 않다. 그러한 법적 인정은 또 다른 이등 이주민 지위를 만들어 내는 데 그칠지도 모른다. 기후 이주민들을 난민 수용소와 외국인 보호소라는 구금 장소에 묶어 두

12. 1억 5천만 명이라는 추정치는 다음의 책에서 처음 제시되었다. Norman Myers and Jennifer Kent, "Environmental Exodus:an Emergent Crisis in the Global Arena" (Washington DC:Climate Institute, 1995); 그리고 Myers, "Environmental Refugees:Our Latest Understanding," *Philosophical Transactions of the Royal Society*, Vol. 356 (2001), pp. 16.1~16.5. 2006년 영국 정부의 요청에 따라 경제학자 니콜라스 스턴이 작성한 「스턴 보고서」(The Stern Review:The Economics of Climate Change)는 그 추정치를 2억 명으로 잡고 있다. 또한, Environmental Justice Foundation, *No Place Like Home:Where Next For Climate Refugees?* (London:Environmental Justice Foundation, 2009)도 함께 참조하기 바란다.
13. International Federation of Red Cross and Red Crescent Societies, *World Disasters Report* (2010).

거나, 그렇지 않은 경우라 하더라도 임시비자 발급 대상자라는 영원히 빠져나올 수 없는 신분으로 전락시킬 수 있다는 것이다.

그렇더라도 이들 이주민은 기후부채가 빚어낸 딜레마의 생생한 체현자들이다. 그들 대부분은 국경을 넘는 데 들어간 제반 비용과 취업 알선 수수료로 인해 개인 부채에 얽매인 채 반半기한부 노예 상태로 [수용국에] 도착한다. 하지만 기후 이주민들이 필수적인 서비스 제공을 굳이 요구하려 들지 않더라도 수용국의 전체 주민들은 기후 채무자로서 이미 그들에게 갚아야 할 빚이 있다. 기후 이주민들은 탄소를 다량 배출하는 생활양식을 영위함으로써 자신들의 토지와 생계수단을 박탈한 수용국의 주민들에게 그에 대한 배상으로 어떠한 권리와 재원을 요구할 수 있는가? 최소한 이주자들에게 피난처와 [재난대책 차원의] 시민보호 수단이 제공되어야 한다는 것은 분명하다. 그러나 향후 그들을 위한 또 다른 형태의 배상 방안이 논의되어야 마땅할 것이다.

1980년대 들어 미국 교회들은 피난권[성소 비호권]이라는 오랜 종교적 권리를 되살려 내었고, 이 권리는 로널드 레이건이 중미 지역에서 벌인 전쟁으로 인해 발생한 난민들에게까지 확장되었다. 2000년대 들어 강제추방에 직면한 이주자들을 보호하기 위한 "신 피난처 운동"New Sanctuary Movement이 출현하자 주 차원의 반발이 조장되었다. 2010년 애리조나 주의 악명 높은 반이민자법인 〈SB 1070〉은 주 내의 도시가 피난처로 제공될 수 없도록 규정했다. 곧이어 다른 주들에서도 모방적인 법제화의 물결이 일었다. 1070 법안은 피난처 도시들에서 정착되어 온 관례대로 주민에 대한 이민자

신분 확인을 금지하기는커녕 오히려 시 공무원과 경찰의 이민자 신분 확인을 의무 사항으로 명시했다. 기후정의의 관점에서 보면 애리조나 주가 이처럼 이민자 배척 정서의 중심지로 떠오른 것은 주목할 만하다. 어쨌거나 애리조나 주 대부분은 북반구에서 가장 급속하게 기온이 상승하고 건조해져 가는 기후변화의 중심지이기 때문이다. 물론 온난화가 국경 앞에서 멈출 리 없다. 강우량 감소에 따른 멕시코 북부 지역의 토양침식도 심각해져 왔다. 게다가 관련 연구들은 금세기 말이면 이 지역의 강우량이 70%나 감소할 것으로 예측하고 있다. 국경을 넘어 애리조나로 향하는 멕시코인들 상당수는 자신들의 토지와 생계수단으로부터 내쫓긴 사람들이다. 따라서 그들은 당연히 기후 이주민으로 간주되어야 한다.[14] 조 아르파이오 Joe Arpaio가 보안관직을 맡고 있는 마리코파 카운티의 앵글로 색슨계 가혹행위자들 역시 기후부채를 지고 있다.[15] 비록 간접적일지라도 피닉스시 상공으로 배출된 탄소가 이들 이주민의 이동을 촉발했기 때문이다. 국경을 넘는 기후 이주민들과 자녀들은 머잖아 독립 이후의 옛 식민지인들이 런던, 파리와 같은 도시에 정주하면서 제기했던 다음과 같은 항변을 탄소 문제에 민감한 그들 자신의 판

---

14. Andrew Ross, *Bird on Fire : Lessons from the World's Least Sustainable City* (New York : Oxford University Press, 2011).

15. [옮긴이] 조 아르파이오는 불법적인 방법을 동원한 이주자 단속, 구금자에 대한 인권유린과 가혹 행위, 히스패닉 운전자에 대한 표적 단속으로 악명 높은 애리조나 주 마리코파 카운티의 치안 책임자다. 2014년 이주자 인권단체에 의해 공권력 남용 혐의로 피소된 상태에서도 오바마의 이민개혁 행정명령이 미국 헌법에 반한다는 이유로 소송을 제기할 만큼 투철한 보수 성향의 인물이다.

본으로 만들지도 모른다. "당신들이 거기에 있었으니, 지금 우리가 여기에 있는 것이다."

무장된 미국 국경지대에서 벌어지는 이주를 둘러싼 격렬한 싸움은 다가올 "기후전쟁"의 조짐이다. 기후전쟁이 현실화되면 지구 온난화 위험은 사실상 부유한 국가와 생태 도피처 지역의 보호에 초점을 맞춘 이주정책을 구체화하는 데 활용될 것이다. 급속하게 녹화되고 있는 북미의 고립적 거주지역들과 유럽 요새Fortress Europe 내에서는 국외자들에게 피난처를 제공하려는 발상에 대한 강한 거부감이 지배적인 심리적 경향으로 나타나고 있다. 아마도 이 고립적 거주지역들은 보물창고, 즉 위험한 시기가 닥쳐오면 은닉되거나 비축되었다가 위기를 넘긴 엘리트들의 요구에 따라 추후 반환되던 재화 저장고의 현대판일 것이다. 오늘날의 보물창고들은 화폐 형태의 부 이외에도 다양한 종류의 물적 자산, 에너지 및 커뮤니케이션 기반시설, 기술적 노하우를 망라한다. 여기에는 금융부채를 통해 미래의 임금에 대하여 행사할 수 있는 계약상의 청구권 또한 포함된다. 거의 모든 엘리트가 철통같이 경비되고 외부로부터 차단된 토지에 자신들의 긴급 구난을 위한 방주를 건설하고 있다. 많은 경우에 그들은 최상의 도피처를 확보하기 위해 여러 나라에서 그러한 공사를 벌이고 있으며, 이미 사설 소방대원·경찰·의료진·기술인력을 제공하는 맞춤형 서비스를 이용해 왔다.

자원집중형 고립적 거주지역은 북반구 국가들의 '국경의 정치'에 한정된 모델이다. 그러나 이 모델의 배타주의적인 성향은 저 국경들의 내부에서도 대도시 권역을 가로지르는 극명한 분리를 보여주는

2012년 11월 허리케인 샌디로 폐허가 된 해안가 (사진 제공:MTL)

생태적 아파르트헤이트의 양상으로 나타난다. 기후변화가 불러온 허리케인 카트리나와 초대형 태풍 샌디 급 재난들은 도시 내의 불균등한 피해를 잘 보여준다. 최소 자산을 보유한 주민들은 집중적인 피해를 보았지만, 다른 주민들은 무사했다. 게다가 이러한 재난들이 발생할 때마다 기후 이주민들은 계속해서 생겨났다. 그로 인해 수천 명의 주민이 단기간이 아니라 영원히 그들의 집과 공동체에서 쫓겨났다. 개인 운송수단을 보유한 주민들은 허리케인 충격이 빚어낸 가혹한 국면을 피해 갈 수 있었다. 대피할 방법을 찾지 못한 주민들은 전기가 끊기고 식량도 바닥나 버린 황폐해진 위험 지역에 갇혀 버렸다. 각자의 집과 아파트에 감금된 죄수 신세가 되어 버린 그들은 주 정부로부터 긴급구조를 받을 기회마저 박탈당했다. 미디어의 24시간 특집 보도는 뉴스거리가 전환되기 전까지 온 세계가 허리케인 이재민들의 곤경에 주목하도록 만들었다.

　허리케인 샌디는 아이티, 쿠바, 바하마, 자메이카, 푸에르토리코에도 참상의 흔적을 남기면서 수많은 사망자를 낳았으며, 아이티에서만 농작물의 70%에 치명적인 피해를 안겨 주었다. 그러나 세계는 부유한 도시, 특히 홍수로 인해 금융가 일부가 침수된 뉴욕처럼 극적으로 비칠 만한 도시의 재난에 훨씬 더 많은 관심을 기울였다. 이런 식의 재난 보도는 롤랜드 에머리히Roland Emmerich 감독의 2004년도 작 〈투모로우〉와 같이 예기치 못한 기후변화로 갑작스럽고 맹렬하게 밀어닥친 할리우드판 생태 대재앙 영화의 설정(이 영화 속에서 뉴욕은 여러 차례 물에 잠긴다)과 흡사했다. 이보다 훨씬 더 천천히 악화되어 가는 우리 일상의 생태적 재앙은 장대한 재난 영화의 대본은 고사하고 주요 뉴스거리도 되지 못한다. 그러나 기록으로 입증된 인위적 지구 온난화의 결과들은 빙하·툰드라 영구동토층·해빙海氷의 지속적인 후퇴, 해양 산성화·토양 염류화·사막화, 서식처 악화·육지 침수·초장기 가뭄·식량안보 능력 감퇴·대량멸종, 그리고 한층 더 빈발하고 있는 기상 이변으로 인한 피해까지를 망라한다. 입수 가능한 증거들 전부는 이러한 온난화의 영향들이 꽤 오랫동안 지속되어 왔으며, 일부 영향들은 예상보다 훨씬 더 빠르게 진행 중임을 보여주고 있다. 그러나 이러한 생태적 악화는 아직 대중들의 머릿속에 재앙으로 각인될 정도로 급격하게 진행되지는 않고 있다.[16]

---

16. Rob Nixon, *Slow Violence and the Environmentalism of the Poor* (Cambridge,

기후 이주민 자신들도 비슷한 상황에 놓여 있다. 이들은 이동 시에만 주목받으며, 부국들로 월경할 때에만 뉴스거리가 되거나 여론을 환기한다. 예컨대 중국에는 점증하는 가뭄, 홍수, 해안 침식, 해수 범람, 히말라야의 융빙, 이동경작지대shifting agricultural zone로 인해 쫓겨난 수백만 명의 내지內地 기후 이주민들이 있다. 하지만 이들은 자국 내 기후 이주민으로 인정받지 못하거나 경제적 이주민들과 구분되는 특정 범주의 주민으로 간주되지 않는다. 기후변화는 이러저러한 이유로 이동할 수 없는 세계 곳곳의 주민들에게도 영향을 미치지만, 그들 역시 기후 피해자로 인정되거나 산입되지 않는다. 그들은 오직 쫓겨나 가시적인 난민이 될 때만 기후 피해자로 간주된다. 이동하는 주민들은 사회적이거나 정치적인, 아니면 기껏해야 인도주의적인 문젯거리 정도로 인식되기 때문이다. 다른 제도적 기관들은 노골적으로 이들을 위협으로 규정한다. 2010년에 제출된 펜타곤의 『4개년 국방 검토보고서』Quadrennial Defense Review는 전략적 위협 평가에 처음으로 기후변화를 포함했다.[17] 그러나 2003년의 국방부 연구보고서에는 이미 다음과 같은 경고가 분명히 적시되어 있었다. "절박한 처지에 놓인 사람들이 자신들의 상황에 맞도록 개조할 수 있는 자원을 보유한 미국과 같은 지역에서 더 나은 삶의 기회를 얻고자 하는 한 기후변화는 대규모 이주를 유발할 정도로 매

Mass.: Harvard University Press, 2012); Frederick Buell, *From Apocalypse to Way of Life: Environmental Crisis in the American Century* (New York: Routledge, 2003).

17. U.S. Department of Defense, *Quadrennial Defense Review* (2010), accessible at http://www.defense.gov/qdr.

우 심각한 문제가 될 수도 있다."[18]

수많은 사람을 한꺼번에 거주지에서 몰아내는 재난은 종종 가장 고귀한 공통의 인간애를 발현시킨다. 레베카 솔닛Rebecca Solnit의 『지옥 속에 세워진 낙원』A Paradise Built in Hell은 대참사 직후에 나타난 놀라운 이타주의에 관한 다수의 사례 연구를 제공한다. 피해를 본 지역사회들은 타락하고 반사회적인 행동보다 사회적 협력에 더욱 기꺼이 의지했다. 그녀는 이렇게 썼다. "재난은 그 자체로는 끔찍하지만 때로는 낙원으로 들어가는 뒷문이 된다. 그곳에서 우리는 우리가 바라는 사람이 되고, 갈망하는 일을 하며, 각자는 우리의 형제자매를 지켜주는 사람들이 된다."[19] 이처럼 우애의 보살핌이 보존되는 지역들이야말로 솔닛과 같은 아나키스트들이 구현하고자 하는 자기조직화의 근거가 된다. 생존자들은 대개 외부인의 도움을 받아 재난을 입은 공동체를 재건하는 과정에서 연대를 배우고 실현한다. 그들은 이웃뿐만 아니라 과거의 경쟁 상대들과도 새로운 공동 이해를 구축하고 표피적일 수도 있었던 이전의 비공식적 유대와 교우交友의 연결망을 강화한다. 다시 말해 함께 겪은 역경의 트라우마는 사회적 삶을 재생할 새로운 길을 여는 데 도움이 될 수 있다는 것이다.

---

18. Peter Schwartz and Doug Randall, *An Abrupt Climate Change Scenario and Its Implications for United States National Security* (Emeryville, CA: Global Business Lab, 2003).

19. Rebecca Solnit, *A Paradise Built in Hell: The Extraordinary Communities That Arise in Disaster* (New York: Viking, 2009), p. 3[레베카 솔닛, 『이 폐허를 응시하라』, 정해영 옮김, 펜타그램, 2012].

카트리나와 샌디에 관한 이러한 부류의 이야기들은 허다했다. 그리고 여기에는 구호요원들의 이야기도 포함된다. 특히 대대적인 오큐파이 샌디 구호활동[20]은 수많은 자원봉사자에게 상호부조의 문화를 만들어 낼 또 한 번의 기회를 제공했다. 2011년 11월 강제 퇴거가 자행되기 전까지 주코티 공원에서 향유된 바로 그 문화 말이다. 오큐파이 샌디 구호활동은 오큐파이 운동 핵심그룹의 활동 범위 훨씬 너머에 있는 주민들에게 다가갔을 뿐만 아니라, 연방재난관리청FEMA과 같은 국가 기관이나 적십자사 등의 주요 민간 구호단체 활동보다 더 효과적이고 효율적임을 입증했다. 국가에 의한 동원보다 나은 것으로 입증된 이러한 자발적 자기조직화 형태들은 아나키즘적 구상의 모범적 증거로 제시되었다. 그러나 샌디의 여파에 주목한 또 다른 세력들은 그다지 선량하지 않았다.

나오미 클라인이 탁월하게 분석한 재난자본주의의 양상은 자체 보호 수단이 취약한 재해 지역의 공동체가 어떻게 온갖 부당이득자들의 손쉬운 먹잇감이 되는지를 보여주고 있다.[21] 설상가상으로 재난이나 인위적인 위기는 극소수의 힘 있는 이해관계자 집단에 유리하도록 지역 경제를 재구조화할 기회로 악용되기도 한다. 예컨대 허리케인 샌디가 상륙한 이후 몇 주 동안 은행들은 정부가 제공하는 일차 구호자금인 연방재난관리청 대출 한도액을 초과한 이들

---

20. [옮긴이] 기후변화에 대응하는 운동 단체 〈350.org〉와 월가 점거 시위대 일부가 함께 벌인 뉴욕 빈민가의 허리케인 샌디 피해 구호활동.

21. Naomi Klein, *The Shock Doctrine: The Rise of Disaster Capitalism* (New York: Metropolitan Books/Henry Holt, 2007)[나오미 클라인, 『쇼크 독트린』, 김소희 옮김, 살림Biz, 2008].

에게 특별 복구자금 대출 special recovery loans 을 권유하면서 이재민 주위를 돌아다녔다. 제이피모건 체이스가 홍보한 이 대출상품은 용의주도하게 위선적인 연민으로 포장되었다.

> 본사는 직원들에게 허리케인으로 인한 귀하의 상황을 충분히 고려해 수수료를 면제할 수 있는 권한을 부여했습니다. 여기에는 고객들의 재정 상황에 도움이 될 수 있도록 대부분의 양도성 예금증서 중도해지 수수료를 면제하는 조치도 포함되어 있습니다.……본사는 전국은행이지만, 이번에 피해를 본 뉴욕대도시권 the Tri-state 은 상당수 본사 직원들의 고향이기도 합니다. 해를 입은 분들이 잃어버린 것들을 본사가 대신해 줄 수 없다는 점은 잘 알고 있습니다. 그러나 원활한 재건 작업을 돕기 위해 본사는 최선의 노력을 기울일 것입니다.

정부와 민간 부문이 내놓은 개인대출 방식의 대책은 이재민들을 새로운 부채의 덫에 몰아넣었다. 이재민들은 태풍 피해를 복구하기 위해 장기간에 걸쳐 경제적 부담을 짊어져야 했다. 현장조사와 지역사회의 공개토론에 근거해 작성된 〈부채타파운동〉의 보고서 『비용 떠맡기』 Shouldering the Costs 는 재해대출을 받은 사람들 대부분이 이미 주택가격 폭락에 따른 순 자산 상실로 압박받고 있음을 보여주었다. 달리 의지할 만한 방도가 없었던 그들로서는 새로 대출받은 [재해복구] 자금을 고스란히 금융서비스업자들의 손에 넘겨줄 수밖에 없었다. 이 보고서가 마땅히 복구비용을 책임져야 할 당사자들로

오큐파이 샌디와 롤링 주빌리– 재해와 부채 (사진 제공:Strike Debt)

지목한 것은 금융·보험·부동산업계FIRE 22와 에너지 산업의 몇몇
큰손들이었다.

미 육군 공병단이 뉴욕을 폭풍 해일에 가장 취약한 도시로 지목
한 바로 그 순간에도 유례없는 속도로 해안지대의 용지변경과 개
발을 밀어붙인 억만장자 시장과 그의 부동산업계 친구들이 그 비
용을 지불해야 하지 않겠는가? 우리를 보호할 필수적인 사회기반
시설 투자를 거부한 연방정부가 복구비용을 부담해야 하지 않을
까? 해마다 인상된 보험료를 챙겨 가면서 손해보장이 이루어질 것
으로 확신하게 했던 민간 보험회사들이 보험금을 지급해야 하지
않겠는가? 그도 저도 아니면 정말로 우리 모두를 자연재해에 더욱
취약하게 만들 만큼 엄청난 대기 변화가 급속하게 진행되고 있는

22. [옮긴이] Finance, Insurance and Real Estate의 약어.

지를 확인하기 위해 갖은 수단을 다 동원해 온 화석연료 기업들과 그 로비스트들에게 비용을 물려야 하지 않을까?[23]

한동안 태풍이 휩쓸고 지나간 지역에 거주하던 개개인들이 복구비용을 부담하고, 대부기관들이 그 결과로부터 엄청난 이익을 얻으리라는 것은 분명했다. 카트리나 사태와 9·11 사태 이후 진행된 복구에 관한 연구들은 뒤이은 경제적 재건 과정에서 부의 상향적 재분배가 활발하게 이루어졌음을 보여주고 있다. 정부의 직접 지출보다 세금감면 조치와 사적 부문에 대한 보조금 혜택에 초점을 맞춘 시장 지향적 정책들이 선호되자 개발업자들은 공익의 희생을 대가로 번영을 구가했다.[24] 카트리나 사태 이후 저소득층 주민들은 원거주지역으로 돌아가기를 단념했고, 허물어진 공립학교는 폐교 조치를 거쳐 사립학교로 전환되었다. 지역주민 중심 병원 또한 최고급 민간 의료시설로 바뀌었으며, 파괴된 주거 지역들은 대형 개발업체들에 넘어갔다.[25] 9·11 사태 이후 재건을 지원하기 위해 발행된 리버티 공채Liberty Bonds로부터 가장 많은 이익을 얻은 이들은 세계

---

23. Strike Debt, *Shouldering the Costs: Who Pays in the Aftermath of Sandy?* accessible at http://strikedebt.org/sandyreport/.
24. Kevin Fox Gotham and Miriam Greenberg, "From 9/11 to 8/29: Post-Disaster Recovery and Rebuilding in New York and New Orleans," *Social Forces*, 87, 2 (December 2008), pp. 1039~62.
25. Cedric Johnson, *The Neoliberal Deluge: Hurricane Katrina, Late Capitalism, and the Remaking of New Orleans* (Minneapolis MN: University of Minnesota Press, 2011); Daniel Wolff, *The Fight for Home: How (Parts of) New Orleans Came Back* (New York: Bloomsbury, 2012).

무역센터 부지의 소유자인 래리 실버스타인Larry Silverstein, 골드만삭스, 그리고 뱅크오브아메리카였다. 이러한 공채와 다른 보조금들은 로어 맨해튼 지역 내 고가의 부동산 시장에 투자가 몰리도록 만들었다. 그러나 이 재원은 인접한 차이나타운과 로어 이스트 사이드Lower East Side와 같은 지역에 사는 불완전고용 상태의 저소득 거주자들을 위한 생계 지원에는 거의 쓰이지 않았다.

블룸버그Bloomberg 시장은 허리케인 샌디 복구 활동을 감독하는 사업총괄팀에 골드만삭스 부회장인 마크 릭스Marc Ricks를 기용했다. 이는 위기가 탈규제를 촉진하고 공적 서비스를 축소하며 기업가들의 사업개발에 보상을 제공하는 데 활용될 것임을 알려준 초기의 조짐이었다. 뒤이어 벌어진 뉴욕시 해안 지구의 미래를 둘러싼 대결에서는 냉혹한 선택지가 제시되었다. 거의 확실시되는 범람 앞에서 주민들은 연간 1% 홍수 확률 지역hundred-year flood zone 26 A로부터 모두 철수해야 하는가? 아니면 개발업자들에게 폭풍 해일과 조수 유입에도 견딜 수 있도록 요새화된 소수만을 위한 주거지역 건설 허가를 내주어야 하는가? 뉴욕시의 공영주택 상당수는 소개疏開 구역인 A 지대와 B 지대에 자리 잡고 있다. 따라서 어떠한 선택을 하더라도 1960년대와 1970년대에 시행된 도시 재개발 계획으로 인해 중심가에서 밀려난 거주민들은 또다시 원치 않는 퇴거를 피할 수 없다.[27] 지난 20년 동안 뉴욕의 해안 지대는 점점 상류층을

---

26. [옮긴이] 통계상 연간 100회의 강우 중 1회의 확률로 홍수가 발생하는 지역. 연간 100분의 1 홍수 지역이라고도 불린다.
27. 뉴욕시 주택국의 공지 활용 프로그램은 문제의 선택지를 한층 더 복잡하게 만들었

겨냥한 개발 대상 지역이 되어 왔고, 그 결과 이 지역 주민들은 저소득층에서 고소득층으로 바뀌어 왔다. 샌디 사태를 훨씬 더 편안하게 넘긴 고소득층은 방비 공사를 요구하는 개발업자들의 주장을 지지했다. 그러나 개발업자들에 의해 한껏 고평가된 자산은 해안 지대의 토지가격을 치솟게 했다. 이처럼 부풀려진 자산가치는 이제 전통적인 습지처럼 폭풍 해일이 밀어닥칠 때 해수량을 흡수하는 완충 지대로 기능하는 A 지역 토지의 사회적 특성과 정면으로 배치된다.

개발업자들의 주장에 대한 블룸버그 시장의 지지는 명확했다. "우리는 해안 지대를 포기할 수도 없고 포기하지도 않을 것이다"라는 그의 선언은 제방, 방파제, 둑, 사구와 이중 사구 double-dunes 등의 방어물을 활용해 재해 대비를 강화하는 전통적인 공병대 방식의 전략을 모방하겠다는 시 정부의 계획을 밝힌 셈이었다.[28] 후임 시장이 이 계획을 완수할지는 좀 더 지켜봐야 할 것이다. 해안과 방벽의 복구를 골자로 하는 공병대 모델은 연방 정부의 자금 지원에 과도하게 의존했고, 그 때문에 사람들은 점점 더 이 계획과 특권층에 속하는 해안 지대 주택 소유자들의 관련성을 의심했다. 현재 이

다. 이 프로그램에 따라 공영 주택단지들 사이의 녹지 공간에 호화 주택단지가 조성될 것이기 때문이다. 연방재난관리청의 홍수 방비 규정에 맞춰 건설될 새 주택들이 홍수에 취약한 기존 주택단지들의 인접 지역에 들어서면서 주민들 간의 사회경제적 격차는 더욱 확대될 것이다.

28. NYC Special Initiative for Rebuilding and Resiliency, "A Stronger, More Resilient New York" (June 2013), accessible at http://www.nyc.gov/html/sirr/html/report/report.shtml.

모델은 정밀한 조사를 받고 있다. 그 결과가 어떻든 A 지대의 앞날은 단지 (전 세계의 취약한 연안 지역 공동체들과 관련된 논쟁의 주제인) 해수면 상승 대책을 둘러싼 선택의 문제가 아니다. 개발이냐 퇴거냐에 관한 결정은 또한 오랜 환경 부정의의 양상들이 어떻게 같은 도시 내의 다른 지역들 사이에서 지속적으로 이어지고 있는지를 보여줄 것이다.

거칠게 요약하자면 환경정의는 대도시 권역 전체에 걸친 자원, 문화시설, 위험요소들의 불평등한 배분과 싸우는 것을 목표로 한다. 아마도 가장 뚜렷한 지표는 사회경제적 척도의 양 극단에 자리 잡은 구역들에서 살아가는 주민들 간의 기대수명 불균형일 것이다. 워싱턴 D.C.에서는 7년, 캔자스시티에서는 15년의 차이가 나타나고 있다. 뉴올리언스 주에서는 구역들 간의 기대수명 격차가 약 25년에 이를 정도로 크다.[29] 이렇게 심각한 불균형 양상을 감추고 싶어 하는 도시 관리직 공무원들은 자체 업적 평가에 도시 내 탄소 발자국의 총량을 감소시킨 자신들의 성과가 기록되기를 바란다. 지속 가능한 도시 운동은 대체로 이와 같은 사고방식을 조장한다. 도시 전체의 탄소예산이 정치적 성과를 측정하는 단위로 채택됨에 따라 고위 공무원들은 메트로폴리스 차원의 불평등은 물론 지역적 기후부채의 존재에 대해서도 눈을 감아버릴 수 있다. 이러한 관점에서 보면 1980년대에 유해 공장과 독성 폐기물의 불공정한 입

---

29. 〈건강한 미국 건설을 위한 로버트 우드 존슨 위원회〉가 작성한 도시 지도를 보라. 이 지도는 http://www.rwjf.org/en/about-rwjf/newsroom/features-and-articles/Commission/resources/city-maps.html에서 확인할 수 있다.

지 선정에 대항하는 투쟁이 전개되었던 미국의 도시들에서 시작된 환경정의운동이 국제적인 기후정의 모델이 되었다는 점은 언급할 만한 가치가 있다. 실제로 2002년에 채택된 〈기후정의에 관한 발리 원칙〉은 1991년 워싱턴에서 열린 〈전미 유색인종환경대표자회의〉에서 나온 〈환경정의 원칙의 청사진〉Environmental Justice Principles blueprint에 기초했다.

허리케인 샌디는 도시의 지속 가능성에 대한 우리의 사고방식에 예기치 못한 영향을 끼쳤다. 혹자들에게는 기후변화가 초래한 피해를 보여준 이 태풍에 대한 긴급 특별보도는 지속 가능성을 향한 기회의 창이 닫혔음을 뜻했다. 대기 오염물질 배출량 감축을 통해 급격한 기후변화를 방지하고자 하는 정치적 의지가 부족하다는 그들의 결론이 터무니없는 것만은 아니었다. 대신 그들은 적응 탄력성adaptive resilience이라는 사고방식, 즉 생존자의 사고방식을 더욱 충실히 옹호했다. 태풍을 사례로 들면, 적응 탄력성이란 결국 견고한 방벽을 설치한 요새를 건설하거나 해안선을 "정비"해서 최악의 강습을 견뎌내는 수밖에 없다는 뜻이다. 목전의 과제인 [해안] 지역의 물리적 방어에 초점을 맞출 경우 우리는 불가피하게 이 지역들을 기후 이주민을 위한 피난처가 아니라 출입금지 구역으로 간주하게 된다. 이러한 관점을 우선시하는 입장은 1970년대에 개릿 하딘Garret Hardin에 의해 통속화된 "구명선 윤리"라는 시나리오에 반영되었다. 구명선 윤리는, 자원이 한정되어 있거나 감소하고 있는 세계에서, 북반구의 부자들이 지구상의 가난한 민중들을 배에 태울 수 없는 이유를 합리화하고자 했다. 자원집중형 고립지대 보호를 우선시하는 방침은 부유한 도시들이 실제로 기후정의의 과제에 대응할 때 따를 수 있는 행동방침과는 거리가 멀다. 예컨대 부유한 도시들은 탄소배출량을 감축함으로써 덜 부유한 도시들이 가난에서 벗어나 발전을 이루도록 자신들의 탄소배출 할당량을 사용케 할 수 있다. 인도적인 차원에서 기후 이주민들의 재정착 비용을 대기 위해 시민들에게 탄소세를 부과하는 방법도 있을 것이다.

지금까지 기후정의 요구는 UNFCCC 협약 체결 과정에서 국민국가들의 논의구조를 통해 제기되어 왔다. 그러나 아무리 후하게 평가하더라도 분배적 정의를 모색하기 위한 이러한 틀은 실망감만 안겨 주었을 뿐이다. 도시들이라면 더 잘 해낼 수 있을까? 한층 더 진전된 기후정책 결정은 주 또는 국가 수준이 아니라 도시 차원에서 이루어져 왔다.[30] 그 이유 가운데 한 가지는 대체로 시 당국들에는 에너지 생산에 관한 정책 결정 권한이 주어져 있지 않다는 데서 찾을 수 있다. 그 때문에 시 당국들은 화석연료 산업계의 집요한 로비에서도 벗어나 있다. 시 의회 정치인들에게는 최대의 공해유발 기업들을 통제할 힘이 없다. 하지만 그들은 에너지 보존, 탄소 배출량 경감, 운송 및 소비 부문의 탄소제로 대책들에서 연방 의회 정치인들보다 더욱 뚜렷한 진전을 이루어 왔다. 시 의회 정치인들은 그들의 도시가 앞장서서 남반구 도시 채권자들에게 진 기후부채를 인

---

30. Mike Davis, "Who Will Build the Ark," *New Left Review*, 61 (January~February 2010); Kent Portney, *Taking Sustainable Cities Seriously: Economic Development, the Environment, and Quality of Life in American Cities* (Cambridge, Mass: MIT Press, 2002).

정하고 상환에 나서도록 하는 데 이바지할 수 있을까? 만약 그렇지 않다면 비국가 행위자들과 지역 공동체들은 어떻게 해야 그러한 목표를 고려한 자기조직화를 이루어 낼 수 있을까? 도시 공무원들이 부자들의 이익을 위해서는 최선을 다하면서도 자신들의 관할구역 내에 존재하는 사회적 분리에는 눈을 감는 경향이 있다는 사실을 고려한다면 말이다.

이행 방안들

2010년 볼리비아는 UNFCCC 사무국에 보내는 제안서를 발표했다. 꼬차밤바 합의문에 기초한 이 제안서는 기후부채가 "배출부채"와 "적응부채"라는 두 부분으로 이루어짐을 명확히 하고 있다. 배출부채분은 "대기공간과 관련된 응당한 권리 몫"을 요구하는 개발도상국들의 권리주장이 거부되었다는 사실에 바탕을 두고 있다. 이 규정에 따르면 에너지 집약형 국가들은 다른 국가들이 발전을 통해 빈곤에서 벗어날 수 있는 여지를 넓히기 위해 자국의 탄소배출량을 대폭 감축해야 한다. 탄소배출 할당량을 조금이라도 초과해서 소비한 국가는 그만큼의 배출부채를 상환하게 되어 있다. 여기서의 목표는 빈국들이 전 지구적 배출량의 억제를 위해 발전의 기회를 포기할 필요가 없다는 점을 확실히 함으로써 "대기를 탈식민화"하는 데 있다. 기후부채 중 적응부채분은 이미 발생한 피해에 대한 유책성에 그 근거를 두고 있다. 적응부채분의 상환을 위해서는 기후변화를 초래한 산업화의 수혜자들이 기후변화의 영향으로 인한 이재민들의 피해를 배상해야 한다. 적응부채분의 상환을 위한 송금액으로 피해 배상금뿐만 아니라 앞으로 닥쳐올 기후변화의 충격을 흡수하고 방지할 비용 또한 충분히 감당할 수 있을 것이다. 청정에너지 기술을 적용하는 데 들어갈 (그리고 관련 지적 재산권의 포기로 발생할) 비용은 그러한 적응 비용의 대부분을 차지할 것이다.

역사적인 탄소 대국들이 기후부채의 두 부분과 관련된 합당한 책임을 지기 위해서는 자신들의 기후부채가 채무임을 인정해야 할 것이다. 지금까지 미국과 같은 탄소 대량 배출국들이 선호해 온 대응 방식은 일종의 재량행위이자 사실상 일회성 지원에 지나지 않는 "기후원조"를 제공하는 것이다. 실제로 "기후재원"은 UNFCCC 이행 과정에서 선택조항으로 등장했다. 코펜하겐 회의에서 부국들은 최초 3년간 긴급지원 종합대책의 일환으로 300억 달러의 기후재원을 조달하고, 2012년 이후에는 지원 규모를 증액할 것이라고 약속했다. 긴급지원 기간 종료 시점에 미국은 자국의 분담액이 75억 달러에 달한다고 발표했지만, 그 대부분을 차지한 것은 자국에 할당된 배출량을 감축하는 방식으로 경감된 몫이었다. 게다가 그러한 감축은 대체로 위험 요인들이 집약된 수압파쇄공법hydrofracking 을 채택한 천연가스 추출을 통해 달성되었다. 그것은 또한 대공황 이후의 산업 성장세 둔화에 따른 결과이기도 했다. 적응 비용으로는 훨씬 더 적은 배정액(일부 추정치에 따르면 20% 미만)이 계상되었다.[31] 전체적으로 보면 최상위 분담국들에 의해 조성된 기후재원

중 12%만이 적응 비용으로 사용되었다.[32] 한편 비판자들은 기후재원 조성이 "새롭고 추가적"이어야 한다는 UNFCCC의 규정에도 불구하고, 이러한 지원금 가운데 상당한 액수가 어떻게 해서든 "대외원조"라는 명목으로 제공되거나 다른 형태의 발전계획들로부터 전용되었다고 주장한다. 2010년 칸쿤 총회에서 설립된[설립하기로 합의된] 다자간 〈녹색기후기금〉Green Climate Fund은 아직 사업 개시조차 못하고 있다. 탄소 대량 배출국들, 특히 미국, 사우디아라비아, 호주의 고의적인 지연으로 출범이 늦춰지자 녹색기후기금 옹호자들조차 약속된 연간 1천억 달러의 목표 달성에 그다지 큰 기대를 걸지 않고 있다.

가장 최근에 개최된 UNFCCC 도하 회의에서 유럽연합, 〈군소도서국가연합〉Alliance of Small Island States, AOSIS, 최빈개발도상국 간의 불안한 동맹은 기후부채 상환을 한층 더 강하게 요구했다. 회의 초반에 표명된 미국 측 협상단의 반대 의사에도 불구하고 "기후변화에 따른 손실과 피해"를 완화할 책임이 최초로 국제법상의 공식 문서에 명기되었다. 그러나 기후재원 조달을 위한 재정 목표액이나 추진 일정에 관한 합의는 이루어지지 않았다. 게다가 미국 측 협상단

---

31. Juliet Eilperin, "U.S. Climate Aid Reaches Across Globe," *Washington Post* (December 2, 2012).

32. Taryn Fransen and Smita Nakhooda, "Five Insights from Developed Countries' Fast-Start Finance Contribution," *Open Climate Network*, World Resources Institute (June 11, 2013), accessible at http://insights.wri.org/open-climate-network/2013/06/5-insights-developed-countries-fast-start-finance-contributions#sthash.r8XoOehl.dpuf.

은 도하 총회의 최종결정문 초안에 "배상"과 관련된 어떠한 언급도 담겨서는 안 된다고 주장하며 강력히 반발했다. 좀 더 정확히 말하면, 그들은 어떤 방식으로 기후부채가 산정되든 문제의 부채에 대한 법적 상환 책임을 함축하는 표현은 절대로 초안에 들어갈 수 없다고 주장했다. 이 초안은 책임과 관련된 일체의 함의를 피하기 위해 어떠한 지불금도 법적인 의무의 일환이 아니라 자선 행위의 차원에서 제공되는 (즉, 여전히 규정된 절차에 따라 [지원 여부가] 결정되지 않는) "원조"로 계속 기재될 수 있도록 허용했다.

많은 비판자가 보기에 UNFCCC의 국가 간 의무 분담 과정에서 드러난 최대의 결함은 남반구 국가들의 영토 내에 엄존하는 차별적인 권리와 책임의 소재를 고려하지 않았다는 점이다. 남반구 국가들의 토착 엘리트들에 의한 탄소배출 증가와 역사적 누적은 이 지역 내에서 탄소 편익의 불평등한 배분을 심화시키는 요인들이다. "누가 누구에게 빚지고 있는가?"라는 물음에 대한 대답 역시 반드시 지역에 기반을 두어야 한다. 다국적 수준의 수탈을 위한 지역 동맹이든 기후 위기의 중심에 자리 잡은 채굴산업에서 독자적으로 이익을 얻는 부당이득자들이든 각국에는 저마다의 "더러운" 기후 채무자들이 자리 잡고 있기 때문이다. 환경오염산업의 아웃소싱에 대한 책임 일부가 자국 민중들의 희생을 대가로 이익을 얻은 지방 당국자들이나 자본가들에게 있다는 점에는 의심할 여지가 없다. 래리 서머스 Larry Summers의 파렴치한 세계은행 메모(1991)를 기억하자. "임금이 가장 낮은 국가들에 독성 폐기물을 투기하는 행위의 경제 논리는 흠잡을 데 없다. …… 아프리카 지역 인구과소 국가들의 오염도는 매우 낮다."

이들은 석유, 가스, 석탄, 구리, 철광, 리튬 등의 광물을 캐내
는 채굴산업이 저돌적으로 개발을 밀어붙일 수 있도록 개발도상
국의 입법자들을 상대로 로비를 벌이는 자들과 전혀 다를 바 없
는 부류들이다. 채굴주의extractivism 산업정책은 자연과 빠차마마
Pachamama(어머니 대지)의 권리를 보호하려는 꼬차밤바 정신의 기
저에 흐르는 안데스 지역 선주민들의 토착적인 세계관과 정면으로
충돌한다. 라틴 아메리카 좌파 정부들은 수출 이익의 많은 몫을 다
수의 주민에게 효과적으로 이전하는 사회 프로그램의 재원을 공급
한다는 이유로 전면적인 채굴주의에 기초한 수출 프로그램을 정당
화하고 있다. 그러나 이러한 산업 활동의 확대는 이 지역의 좌선회
가 식민주의적 자원수탈 양식과는 근본적으로 다른 대안적 발전
경로의 창출로 이어지리라고 기대했던 이들에게 실망감을 안겨 주
었을 뿐이다.[33] 다수의 채굴장비는 국가가 소유하고 있지만, 오랫동
안 지역에서 부와 권력을 누려 온 토호 일족들도 사적으로 소유한
상당수의 장비를 운용하고 있다. 토호들의 지속적인 정치·경제적
영향력은 코크 형제[34]와 같은 이들이 북미 지역에서 행사하는 영향
력에 비하면 미약해 보인다. 그러나 저들의 영향력은 여전히 기후정

---

33. 이에 관해서는 the special issue on "The Climate Debt:Who Profits, Who Pays?"
    Report on the Americas, North American Congress on Latin America, 46, 1
    (Spring 2013)을 참조하기 바란다.
34. [옮긴이] 석유기업 코크 인더스트리의 대주주 형제로 각각 400억 달러 이상의 자산
    을 보유한 억만장자들이다. 보수 이념을 전파하기 위해 티파티 등 미국 보수단체, 연
    구기관, 공화당 매파 후보들에게 막대한 자금을 지원해 왔다.

의를 보완하는 데서 중요한 요인이며, 등급화의 원칙ranking principle 에 따라 재분배를 실시하는 일체의 상환 프로그램들은 반드시 이 문제를 고려해야 한다. UNFCCC의 국가 간 탄소 할당 시스템이 이러한 지역 기후부채 문제를 과연 어떻게 다룰 수 있을까? 혹시라도 지역 기후부채 상환이 이루어진다면 기후 채권국 엘리트들이 부당한 이익을 수취하지 않으리라고 장담할 수 있을까? 보상을 가장 필요로 하는 이들에게는 과연 얼마만큼의 몫이 돌아갈 수 있을까?

개발원조 프로그램에 대해서도 이와 비슷한 질문이 자주 제기된다. 경제학자들은 정부 당국자들과 그 측근들의 부정부패로 인해 개발원조가 피공여국 내의 소득격차를 확대하는 경향이 있음을 입증해 왔다. 일부 경제학자들은 공여자들의 의심스러운 행태를 지적한다. 대외원조는 대체로 지정학적 전략이나 공여 국가 및 기관들의 상업적 이해관계에 의해 좌우되기 때문에 이타적인 경우가 극히 드물다. 자금이 도둑정치체제[부정축재를 일삼는 정치체제]로 흘러들지 않고 가장 효과적인 경로를 통해 전달되도록 보장할 투명한 자금 추적 시스템이 갖춰지지 않는 한 어떠한 기후재원 관리 시스템도 공적 원조를 겨냥한 이러한 부류의 비판을 피할 수 없을 것이다. 모든 주민에게 [기후부채 상환액을] 기본소득 형태로 지급하는 방안은 이러한 난관을 피할 수 있는 한 가지 방법이 될 수 있다. 기본소득은 조건 없이 배분되고 소득·자산조사 결과에도 좌우되지 않으므로 통상적인 대외원조 자금 배분 경로에서 배제되어 온 저소득 가구들과 공동체들에 생태 친화적인 배당금을 제공할 것이다. 사회기반시설의 지속 가능성이야 저소득 가구들과 공동체들의 경제적 능력 밖의 일이라 하더라도, 공통의 생태 장려금 – 어머니 지구가 나누어 주는 대지의 산물 – 으로 제시되기만 하면 최저소득은 물질적으로 "풍족한 삶"과 대조적인 좋은 삶buen vivir 혹은 우애롭고 전인적인 삶good holistic living의 정신에도 부합할 것이다. 꼬차밤바 투쟁이 옹호한 이 정신은 그 후 기후정의 운동을 인도하는 사상으로 채택되었다.

여성을 위한 독립적 소득이 쟁취될 경우 성별분업에 특유한 위험은 일부 감소할 것이다. 또한, 기본소득은 더 많은 거대 금융기관들의 빈곤사업 진입과 더불어 사실상의 약탈자가 되어 가고 있는 고금리 무담보 소액대출업체들에 빚을 지지 않고 살기 위한 대안이 될 수도 있다. 실제로 나미비아의 오치베라Otjivero 지역에서 시행된 기본소득 시범사업은 프로그램에 투입된 자금 총액을 훨씬 초과하는 수준까지 공동체의 총소득을 증가시키면서 여러 가지 긍정적인 파급 효과들을 보여주었다. 빈곤, 가계부채, 아동 영양실조 비율은 하락한 반면 경제활동이 급증한 것이다.[35]

기본소득을 통한 기후부채 상환 재원은 일반 탄소세 징수로 쉽게 마련될 수 있다. 게다가 이 세금으로 탄소를 대량 배출하는 남반구의 에너지 이용자들에게 벌칙을 부과하는 효과도 거둘 수 있다. 최근 유럽연합 집행위원회에서 제안한 토빈세와 유사한 금융거래세도 또 하나의 재원이 될 수 있다. 어쨌든 기후정의 운동을 촉

---

35. Claudia and Dirk Haarmann, "Basic Income Grant Coalition-Pilot Project"(2012), accessible at http://www.bignam.org/BIG_pilot.html.

발한 최초의 동기는 남반구 생태 채권국들의 금융부채를 탕감받으려는 시도였던 것이다. 금융 채권국들이 (《파리클럽》이나 〈런던클럽〉의 요구가 있을 때조차) 그러한 협약에 동의하기를 거부한다면 이 국가들의 수익 일부를 로빈후드세 형태로 분명하게 흡수하고 전용해야 한다. 세 번째 재원 제공자는 바로 화석연료 기업들이다. 저들이 과다한 이윤을 누릴 수 있었던 것은 생산물의 창출과 사용에서 비롯된 오염 및 생태적 피해에 대한 비용 지불을 면제받았기 때문이다. 기후정의를 명분으로 생산 단계에 부과되는 추출세와 가공세는 이용자나 납세자에게만 부담이 돌아가도록 [생태적 피해 보상] 비용을 부당하게 외부화한다는 해묵은 불만을 해소할 것이다. 모든 주민에게 매년 석유 수입 일부를 지급하는 것으로 유명한 알래스카의 영구기금배당Permanent Fund Dividend 프로그램36은 기후정의의 정신을 반영하도록 재구성될 수 있는 모델이다. 기본소득의 실현은 장기 프로젝트이며, 이러한 정치적 과제는 북반구와 남반구 양편에서의 지난한 노력을 요구한다. 그러나 기본소득은 반드시 이행되어야 할 기후부채 상환과 관련된 곤란은 최소화하고 그 장점은 극대화할 수 있는 하나의 실행 가능한 모델로서 주목할 만하다.

북반구의 경우, 앞서 언급한 세 곳의 재원에서 나올 기본소득

---

36. [옮긴이] 알래스카 주의 공유 자원인 석유와 천연자원 판매 수입 가운데 최소 4분의 1 이상을 기금으로 적립하고, 5년 단위로 계산된 기금운용 평균수익의 절반에 해당하는 금액을 1년 단위로 나누어 알래스카 전체 주민들에게 지급하는 프로그램. 1976년에 개정된 주 헌법을 근거로 하며, 1980년에 창설된 알래스카 영구기금법인이 기금의 관리와 운용을 책임지고 있다. 역대 최고 금액이 지급된 2008년에는 주민 1인당 2,069달러의 배당금과 1,200달러의 일시 보상금을 수령했다.

의 제공은 이 지역 각국의 환경정의 증진에도 이바지할 수 있다. 상승하는 해수면 아래로 사라져 가는 열대 도서 지역의 비극적 광경은 기후 위기의 국제적 양상을 보여주고 있지만, 기후변화는 산업 생산의 근거지들에서도 위험한 현실이 되고 있다. 예컨대 석탄 화력발전소 오염물질에 함유된 독소나 산정제거mountaintop removal 를 위한 발파 분진에 노출된 미국의 지역 공동체들을 떠올려 보기 바란다. 인디언 보호 구역의 우라늄 채굴로 인한 발암 효과는 말할 것도 없다.

정의상 기본소득은 노동과 무관하다. 따라서 기본소득은 강제 노동이 행해지는 사회에서 상례화된 것으로 보이는 장시간의 고된 노동에서 벗어나기 위한 출발점이 될 수 있을 것이다. 마찬가지로 기본소득은 탄소를 대량으로 배출하는 생계양식과 노동의 절연을 뜻하는 "정의로운 전환"을 촉진할 수도 있다. 북반구의 노동운동가 들은 선주민의 권리를 무엇보다 중시하는 기후정의 운동과 자급농업의 이상을 연계시키는 일이 쉽지 않을 것으로 생각해 왔다. 완전히 산업화한 사회의 도시 노동자들이 좋은 삶이라는 꼬차밤바 주민들의 신조에 공감하기란 쉽지 않다. 결국 북반구의 노동운동은 "좋은 삶"과는 대척점에 서 있는 "풍족한 삶"good life이라는 원리에 입각한 소비자 중심주의에 오랫동안 편승해 왔다. 꼬차밤바 정신에 비추어 보면 북반구 노동운동은 강탈, 그리고 고삐 풀린 물질주의적 성장과 연관되어 있기 때문이다. 30년간의 신자유주의를 통해 더욱 거대한 부와 권력을 쌓아 올린 공동의 적과 마주하고 있을지는 모르지만, 북반구 노동자들의 이해와 우선순위는 땅을 빼앗긴 농민들과 열대우림 지역 공동체 주민들의 그것과는 다르다.

꼬차밤바 류의 토지균분주의적 자각에 대한 주요한 징후는 북반구 어디에서 찾아볼 수 있을까? 선주민 활동가들을 제외한다면, 먹거리 운동에 나서고 있는 신세대의 농부들이 가장 근접한 이들일 것이다. 지역 관리, 건강한 먹거리, 먹거리 안전, 그리고 자기 조직화에 대한 이들의 열정은 놀랄 만큼 확산되어 왔다. 디트로이트와 볼티모어 등 쇠퇴하고 있는 도시들은 풀뿌리 도시 농업을 통해 공동화된 구 도심 내부에 대안적인 경제를 건설할 수 있는 잠재력을 보유한 먹거리 정의의 중심으로 부상하고 있다. 문자 그대로 자신들의 뒤뜰에서 생계수단을 재발명하는 일은 도심 속의 "식품 사막"에 버려진 전직 산업노동자들에게 사회정의와 환경정의를 실천할 중대한 기회를 제공했다.[37] 그러나 더욱 많은 전통적 농업 지역의 먹거리 운동은 고유한 노동문제를 안고 있다. 전통적 농업 지역들의 먹거리 활동가들은 그들 자신에 의해 이상적인 모델로 그려진 소규모 재배자들이 부당하게 낮은 임금과 사회적 무시에 시달리는 이주 노동자들의 노동에 의존하고 있다는 사실을 관행적으로 무

---

37. [옮긴이] 식품 사막(Food desert):신선한 음식과 식재료에 대한 접근 가능성이 극히 제한된 지역. 구체적으로 반경 400m 거리 내에서 영업 중인 슈퍼마켓을 찾을 수 없고, 중위 가구 소득이 연방 빈곤선 기준의 185%에 미달하며, 자동차 미보유 세대가 30% 이상을 차지하는 데다 건강식품 섭취 지수도 낮은 지역을 가리킨다. 도심 공동화 추세에 따른 식료품점의 이동이나 폐점이 주요 원인으로 꼽는다. 2015년에 발표된 볼티모어 시와 존스 홉킨스 대학의 공동조사 결과에 따르면, 볼티모어 시민 62만 명 가운데 약 4분의 1이 식품 사막 지역에 거주하고 있다. 연방 정부는 현재 미국 인구의 약 7%가 식품 사막 지역에 거주하는 것으로 추정하고 있다. 식품 사막은 흑인과 저소득층 노인들이 주로 거주하는 대도시의 도심 지역 곳곳은 물론 일부 교외 지구와 시골 지역에서도 발견된다.

시하기 때문이다.[38]

　현재 논의되고 있는 배출량 감축 전망과 관련하여 노동 측이 가장 우려하는 바는 청정산업으로의 전환 과정에서 높은 수준의 노조 조직률을 보이고 있는 더러운 에너지 산업 부문의 고임금 일자리가 사라지리라는 것이다. 〈국제노동조합총연맹〉ITUC은 코펜하겐 협정문 초안에 "정의로운 전환"을 포함시키기 위해 강력한 로비를 펼쳤지만, 이 문구는 최종적인 자구 수정 과정에서 삭제되었다. 2년 후 "정의로운 전환"은 2010년 12월 칸쿤 총회에서 채택된 자발적인 "공유 비전"shared vision에 포함되었다. 칸쿤 협정 조인국들은 "노동력의 정의로운 전환, 국가가 규정한 개발 우선순위와 전략에 부합하는 일다운 일과 양질의 일자리 창출을 증진하고, 경제 성장과 지속 가능한 발전을 고무함으로써 전 [산업] 부문에서 생산과 서비스 모두에 연관된 일자리를 위한 새로운 역량 구축에 기여"하기로 약속했다. 저탄소 미래로의 전환 때문에 밀려나거나 소외될 노동자들의 권리를 확약받기 위해 〈국제노동조합총연맹〉은 국제노동기구의 작업장 민주주의와 관련된 기본 권한들도 지속적으로 요구했다. 장기적인 대량실업의 가능성과 심화되고 있는 불안정성을 고려하면 정의로운 전환은 저탄소 정책의 비용과 편익을 보다 공정하게 분배할 것이다. 특히 기후정의 원칙을 지침으로 할 때 더욱더 그러할 것이다.

---

38. Margaret Gray, *Labor and the Locavore : Toward a Comprehensive Food Ethic* (Berkeley : University of California Press, 2013).

이와 관련하여 개인들에게 비용을 떠넘김으로써 직접적인 기후부채 상환의 책임을 회피하려는 대량오염 유발기업들의 시도를 저지하는 것은 각별히 중요하다. 모든 생산물과 개인 활동의 탄소 발자국을 측정하는 일이 점점 더 관행화되고 있다는 사실은 이러한 신자유주의적 경향을 잘 보여주는 사례다. 전 세계의 에너지 처리량을 개인의 행동이라는 미시적 수준에서 수량화하는 것은 일종의 의사 정치적 강박관념이 되고 있다. 어떤 면에서 이는 GDP의 통계적 독재에 관한 일종의 도착적 해석에 지나지 않으며, 우리의 행동과 유체물 이용 활동을 생기 없는 데이터의 집합체로 변형시킨다. 그 결과는 각자의 열역학적 수행성과에 대한 도덕적 평가로 나타난다. 탄소 중립적 인간Carbon-Neutral Man이란 미리 규정된 목표, 즉 낭비적인 과잉 소비자와는 정확히 대척점에 놓인 금욕적 행위 모델이다. 이런 식으로 이행 의무를 개인의 도덕관념 문제로 돌리면 저 오염 유발자들에게 면죄부를 부여하게 된다. 기후부채 상환에서 가장 무거운 책임을 져야 하며, 따라서 배출량을 가장 실효적으로 감축할 의무를 지고 있는 자들 말이다. 우리는 부채에 기초한 도덕률 특유의 어법들 대부분과 마찬가지로 이러한 관점 또한 거부하거나 그 방향을 되돌려 부당이득자들에게 적용해야 한다. 탄화수소는 법으로 금지되어야 할 우리 문명세계의 부산물이지 야단을 떨어야 할 재앙은 아닌 것이다.

6장   부채와 성장의 결합 깨뜨리기

성장과 몰락
비수탈적 신용경제?
맺음말, 민주주의에 대하여

2008년 공황 이후 월가의 금융공학은 격렬한 비난을 피할 수 없었다. 알맹이가 제거되거나 물타기가 이루어지리라는 것은 불을 보듯 훤했지만 몇몇 규제 법안들이 의안으로 제출되었다. 부채-화폐 시스템의 대안을 옹호하는 사람들을 위한 공정한 청문 기회는 거의 주어지지 않았다. 그러나 불황의 골이 너무도 깊어져 수많은 나라의 노동인구에 심각한 타격을 가하자 경기회복에 힘을 불어넣으려는 정책들 거의 전부는 차입조달의 재개를 요구하면서 소비성장의 재건을 목표로 내걸었다. GDP 플러스 성장궤도를 복원한다는 목표는 지속 가능한 산업들에서 녹색 일자리를 창출한다는 구호 아래 공적 자금을 쏟아부은 초기의 네오-케인스주의적인 경기 부양 국면은 물론 공적 지출을 최대한 감축하기 위해 긴축정책을 시행한 후속 단계에도 빠지지 않고 등장했다. 늘 그렇듯이 이 세계의 허다한 경제 관리자들은 가장 신속한 영업이익을 약속하는 경기회복 수단을 선호했다. 즉, 부채에 의해 추동되는 생산과 소비의 확대라는 형태를 취하는 수단 말이다. 이 모델이 생태적으로 지속 불가능하고 경제적인 재앙을 초래한다는 생각 따위는 저들의 안중에도 없다. 성장의 복음이 매우 널리 수용됨에 따라 학회 구성원 거의 전부는 제로-성장경제나 탈성장 정책에 의해 운영되는 경제가 번영을 가져다주리라는 가정은 물론이고 상당한 수준의 고용과 소득을 창출할 수 있으리라는 가정조차 이단으로 간주한다.

영국 〈지속가능개발위원회〉 경제위원 팀 잭슨Tim Jackson은 그 자신이 "성장의 딜레마"라고 부르는 사태의 두 측면을 간명하게 요약했다. 한편으로 "적어도 현재의 방식 아래에서 성장은 지속 불가능하다. 급증하는 자원소비와 상승하는 환경비용이 사회적 행복의 심각한 불균형을 가중시키고 있기 때문이다." 다른 한편으로 "최소한 현재의 조건에서 '탈성장'은 불안정하다. 소비자 수요의 감소는 실업률 상승, 경쟁력 저하, 그리고 불황의 악순환으로 이어진다." 바로 이 현실적인 딜레마에 대한 해결책이 절박하게 요구되고 있다. 은행들의 무법적인 행동이 거의 바로잡히지 않았음을 고려할 때 머잖아 또 한 번의 공황과 훨씬 더 심각한 불황이 닥쳐올 가능성이 크다. 담녹색 자본주의light-green capitalism 주창자들이 제안하는 틀에 박힌 대응은 "탈동조화"decoupling로 나타난다. 이러한 대응은 GDP와의 상관관계하에서 천연자원에 미칠 영향을 완화하기 위한 자본주의적 효율화 방안에 의지해서 지속 가능한 경제성장을 주장한다. 잭슨 자신은 이러한 "상대적 탈동조화"("더 적은 자원으로 더 많은 일을")를 거부한다. 어떠한 자원 절약에도 대체로 그만큼의 소비 증가가 뒤따르기 때문에 그 효과는 상쇄되고 만다는 것이다. 그는 오히려 "절대적 탈동조화"의 방향으로 나아갈 것을 주장한다. 자원에 미치는 영향을 절대적으로 감소시키는 것만이 생태적 한계 내에 머무를 수 있는 유일하게 타당한 방도라는 것이다. 그가 보기에 효율성을 추구하는 자본주의적 경향이 기후를 안정시키고 자원부족을 방지할 수 있을 것이라는 극도로 단순화된 가정은 망상이나 다름없다.[1]

---

1. Tim Jackson, *Prosperity Without Growth : Economics for a Finite Planet* (London : Routledge, 2009)[팀 잭슨, 『성장 없는 번영 : 협동조합과 사회적 경제를 위한 생태거시경제학의 탄생』, 전광철 옮김, 착한 책가게, 2013].

잭슨과 '번영의 재정의' 프로젝트에 참여한 공동연구자들이 권고한 바와 같이 비물질적인 방식으로 번영을 사유하는 것은 의식의 변화, 궁극적으로는 정책의 변화를 이끌어 내는 데서 결정적이다.[2] 민중의 현실적 욕구들 – 정의로운 사회에서 살아가기, 자유로운 인간으로 행동하기, 공통의 문화적 재화에 대한 접근, 만족스러운 노동의 향유, 비인간적 자연과의 교감 – 에 대한 해명은 확실히 GDP 측정법이 일반적으로 제공하는 것보다 더 유용한 행복지표를 정립하는 작업의 관건이 되고 있다. 그러나 GDP를 권좌에서 끌어내린다는 것은 또한 번영에 대한 상식적 관념을 좌우하는 금융산업의 권력에 대항하면서 저들의 약탈적 부채 시스템에 의해 추동되지 않는 대안경제 체제를 건설한다는 뜻이기도 하다.

5년간의 불황이 수반한 성장의 정체 이후 GDP 성장률을 제고하라는 압력은 모든 목소리를 집어삼키고 있다. 더구나 지난 수십 년 동안 신용팽창은 성장률을 끌어올릴 만능의 화폐적 수단으로 선호되어 왔다. 연준이나 잉글랜드은행 등의 중앙은행들은 가장 최근의 신용팽창 모델에 의지해 최저 이자율을 유지하면서 막대한 양의 화폐를 발행해 왔다. 중앙은행들은 이러한 양적 완화를 통해 경제적 불황 "탈피"를 촉진하고자 했다. 미국의 경우 줄잡아 2조 3천억 달러의 돈을 찍어 내었으며, 영국의 화폐 발행액은 5천4백5십억 달러에 달했다. 그중 상당한 액수는 실물경제 영역의 소기업

2. Isabelle Cassiers et al, *Redéfinir la prospérité: Jalons pour un débat public*(La Tour d'Aigues: Edition de l'Aube, 2011).

대부를 계속 거부하는 은행계정에 그대로 머물러 있었다. 대기업과 은행들은 언제든 거저나 다름없는 돈을 굴릴 수 있게 되었지만, 투기적 거품이 끼지 않은 곳에 투자할 마음은 손톱만큼도 없다. 따라서 저들은 막대한 현금을 그대로 깔고 앉아 있으며, 그중 많은 액수는 역외 조세피난처에 예치되어 있다. 심지어 활황 국면에서도 지대추구적인 화폐는 실물경제의 통상적인 성장을 자극하는 방식으로 순환하지 않는다. 그러나 긴축과 부채디플레이션[3]이 진행되는 시기의 지대추구적인 화폐는 생산회로 속으로 투자되기를 고대하는 유휴자금과 유사하다.

긴축정책을 실시한 경제 관리자들은 논란에 휩싸였던 2010년 당시의 라인하트-로고프 테제를 심심찮게 들먹였다. 외채가 GDP의 60%에 이르면 국민경제 성장률이 2% 정도 하락하고, 부채 수준이 90%에 도달하면 국민경제 성장률이 50%가량 저하된다는 가설 말이다. 이 테제는 2013년 봄 무렵 방법론상의 결함과 입증 자료상의 오류로 인해 신빙성을 완전히 상실했다. 그러나 라인하트-로고프가 부채와 성장 사이에 설정한 관계에는 여전히 사람들의 마음을 강하게 잡아끄는 무언가가 남아 있었다. 게다가 그럴 만한 사정도 있었다. 그러한 관계가 부채-성장의 상호의존과 관련하여 지난

---

3. [옮긴이] 부채디플레이션(debt deflation): 물가하락→실질금리(물가상승률 차감 금리) 상승→부채상환 부담 증가→금융기관·기업·가계의 보유자산 매각→연쇄적인 물가하락과 경기침체 장기화의 흐름으로 나타나는 경제적 현상. 미국의 계량경제학자 어빙 피셔(Irving Fisher)가 1930년대의 대공황을 설명하는 과정에서 사용한 개념이다. 이 국면에서는 신용축소로 인해 자금 흐름이 정체되는 반면 안전자산 선호 경향은 강화된다.

수십 년간 굳어져 온 가정들의 유산이었기 때문이다. 원상회복, 즉 손쉬운 차입이 국민적 성장기계들을 부추기고 GDP 고성장에 대한 기대가 채권자들에게 쏠쏠한 수익에 대한 확신을 심어주던 시대로의 복귀를 목표로 한 정책들에 대한 지속적인 의존은 이러한 사정에서 연유한다. 이는 브레턴우즈 체제의 시초부터 낙관적이면서도 비교적 안정성을 지닌 교리로 자리 잡았다. 국민경제 단위들의 관리자들은 바로 이 교리에 대한 신종의 의무를 맹세했다.

새로운 단계의 투기적 농간이 주기적 공황을 초래했다는 사실에는 의문의 여지가 없다. 그러나 번번이 성장회복세를 안착시킨 메커니즘은 금융 탈규제로 인해 한결 쉬워진 신용팽창이었다. 신용팽창은 금융부문 내의 유례없이 다양해진 신용형태를 활용한 부당이득 편취를 가능케 했다. 2008년 이후에 찾아온 불황의 심각성으로 인해 여러 측면에서 이 부채-성장 시스템에 대한 의문이 제기되어 왔다. 최소성장만을 동반하는 장기 침체가 확실시되자[4] 니콜라 사르코지[Nicolas Sarkozy]와 같은 일부 국가 지도자들은 GDP를 생산성이나 소득 외의 요소들을 측정하는 행복지수로 대체하는 방

---

4. Tyler Cowan, *The Great Stagnation: How America Ate All the Low-Hanging Fruit of Modern History, Got Sick, and Will (Eventually) Feel Better* (New York: Dutton, 2012)[타일러 코웬, 『거대한 침체: 고성장 시대의 환상은 깨졌다. 저성장 시대를 준비하라.』, 송경헌 옮김, 한빛비즈, 2012]. 존 벨라미 포스터(John Bellamy Foster)와 로버트 맥체스니(Robert McChesney)는 *The Endless Crisis: How Monopoly-finance Capital Produces Stagnation and Upheaval from the USA to China* (New York: Monthly Review Press, 2012)에서 침체는 성숙한 자본주의 경제의 정상 상태로서 독점 기업들에 의해 주도된다고 주장한다. 성장은 정부의 경기부양, 소비증진, 대대적인 기술혁신, 금융팽창과 같은 필사적 수단이나 비상한 조치를 통해서 가까스로 달성될 수 있을 뿐이다.

안을 만지작거려 왔다. 대안적 경로를 만들어 내는 작업은 행복에 대한 새로운 척도의 발명을 넘어서는 노력을 요구한다. 그렇다 하더라도 한 가지는 분명하다. 부채-성장 시스템을 대신할 경제체제는 GDP로 표시되는 성장에 의존하지도 않을 것이고 그럴 수도 없다는 것 말이다. 탄소 및 기타 자원들의 손실은 이미 지구적 허용치를 훨씬 초과한 상태다. 그러나 약탈적 부채와 지속 불가능한 성장을 연결하는 파멸적인 축선fatal axis의 바깥에서 살아가는 방식을 배우기 위해서는 우선 양자가 어떻게 해서 상호의존적인 관계를 맺게되었는지를 이해할 필요가 있다.

성장과 몰락biggering and beggaring

닥터 수스Dr. Seuss의 [동화] 『로렉스』The Lorax에서 원슬러Once-ler가 파멸을 초래하는 그의 기업 성장에 관해 언급하는 대목을 찬찬히 살펴보기 바란다.

악의는 없었어. 정말이지 그럴 마음은 티끌만큼도 없었다고. 하지만 나로서는 사업을 더 키우는 수밖에 없었어. 그래서 그렇게 했지. 난 공장을 더 크게 지었어. 길도 넓히고 말이야. 화차도 더 큰 거로 바꿨어. 짐도 더 싣고……그렇게 해서 더 많은 돈을 벌었지. 모두에게 필요한 그 돈 말이야.

이 구절은 제조업자의 편에서 기업 성장을 바라보는 사고방식, 즉 "악의는 없었다"는 식의 철저하게 자기중심적인 믿음을 무난히 요약하고 있다. 원슬러의 경우 "모두에게 필요한" 돈이란 그의 사업 확장에 필요한 자본일 것이다. 더구나 그는 확장 외에는 달리 선택의 여지가 없음을 매우 분명한 어조로 밝히고 있다. 원슬러의 고객들에게서 돈이란 그의 제품을 지속적으로 소비해주는 데 필요한 재원이다. 설령 원슬러가 금융업에 종사한다손 치더라도 사정이 달라질 수 있을까? 원슬러에게 만족시켜야 할 주주들이 있다면, 수익창출 의무는 그를 사업 확장으로 내몰 것이다. 그가 신용상품이나 그 밖의 대출상품들을 판매하고 있다면, 그의 대출채권은 자산으로 기장될 것이다 — 이는 타인[자본]에 의존하지 않는 성장 형태이다. 그는 또한 적어도 미래에는 성장으로 인해 더 많은 수익을 올릴 수 있으리라고 기대하는 고객들을 필요로 할 것이다. 그러한 고객들의 확신이 없다면, 원슬러는 대부를 통해 만족스러운 수익을 올릴 수 있으리라는 희망을 품는 것은 고사하고 대부금을 늘릴 수조차 없을 것이다. 원슬러는 그의 생산품(스니드^{Thneeds}) 제조에 필요한 원료(트러풀라 나무$^{Truffala\ Trees}$)를 고갈시킨 후 곧바로 파산을 맞이했고, 『로렉스』는 이를 훌륭하게 묘사한다. 만약 원슬러가 은행가라면 오직 돈으로만 돈을 벌어들이는 능력의 지속적인 발휘 여부는 경제의 [양적] 팽창 혹은 위험 부담이 큰 도박에 의존하게 될 것이다. 미래의 성장률이 영의 수준까지 감소해서 대출금을 상환할 만한 잔여 소득이 사라지면 그러한 능력도 결국에는 소진되고 말 것이다.

경제성장의 가능성이 존재하고, 그로 인해 은행가가 대부를 통해 화폐를 창조할 수 있을 때야 비로소 차용자들은 향후의 대출금 상환에 필요한 더 많은 돈을 구할 수 있다. 은행가들의 수중에는 아직 돈이 없다는 사실을 이해하는 것이 중요하다. 불행히도 대중의 상상 속에는 신용이 우량한 차용인에게 상으로 주기 위해 한 자루의 돈을 금고에서 꺼내오는 대부자의 이미지가 끈질기게 남아 있다. 이 상상된 시나리오는 우리가 은행 소유의 자금이라고 믿는 대출금을 갚지 못할 때 느끼는 죄책감을 상당한 정도까지 설명해준다. 은행가들로서는 이렇듯 자신들의 이익에 도움이 되는 이미지를 불식시켜야 할 아무런 이유도 없다. 하지만 문제의 이미지는 순전히 환상에 지나지 않는다. 은행들은 대개 무에서 화폐를 창조하기 때문이다. 은행들은 부분지급준비제도[5] 덕분에 고객 예탁금 형태로 보유 중인 준비금을 훨씬 웃도는 규모의 대부를 실행할 수 있다. 미국의 경우 준비금 1달러당 10달러꼴로 대부된다. 게다가 은행들은 파생상품을 활용해 차입자본 비율을 더욱더 높일 수도 있다. 본성상 이자 낳는 채권으로 창조되는 화폐는 차입자가 대부계약서에 서명함으로써 대출액보다 훨씬 더 많은 금액을 은행에 돌려주기로 약정하는 순간에야 홀연히 생명을 얻게 된다. 이러한 대부계

---

5. [옮긴이] 부분지급준비금제도(system of fractional reserve banking) : 예금총액의 일정 비율만 보유하고 나머지는 대출 재원으로 이용할 수 있도록 허용한 은행제도. 일반적으로 시중은행의 의무적인 중앙은행 예치금(법정준비금)을 가리키지만, 대규모 예금인출 사태(bank run) 등 유사시에 대비해 은행 금고에 보관하는 현금, 콜론(call loan) 등을 포함시키는 경우(secondary reserve)도 있다. 이 제도에 입각한 시중은행의 통화창조(신용창출) 과정에서 지급준비금 1달러로 창출할 수 있는 예금통화량을 예금통화승수라고 한다.

약의 효력은 전반적인 성장이 진행되는 상황에서만 보증될 수 있다. 성장이 대부업에서 그토록 중요한 것으로 간주되는 이유도 바로 여기에 있다.

대개는 컴퓨터 화면에 약간의 숫자를 추가로 기입하기만 하면 대출이 발생한다. 미보유 자산 일부가 차변에 기입되듯이, 문제의 대출액 또한 은행의 회계장부에서 차감되지 않는다. 반대로 은행은 전체 대출기간에 걸쳐 상환될 이 대출상품의 원리금 총액을 자산항목에 가산한다. 만약 내 딸이 대학 등록금을 충당하기 위해 5만 달러를 대출받는다고 치자. 이 경우 사실상 은행은 그전까지는 존재하지 않았던 7만 달러가량(총원리금 상환 예상액)을 스스로 창조하는 셈이다. 현재로서는 한 푼도 실현되지 않은 이러한 가공자산의 난데없는 증가는 한층 더 교묘한 환상을 유발한다. 아인슈타인이 "세계의 여덟 번째 불가사의"로 예리하게 묘사한 복리의 마술을 통해 가공자본이 사실상 무제한적으로 경제를 팽창시킬 수 있다는 환상 말이다. 이리하여 부는 마법에 걸려 노동가치론을 완전히 우회하는 방식으로 존재한다. 부채가 분명히 큰 힘을 들이지 않고도 창출될 수 있다면 GDP 대비 부채액의 비율이 그토록 급속하게 증가하는 것은 전혀 놀랄 만한 일이 아니다.

이러한 추정 방식이 물질적worldly 가치에 대한 평가 방법으로서 전혀 불합리하지 않거나 환상을 불러일으키지 않는다고 단정할 사람은 드물 것이다. 행복을 평가하는 방법으로서는 더 말할 것도 없다. 그러나 이 방식은 채권자들이 미래의 청구권 행사를 위해 성장률 전망치에 매달리는 이유를 설명해 준다. 관념적으로는 GDP 성장률이 이자율 수준과 결국 일치할 것이다. 그러나 통상적으로 이자율은 GDP 성장률을 훨씬 웃돌기 때문에 만성적인 부조화가 나타난다. 성장률과 이자율의 간극은 부채-성장 시스템의 근본적인 지속 불가능성을 입증하는 증거로 읽을 수 있다. 양자 간의 간극은 이 시스템이 자력으로는 결코 상환될 수 없는 폰지형 사기방식Ponzi Scheme 6에 따라 운용되고 있음을 보여주는 증거로 해석될 수도 있다. 복리계산법의 기하급수적 증가율에 따라 부채는 늘 상환능력보다 급속도로 증식하기 마련이다. 이론상 수익을 목적으로 하는 대부는 차입자의 소득이 이자와 엇비슷한 비율로 증가하지 않는한 결코 성립될 수 없다. 소득 증가율이 이자 증가율보다 조금만 낮아지더라도 부채 회수는 난항을 겪게 된다. 은행들이 대출채권의 증권화, 파생상품, 그리고 그 밖의 도박적인 형태를 활용해 온갖 위험 전가 수단을 강구해 온 것도 바로 그 때문이다. 채권 유통시장secondary market에서 증권화된 대출채권을 판매할 수 있는 한 은행가들은 대출금의 단기 상환 여부에 그다지 마음을 쓸 필요가 없다. 그러나 은행들의 장기 영업실적(은행들이 과연 한 번이라도 이에 대해 고려해 본 적이 있을까?)은 궁극적으로 향후의 잉여 증대에 달려 있다. 만약 잉여가 증대되지 않으면 채무원리금 상환은 중단되고 말 것이다. 제로-성장은 생태적으로 불가피할지도 모른다. 하

---

6. [옮긴이] 폰지형 사기방식: 막대한 수익 보장을 미끼로 투자자들을 유인한 다음 후속 투자자의 돈으로 선행 투자자에게 이자나 배당금을 지불하는 피라미드형 금융사기 수법. 1920년대 보스턴을 무대로 한 찰스 폰지(Charles Ponzi)의 사기 행각에서 유래한다. 이 용어는 2008년 버나드 매도프(Bernard Lawrence Madoff)의 다단계 금융사기극이 드러나면서 다시 한 번 유명해졌다.

지만 자본가에게 그것은 악몽과도 같은 일일 것이다.

GDP 측정법은 금융거래보다는 덜 가공적인 거래들의 평가액을 포괄한다. 하지만 사회적 가치worth에 대한 지표로서 합당치 않기는 마찬가지다. GDP는 화폐와 교환되는 재화 및 서비스의 총소비액을 측정한다. 따라서 가령 누군가가 건강이 악화되어 의료 서비스를 구매한다면 GDP는 증가한다. 반면 바로 그 누군가가 운동이나 그 밖의 자가 예방조치를 통해 어떻게든 건강을 유지할 경우 GDP에는 아무런 보탬도 되지 않는다. 혼자 힘으로 수행하는 거의 모든 활동에 이와 동일한 결론이 적용된다. 먹거리를 직접 재배해서 요리까지 하는 것과는 대조적으로 음식점에서 비용을 지불하고 식사를 하는 행위는 GDP 평가액을 증대시키는 요인으로 작용한다. 대지의 숲 일부를 자연자본 natural capital 형태나 온실가스 흡수원carbon sink으로 보존하려는 노력은 가시적이지 않은 반면 나무들을 목재상품으로 팔아먹는 행위는 눈에 띄기 마련이다. 이러한 사태가 의미하는 바는 자본주의적인 성장경제하에서는 사실상 병약한 사람들이나 요리하는 법을 모르는 사람 또는 자연자원을 황폐하게 하는 사람들이 이상적인 시민으로 간주된다는 것이다. 적어도 GDP가 국민적 행복의 평가척도로 수용되는 곳이라면 어디에서나 그러하다.

탄소배출의 형태로 나타나든 자연자원의 고갈로 나타나든 GDP가 환경 악화와 관련된 일체의 비용을 외면하고 있다는 것은 두말할 나위도 없다. GDP는 그 외에도 많은 것들을 간과한다. GDP는 전통적으로 여성 고유의 영역으로 간주되어 온 무급 가사

노동이나 육아와 같은 비시장적 활동을 무시한다. 그것은 심각한 경제적 불평등을 못 본 체하며, 공공기반시설에 대한 유용한 지출과 기름 유출이나 기후변화[온난화]로 인해 대형화된 허리케인 등 환경적 재앙의 뒷수습에 쏟아붓는 낭비적 지출을 식별하지 못한다. 무엇보다 중요한 것은 이 책의 주제에 비추어 볼 때 GDP가 부채의 영향을 설명해 주지 않는다는 사실이다. GDP 산정에서 나의 자동차 구매가 급여 인상에 따른 것인지 감당할 수 없는 수준까지 늘어나는 신용카드 빚을 대가로 한 것인지는 중요하지 않다. 임금이 정체되거나 하락하면서 점점 더 많은 가계소비분은 부채를 통해 조달되고 있다. 이성적으로는 누구도 이처럼 부채 의존적인 소비를 장기적인 행복의 구성요소로 여기지 않을 것이다. 그런데도 경제성장을 다른 모든 진보의 척도들보다 중시하고 GDP와 같은 측정기준에 근거해서 대부분의 중요한 경제적 결정들을 내리는 사회에서는 이런 일들이 실제로 일어난다.

그러나 GDP로 표시되는 경제성장이 국가의 목표들을 평가하는 가장 중요한 기준으로 자리 잡은 것은 아주 최근의 일이다. 빅토리아 시대 자유주의적 진보의 주창자 존 스튜어트 밀John Stuart Mill은 "자본과 부의 정상상태"定常狀態하에서 인간의 계발이 부단히 진전되어 나가는 사태를 합리적일 뿐만 아니라 바람직한 것으로 간주했다. 밀은 만약 그렇지 않으면 경제성장과 인구증가로 인한 환경적 손상이 극심해져서 "온 세계 사람들은 무제한적인 부와 인구의 증가가 그들에게서 철저히 제거해 버리려는 것들 덕택에 누릴 수 있었던 쾌적함의 대부분을 상실하고 말 것"이라고 예견했다.[7] 맑스주의의 분석적 전통은 늘 성장을 어떠한 자본주의 축적 시스템에도 필수불가결한 요소로 간주했다. 자본주의 기업들에는 성장 아니면 몰락뿐이라는 것이다.

그러나 GDP로 표시되는 경제성장은 전후戰後 시기에 들어와서야 비로소 사회의 주요한 가치기준으로 널리 수용되었다. 클라이브 해밀턴Clive Hamilton에 따르면 이 기간에 성장의 추구는 온 사회에 빛을 던지는 것으로 알려진 불가사의한 속성을 지닌 일종의 물신이 되었다. 이러한 신념체계에 따르면 성장이라는 만병통치약이 효과적으로 사용되기만 하면 수많은 사회적 병폐들은 완화되거나 사라지게 된다.[8] 미국이 기록한 성장치의 4/5가 지난 50년 사이에 집중되어 있고, 그중 많은 부분이 애초부터 시장경제의 우월성 입증을 목표로 한 냉전적 체제경쟁에 의해 추동되었다는 것은 놀랄 만한 일이 아니다.[9] 1945년 이후 성장은 재계·정계·학계 엘리트들 사이에 조성된 합의적 경향에서 각별한 중요성을 지닌 구성요소로 자리 잡았다. 성장은 이익집단들의 조화를 낳는 지배적 개념이 되었다. 예컨대 이러한 성장 합의는 종전 직후의 국가·자본·노동 간 사

---

7. John Stuart Mill, "Of the Stationary State," in *Principles of Political Economy with Some of Their Applications to Social Philosophy* (1848)[존 스튜어트 밀, 『정치경제학 원리: 사회철학에 대한 응용을 포함하여』, 박동천 옮김, 나남, 2010].

8. Clive Hamilton, *Growth Fetish*(Crows Nest: Allen & Unwin, 2003)[클라이브 해밀턴, 『성장숭배: 우리는 왜 경제성장의 노예가 되었는가』, 김홍식 옮김, 바오, 2011]. 또한, Richard Douthwaite, *The Growth Illusion: How Economic Growth Has Enriched the Few, Impoverished the Many, and Endangered the Planet* (Dublin: Lilliput Press, 1992)도 참조하기 바란다.

9. Robert Collins, *More: The Politics of Economic Growth in Postwar America* (New York: Oxford University Press, 2000).

회협약을 보증하는 데 이바지했다. 그 기저에는 성장이 생산증대, 신흥시장, 소비증가의 형태로 나타나면서 모두에게 이익을 가져다 주리라는 전제가 자리 잡고 있었다. 다시 말해 통치 엘리트에게는 정치적 안정을, 적정 수준의 보수를 받는 노동자들에게는 풍족한 생활을, 자본을 소유한 자들에게는 상당한 수익률을 안겨 준다는 것이다.

경제성장우선주의는 확장정책에 기초한 벼락경기를 타고 영국·프랑스 등 긴밀한 관계를 맺고 있던 동맹국들로 확산되었다. 더 나아가 일본·서독과 같은 냉전의 하위 파트너 국가들에서는 경제성장우선주의가 국가운영의 기본목표로 자리 잡았다. 산업화를 달성하도록 "초대받은" 한국·타이완 등의 국가들과 자립적 발전의 성취를 열망하던 각양각색의 탈식민 국가들에서도 사정은 마찬가지였다. GDP 성장률은 선진국에서든 개발도상국에서든 국가 발전을 측정하는 우선적인 표준으로 채택되었다. 그리고 얼마 지나지 않아 이 지표는 지구적 자본주의 경제에 대한 여러 국가의 적응 수준을 평가하는 만능의 척도로 자리 잡았다. 성장률 하락은 국가실패를 알리는 일종의 조기경보로 간주되면서 세계은행의 철저한 조사로 이어졌다. 경제적 저발전 국가들이 성장 촉진을 위해 도입한 외채는 이 국가들을 IMF가 감독하고 실행하는 저 악명 높은 외채의 덫에 빠뜨렸다. 이러한 규준에 따라 대안적인 형태의 인간계발을 지지하는 사람들, 특히 더 지속 가능한 기술 또는 "적정 기술"[10]을 선호

---

10. [옮긴이] 적정기술:특정 공동체의 문화·환경·경제적 맥락에 대한 이해를 전제로 그

하는 사람들은 기껏해야 근대화의 낙오자 정도로 취급되었다.

하지만 엘리트들로서는 현재의 산업 성장률이 생태학적으로 장기간 지속될 수 없다는 결론을 담은 〈로마클럽〉의 중요한 보고서 『성장의 한계』 *The Limits to Growth*(1972)마저 모른 체하기는 어려웠다. 저자들의 예측은 인간 시스템과 지구 시스템 간의 상호작용에 대한 모의실험을 제공하는 컴퓨터 모형화에 기초하면서 다양한 분야의 과학적 원리를 채용한 자료들을 근거로 삼았다. 따라서 그들의 방법론은 기술 전문가들의 강력한 이의제기를 피할 수 없었고, 실제로도 그러한 상황에 직면했다. 성장의 열광적인 지지자들은 결정적인 반론을 전혀 제시하지 못하면서도 ([셰일가스 추출용] 수압파쇄 기법, 타르샌드 활용법, 심해시추 기법 등 대체로 더 높은 수준의 위험 부담을 수반하는) 기술혁신을 통해 성장의 물리적 한계를 극복할 수 있다고 공언했다. 시간이 흐를수록 녹색 자본주의 옹호자들은 자신들의 성과물을 적용해서 획득한 에너지 효율성 제고 방안을 알려 나갔다. 그동안 줄곧 성장의 사도들인 최고위 경제 전문가들은 성장의 한계에 관한 일체의 논의를 철저히 무시했고, 그러한 태도는 믿을 만한 것으로 받아들여졌다. 1993년 세계은행 수석 이코노미스트 래리 서머스는 다음과 같이 공언했다. "가까

구성원들의 요구에 맞도록 개발된 기술. 흔히 특정 지역의 가용 자원을 활용해서 해당 지역의 필요를 충족하기 위한 재화를 생산하는 기술과 같은 의미로 통용된다. 지지자들은 대체로 이 기술의 의의를 생태적 지속 가능성, 남반구-북반구 또는 산업화된 국가들 내부의 중심-주변 간 경제적·기술적 격차 해소, 인간계발에 대한 기여라는 면에서 찾는다. 적정기술은 1960년대에 슈마허(Ernst Friedrich Schumacher)에 의해 제시되고, 그의 저서 『작은 것이 아름답다』(1973)를 통해 널리 알려진 '중간기술' 개념에 뿌리를 두고 있다.

운 미래를 언제라도 속박할 수 있을 법한 지구적 부담능력의 한계
란……존재하지 않는다. 지구 온난화 때문이든 그 외의 원인 때문
이든 세계가 종말을 맞이할 위험 따위는 없다. 약간의 자연적 제약
을 이유로 성장에 제한을 가해야 한다는 발상은 심각한 오류이며,
향후 이러한 발상이 영향을 미칠 경우 막대한 사회적 손실을 초래
할 것이다."[11] 서머스의 전임자로 세계은행 수석 이코노미스트를 역
임했던 앤 크루거Anne Krueger는 2003년에 경제성장이 초기 단계의
생태계 악화를 초래하더라도 소득 증가로 인해 여러 국가는 자발적
으로 오염 수준을 낮출 수 있다고 주장했다. 또한, 그녀는 소득 증
가가 "오염 정화 및 방지를 위한 투자 결정이 시작되는 전환점을 제
공하며, 그 시점은 1인당 GDP가 약 5천 달러 수준에 도달할 무렵
일 것"이라고 언급했다.[12] 서머스, 크루거와 같이 (오바마 대통령의
지명이 무산될 때까지 연준 의장 후보로 부각될 당시의 서머스가
그랬듯이, 골칫거리로 전락하기 전까지는) 그들의 쓰임새 덕분에 지
속적으로 보상을 누리는 경제학자들은 상좌에 올라앉은 왕당파들
의 취향에 맞춰 노래를 읊조리는 우리 시대의 궁정시인들에 지나지
않는다.

　『성장의 한계』에서 제시된 분석 결과는 결코 진지하게 논의되

---

11. Bill McKibben, *Eaarth : Making a Life on a Tough New Planet* (New York : Holt,
　　2010), p. 95[빌 매키번, 『우주의 오아시스 지구 : 기후변화와 환경의 역습으로 위기에
　　빠진 지구의 풍경』, 김승진 옮김, 김영사, 2013]에서 인용.
12. Anne Krueger, "Address on Globalization," Seventh St. Petersburg International
　　Economic Forum, International Monetary Fund(June 18, 2003), accessible at
　　http://www.imf.org/external/np/speeches/2003/061803.htm.

지 않았다. 후속 연구들 대부분은 한층 향상된 모델, 더 광범위한 분야의 전문가들, 갱신된 과학적 자료들에 의지해 제한 없는 성장의 파멸적 결과에 대한 1972년의 경고를 강화하거나 한층 더 강렬하게 표현했다. 『성장의 한계』 집필진은 20년 후와 30년 후에 이루어진 초기 연구의 복권 과정에서 애초의 예측이 옳았음을 입증했다. 즉, 당시의 성장 추세가 지속될 경우 생태계 붕괴가 일어날 것이라던 예측 말이다.[13] 늘 그렇듯이 엘리트들은 이 보고서들을 무시했다. 그리고 이러한 무시의 이유는 흔히 보고서에 담긴 불편한 진실이 아니라 성장 이데올로기가 획득한 종교적 도그마와 유사한 지위로부터 추론된다. 문제의 논리(또는 무논리)는 종종 기후변화를 부정하는 자들의 입장으로 간주된다. 그러나 엘리트들이 『성장의 한계』가 던진 메시지에 유의하면서 공통의 부로부터 빼앗을 수 있는 자원이면 무엇이든 비축하는 방식으로 대응했다는 또 하나의 해석이 존재한다.

장래의 부족 사태를 예상한 축장은 1970년대 중반 이후에 나타난 부의 급격한 상향식 재분배 경향에 대한 설명 방식으로 타당해 보인다. 부와 자연자산 natural assets의 체계적인 탈취는, (데이비드 하비가 "강탈에 의한 축적"이라 부르는 경향하에서) 소득재분배의 형태로 나타나든 토지수탈의 형태로 나타나든, 절대적 부족 사태가 임박했다는 증거에 대한 당연한 반응으로 볼 수 있다. 이 탐욕스러

---

13. Donella Meadows, Jørgen Randers, and Dennis Meadows, *Limits to Growth: The 30-Year Update* (New York: Chelsea Green, 2004)[도넬라 H. 메도즈·데니스 L. 메도즈·요르겐 랜더스, 『성장의 한계』, 김병순 옮김, 갈라파고스, 2012].

운 행동양식은 거의 모든 선진 사회나 개발도상 사회들에서 두드러진다. 하지만 이러한 경향은 특히 (모든 사회가 경제적 불평등의 지표로 채택하고 있는) 지니계수가 크게 상승한 고속성장 국가들에서 더욱더 분명하게 확인된다. 특히 금융주도 경제의 수혜자들은 성장의 생태적 비용을 부정하면서 살아가기는커녕 마치 임박한 재앙의 전조를 꿰뚫어 보고 있다는 듯이 행동하고 있다. 예컨대 99%로부터의 분리 독립론자인 양 행동하기, 삼엄한 방비를 갖춘 생태 피난처 조성, 사유화를 통한 공적 자산의 지배권 장악, 그들 자신에게 훨씬 더 막대한 액수의 보너스와 급여 지불하기, 정치인을 매수해 채권자에게 유리한 법안 통과시키기, 국가의 자원을 샅샅이 뒤져 은행 구제금융을 제공함으로써 저들의 고리대적 대부 관행이 초래한 파산 위기 진정시키기, 순종하지 않는 채무노예들로부터 특권의 안전지대를 보호할 경찰력의 군사화 등이 그것들이다.

성장의 복음은 이러한 강탈과 축장을 조장하고 선동했다. 성장주의는 가계신용의 팽창과 조작을 가장 효과적인 기술적 증폭장치로 활용했다. 소득이 불안정해지고 정체된 데다 상품생산까지 국제화되자 가계부채는 소비성장의 유일한 보증 수단으로 자리 잡았다. 그 결과 가계부채는 지속적으로 증가하기 시작했고, 이 과정에서 채권자 계급으로의 소득 이전이 이루어졌다. 프랑스인들이 "영광의 30년"les trentes glorieuses이라 부르는 전후 수십 년간의 호황기에 주로 정부지출을 통해 촉진된 성장의 과실은 좀 더 균등하게 배분되었다. 그러나 1970년대 후반 이래로 수익의 가장 큰 몫을 손에 넣어온 저 1%의 능력은 부의 상향적 이전에서 차입으로 조달된 소비자 대출이 차지하는 중심적인 역할을 분명히 보여준다. 신용은 지대를 추출하고 부를 재분배하는 가장 효과적인 수단으로 활용되었을 뿐만 아니라 경제 관리 및 정책상의 문제들을 해결하는 열쇠로도 채택되었다. 그 결과는 정치, 경제, 사회 영역을 망라하는 포괄적 협치 양식으로 나타났다. 이러한 협치 양식은 채권자 계급에 규제력의 관할권을 벗어나 2008년의 자멸 직전 상태에서 다시 일어설 수 있는 지위를 부여했다. 채권자 계급은 뒤이은 제로게임적 쟁탈전zero-game scramble의 과정에서 거의 모든 이익을 독차지함으로써 재기에 성공했다.

1970년대의 경기후퇴에 뒤이어 채택된 정책 원칙은 전후 수십 년 동안 안정적으로 유지되었던 성장률의 회복을 목표로 내걸었다. 문제의 정책 목록 속에는 레이거노믹스라는 공급 중시 통화주의가 포함되어 있었다. 그로 인해 미국은 세계 최대의 대외 채권국에서 최대 채무국으로 전락했다. 연속적인 탈규제의 물결은 은행들이 고위험성 도박에 편승해서 금융부문을 "확대"할 수 있도록 길을 열어주었다. 1990년대에 급격히 고조된 하이테크 복음주의는 닷컴 거품의 과대평가에 뒤이은 엄청난 주가폭락을 초래했다. 그리고 2000년대의 자산소유자주의asset ownership creed는 서브프라임 모기지 붕괴와 더불어 개인 부채를 이용한 광란의 투기극을 파국적 결말로 몰아넣었다. 이러한 시도들 각각은 급격한 신용팽창에 자극받아 미래의 성장 공약을 담보로 부채를 교묘하게 조작함으로써 현재[당시]의 허구적 성장을 추구하려던 조직적 활동이었다. 오늘날 그 결과들 가운데 한 가지는 금융서비스 부문의 월등한 축적률(미국 비

농업 부문 이윤의 50%)로 나타나고 있다. 물론 금융서비스 부문
이 어떠한 사회적 이익을 창출하는지, 어떤 식으로 사회적 행복에
기여하는지는 아무도 모르지만 말이다. 금융서비스들의 비물질적
특성을 고려하면 금융산업이 GDP에서 차지하는 비율 역시 확정
적인 것은 아니다. 대출금은 매입자산으로 기장된다. 하지만 내 딸
에게 5만 달러의 학자금을 대출한 기관이 7만 달러를 자산으로
기입하는 것에서도 알 수 있듯이, 그러한 장부상의 자산은 지극히
가공적架空的이다. 그것은 현재로서는 어떤 식으로든 실재하지 않으
며, 누군가가 향후 수십 년 동안 학자금부채를 완전히 상환할 때에
야 비로소 실현될 수 있다.

2008년 이후 금융계의 우두머리들이 누려온 특혜를 고려해 볼
때, 저들은 지난 40년 동안 자신들의 이익에 그토록 철저히 복무했
던 부채-성장 시스템이 한계에 도달했을지도 모른다는 사실을 인
정할 용의가 없는 듯하다. 맑스가 "고리대 자본"이라고 불렀던 편에
서 안정적인 이식利殖이 이루어지느냐는 궁극적으로 잉여소득의 공
급 여부에 달려 있다. 하지만 그러한 잉여는 빠른 속도로 줄어들고
있다. 간단히 말해 미래의 대출금 상환에 사용될 수 있을 만큼의
충분한 소득이 발생하지 않는다는 것이다. 하지만 그러한 일이 벌
어질 경우, 잉여가 전부 흡수되고 이 세계의 생태계마저 전면적인
붕괴로 들어가기 전에 마지막으로 한 번만 더 자산 거품이 형성되
기를 기도하는 것 말고는, 채권자 계급이 의지할 수 있는 플랜 B 따
위는 남아 있지 않을 것이다.

비수탈적 신용경제?

이 책의 앞 장들에서 나는 채무자들의 저항은 공정하고 지속 가능한 사회, 즉 경제의 근간을 이루는 수탈적 대부extractive lending 가 사회적으로 생산적인 신용에 의해 대체되는 사회를 열기 위한 예비적 행위일 뿐이라고 주장한 바 있다. 오늘날 채무이행 거부는 1%의 특권이다. 은행가들은 저들의 부채탕감을 기대해 온 유일한 행위자들이다. 그리고 코크 형제와 같은 고탄소 산업가들은 자신들이 지고 있는 생태부채 상환을 거부하는 유일한 존재들이다. 그러나 부채를 거부하는 역할은 지금껏 가장 큰 부담을 떠안도록 요구받아 온 사람들 편으로 넘어가고 있다. 그러한 과정이 제대로 진행된다면 상호부조·공통재·사회적 협동·공공의 풍요에 기반을 둔 새로운 경제, 그리고 자기조직화·완전한 수준의 참여·모든 강제로부터의 자유에 기초한 실질적 민주주의를 건설하기 위한 지속적인 노력과 틀림없이 조화를 이룰 것이다. 초보적인 시도들은 이미 다양한 형태로 이루어지고 있다. 따라서 어쩌면 탈자본주의 시스템의 실현은 초인적인 노력이나 국가[권력]의 장악을 필요로 하지 않을 수도 있다. 나는 이어지는 절들에서 이러한 시도들의 포괄적인 조사 결과가 아니라 그 사례 및 경향들의 표본을 제시하고자 한다(포괄적인 조사 결과는 〈새로운 경제를 향한 지구적 전환〉 혹은 〈사회연대경제 촉진을 위한 대륙 간 네트워크〉를 참조하기 바란다).14

---

14. 〈새로운 경제를 향한 지구적 전환〉(The Global Transition to New Economy,

이러한 시도들 가운데 일부는 시범적 프로젝트들로서 부채 약탈자에 대한 통제가 가능하다는 것을 보여 주기 위해 수행되었다. 예컨대 〈부채타파운동〉이 2012년 9월 (월가 점거 1주년에 맞춰) 공공교육 활동의 일환으로 『부채에 저항하는 사람들을 위한 행동 안내서』DROM 15를 발간한 것도 바로 이러한 취지에 따른 것이다. 즉, 채무자들의 채무부담을 경감시키고 그러한 부담으로부터 자유로워질 수 있는 방안에 관한 실질적인 조언을 제공한다는 것이다. DROM은 교육, 의료, 주택, 신용카드, 프린지 금융 등 부채상품을 취급하는 갖가지 부문의 대부자들이 쳐 놓은 덫에 관한 기본적인 정보를 제공한다. 그 가운데 일부는 부채산업 내부자들에게서 입수한 정보들을 취사선택한 것들이다. 또한, DROM은 독자들 스스로가 채무 재협상에서 완전면책에 이르기까지 다양한 수단들을 활용해 능동적으로 부채탕감에 나설 것을 권고한다. 이러한 수단들은 개인적인 해결책으로서 절박한 상황에 놓인 채무자들에게 도움이 될 수 있다. 하지만 DROM은 공동행동이야말로 문제의 시스템에 효과적으로 맞서 싸울 유일한 방법임을 철저하게 강조한다.

---

http://gtne.org은 〈신경제학연구소〉, 〈신경제재단〉, 〈지속 가능한 미래를 위한 이해당사자 포럼〉, 〈녹색경제연합〉의 프로젝트이다. 또한 http://www. neweconomyworkinggroup.org/에 실린 〈신경제 실무그룹〉의 행동 지침을 참조하기 바란다. 미국 여러 도시에서 추진된 다양한 신경제 기획들의 지도를 그리려는 프로젝트는 〈미국 연대경제 네트워크〉에 의해 시작되었다. 이에 관한 내용은 http://www.shareable.net/blog/how-to-map-the-new-economy-in-your-city에서 찾아볼 수 있다. 또한, 〈사회연대경제 촉진을 위한 대륙 간 네트워크〉(Intercontinental Network for the Promotion of Social Solidarity Economy, RIPESS)(http://www.ripess.org)의 활동상도 참조하기 바란다.
15. [옮긴이] DROM 원문은 http://strikedebt.org/에서 찾아볼 수 있다.

그 핵심적인 메시지는 다음과 같이 요약된다.

우리가 세계의 금융기관들에 던져 줄 말은 단 한 마디뿐이다. 우리
는 당신들에게 한 푼도 빚진 것이 없다. 우리는 우리의 친구, 가족,
공동체, 인류, 그리고 우리의 삶을 가능케 하는 자연계에 모든 것
을 빚지고 있다. 우리가 사기적인 서브프라임 모기지 투기꾼에게서
차입한 한 푼 한 푼, 채권추심업체에 더는 지불하지 않으려는 한
푼 한 푼은 우리의 공동체와, 우리가 사랑하고 존중하는 사람들에
게 돌려주어야 할 우리 자신의 삶과 자유의 편린이다.

"누가 누구에게 빚지고 있는가."에 관한 위의 해석이 보편적 에토스
로 수용될 경우, 이 해석은 만연한 부채심리psychology of indebtedness
가 전복되어야 함을 시사한다. 하나의 경제적 규범으로서, 이와 같
은 해석은 오늘날 헛되이 쓰이고 있는 잉여가 대안적인 경제의 재
원으로 활용될 수 있는 길을 알려 준다. 우리가 은행들 수중에 넘
겨주는 부당한 채무원리금 상환액 전부─엄청난 액수의 가처분소
득─를 되찾아 진정으로 유익하고도 공동체 지향적인 방식으로 활
용한다면, 지속 가능하면서도 사용을 목적으로 하는 신용 시스템
credit-for-use의 재정적 비용을 감당하는 데 크게 도움이 될 것이다.

DROM이 발간되고 두 달이 지난 후에 〈부채타파운동〉은 혁신
적인 부채탕감의 표본인 〈롤링 주빌리 프로젝트〉를 출범시켰다. 일
정 기간 (대체로 90일에서 180일) 채권 "변제"가 이루어지지 않을
시 은행들과 기타 대부기관들은 문제의 채권들을 처분하게 되어

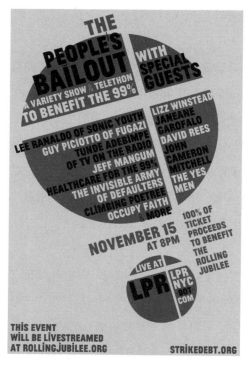

있다. 따라서 이 채권들은 유통시장에서 헐값으로 매각되며, 대부기관들은 세법상 매각된 채권들을 "대손" 처리할 수 있다. 많은 경우 은행들의 직접출자를 통해 운영되는 추심업체들은 매우 싼 값에 채권을 매입한 다음 전액을 징수하려고 시도한다. 이윤 폭(채권 매매가격과 추심 수익 간의 차액)은 막

〈민중의 구제금융:99%를 위한 버라이어티 쇼 및 마라톤식 모금 방송〉 홍보 포스터[사진:르 쁘와종 후쥬(Le Poisson Rouge)]

대하다. 이 베일에 싸인 시장을 차지한 자들은 사람들의 곤경과 불행을 냉혹하게 이용하는 폭리 취득자들이다. 〈롤링 주빌리 프로젝트〉를 떠받치는 발상은 할인 매각된 대출채권 일부를 매입해서 폐기하기 위한 재원을 모금한다는 것이다. 이 프로젝트는 미수금 징수 대행업체들처럼 채권을 추심하는 대신 오히려 그것을 말소함으로써 빚진 사람들을 일체의 채무 부담에서 구제하고자 한다. 〈롤링 주빌리 프로젝트〉는 장시간 TV 모금방송을 통해 세상에 알려

지고, "민중에 의한, 민중을 위한 구제금융"으로 선전되었다. 이로써 이 프로젝트는 정부가 채무자들에 대한 의무를 내팽개친 곳에서, 크라우드소싱에 동참한 기부자들이 채무자들에게 다소간의 지원을 제공하고 그들과의 연대를 표명할 기회를 열어 주었다. 롤링 주빌리는 소식을 접한 사람들 사이에서 공감을 불러일으켰고, 단 몇 주 만에 50만 달러([비축]기금이 서서히 줄어들기 시작한 2013년 12월까지 63만5천 달러)를 모금했다. 이는 예상치보다 10배나 많은 액수였다. 매입비용이 얼마나 저렴했던지 모금액의 3분의 2만으로도 1년 사이에 약 1천5백만 달러 상당의 부채를 폐기하기에 충분했다. 우리는 애초에 예상했던 20:1의 비율이 아니라 매입비용의 50배에 달하는 부채액을 폐기할 만큼 값싸게 채권들을 사들일 수 있었다. 말소된 부채 대부분은 의료부채이며, 그중에서도 많은 부분은 응급실 이용으로 생겨난 것들이다. 선택의 여지가 없는 상태에서 극도의 강박 상태에 놓였던 사람들에게 그들의 능력으로는 도저히 지불할 수 없는 병원비가 부과되어 온 것이다.

〈롤링 주빌리 프로젝트〉는 수백 명의 채무자를 구제했을 뿐만 아니라 채권 유통시장의 약탈적 기초를 폭로하는 데도 이바지했다. 채권추심업체들로부터 끈덕지게 시달림을 당하는 차용자 중에서 자신들을 괴롭히는 이 업체들이 얼마나 헐값에 대출채권을 사들였는지 알고 있었던 사람들은 과연 몇이나 될까? 최초 대부자들이 채권 유통시장 매각용 부실채권들을 포트폴리오로 묶기 전에 문제의 채권들을 대손상각 처리하고 은행에 대한 또 하나의 구제금융인 세금감면 혜택을 누린다는 것을 얼마나 많은 사람이 알고 있었

"5센트에 사들여 1달러를 뜯어내다." 〈롤링 주빌리〉 디지털 밈.
2012년 11월(사진: 〈부채타파운동〉)

을까? 이러한 실상에 관한 정보는 채무자들의 심리 상태를 변경시켜 그들에게 채권 추심원들의 협박 전화에 맞설 수 있는 도덕적 방어수단을 제공한다. 이 프로젝트의 바이러스와도 같은 순환은 실제로 곤경에서 벗어났음을 알리는 편지를 받은 롤링 주빌리 채무자들보다 훨씬 더 많은 사람들 사이에서 그러한 정보가 퍼져 나가도록 만들었다. 부채 폐기가 가능함을 보여준 이 단순한 행동은 〈롤링 주빌리 프로젝트〉에 기여하거나 소식을 접한 사람들에게 자본주의의 실재에 생겨난 중대한 파열구는 아닐지라도 적어도 괄목할 만한 경험으로 다가왔다. 이와 같은 행동들이 실질적으로는 매우 제한된 영향만을 미칠 수도 있다. 하지만 이 행동들은 우리의 정치적 상상력을 확장한다. 비록 우리의 상상력이 여전히 '대안은 없다'는 저 혐오스러운 상투적 문구에 의해 제약당하고 있는 것은 사실이지만 말이다. 롤링 주빌리 활동을 수행한 이들은 곤경에 빠진 타인들을 도우려는 평범한 사람들이었다(그들 대부분은 소액 기부자들이었다. 반면 대형 기관들의 기부 제의는 거부되었다). 그로 인해 이 활동은 행동하는 상호부조의 표본으로 받아들여졌다.

이 프로젝트를 통해 용기를 얻은 사람들은 롤링 주빌리 팀에 진심이 담긴 수만 건의 메시지를 보내왔다. 무감각한 냉소주의자들이라면 다음과 같은 말들에서 아무런 감정을 느낄 수 없었을지도 모르겠다.

"이번 일은 정말로 아무 데도 기댈 곳이 없던 제게 희망을 안겨 주었습니다."
"당신들의 모금행사에 관한 글을 읽으면서 눈물을 흘렸습니다."
"수중에 가진 것은 없지만 1달러를 보낼 수밖에 없었습니다."
"이것이 한때 내가 바람직하다고 믿었던 아메리카입니다. 이제 다시 한 번 믿음을 가져 보려 합니다!"

그렇지만 아마도 다음과 같이 더욱 전투적인 메시지들은 그들의 의욕을 북돋아 주었을 것이다.

"이것은 '빌어먹을 자본주의' 상점의 폐점세일이나 마찬가지다."

롤링 주빌리는 소규모 공공교육 프로젝트로 계획되었다. 그것은 어떤 식으로든 부채 위기에 대한 실현 가능한 대안으로 고안되지 않았다. 다시 말해 폐기된 1,500만 달러어치의 채권은 채권 유통 시장의 총거래량에 거의 아무런 영향도 미치지 않는다는 것이다. 그렇지만 롤링 주빌리는 각자의 고유한 목적을 성취하기 위해 이 발상을 빌려 쓰고자 하는 집단들 사이에서 광범위한 주목의 대상이 되고 있다. 그중에서도 가장 중요한 것이 신자들과 그들의 거주지 지역사회들 속에서 희년 전통을 부활시키고 싶어 하는 종교집단들이다. 일부 평론가들 역시 롤링 주빌리를 부실 국채 매입 후 원리금 전액을 받아내기 위해 소송을 제기하는 벌처펀드vulture fund에 대한 일종의 대항수단으로 간주했다. 실제로 롤링 주빌리 출범을 정확히 한 달 앞둔 시점에 벌처펀드 중에서도 악랄하기로 손꼽히는 엘리엇 매니지먼트Elliot Management가 가나 해안에 정박 중이던 아르헨티나 해군 함선을 압류하는 일이 벌어졌다. 이 사건은 2001년 채무불이행 선언 이후 아르헨티나 정부로부터 헐값에 매입한 아르헨티나 국채의 전액상환을 강요하기 위해 이 회사가 최근 들어 쏟아부은 노력의 결과였다. 이 사건 직후 뉴욕 연방지방법원은 엘리엇 측의 권리를 확인하는 판결을 내렸다. 아르헨티나 경제부 장관은 이 판결을 가리켜 "사법적 식민주의"라 불렀다. 여전히 항소심에 계류 중인 이 소송에는 부정축재의 정치를 일삼았던 지도자들이 지운 외채 상환을 거부해 온 빈곤국들에 엄청난 영향을 미칠 "세기의 국가부채 재판"이라는 이름표가 붙여졌다.[16]

---

16. [옮긴이] 일반적인 예상대로 뉴욕 항소법원은 2013년 8월 엘리엇과 아우렐리우스 (Aurelius Capital Management) 측의 손을 들어 주었다. 그리고 연방대법원은 2014 년 6월 아르헨티나 정부의 원리금 전액 변제를 명령한 하급심 판결을 확정했다. 벌처펀드들의 동의를 얻기 전까지는 채무조정에 합의한 채권단에 대한 국채이자 지급이 중단되어야 한다는 최종심 판결은 아르헨티나의 '기술적 디폴트' 우려를 증폭시켰다. 그러나 그 후의 상황은 아르헨티나 정부 측에 다소 유리한 방향으로 흘렀다. G20, G77, 미주기구(OAS), 남미국가연합(UNASUR), 남미공동시장 회원국들이 벌

벌처펀드들은 지극히 손쉬운 도덕적 비난의 표적이 되고 있으며, [금융서비스 산업 내부에서조차] 천덕꾸러기 취급을 받는다. 금융서비스 산업의 통상적인 영업 관행을 너무도 쉽게 노출한다는 이유에서다. 그러나 규모의 측면을 제외하면 벌처펀드들과 채권 유통시장의 채권 매입자·추심업체 간에는 아무런 차이도 없다. 롤링 주빌리 팀이 단기 행위자로 참여한 채권 유통시장은 일상화된 강탈의 공간이다. 이 세계에서 채무자들은 이미 오랫동안 상환해 온 부채를 갚기 위해 관례적으로 돈을 더 빌리도록 요구받거나 그도 아니면 빚을 갚는 데 쓰일 신용대출을 거부당한다. 그들은 종종 채무미변제를 이유로 신체적 위해, 소송, 구금, 기소, 수감의 위협에 직면한다. 또한, 그들의 부채액과 법으로 규정된 채무 현황 정보 고지도 허위로 이루어지기 일쑤다. 〈도드-프랭크 금융개혁법〉에 따라 신설된 감독기관 〈소비자금융보호국〉도 공화당 측의 오랜 의사방해 이후에야 업무에 들어갈 수 있었다. 〈소비자금융보호국〉은 그 첫 번째 조치의 일환으로 채권추심업계의 "불공정 행위·사기 행위·권한 남용 행위"를 더욱 철저하게 조사해서 고발한다는 방침을 공표했다. 미국의 채권추심 부문은 현재 4,500개가 넘는 회사들을 포괄하면서 수십억 달러 규모의 자금을 운용하고 있다.

만약 〈소비자금융보호국〉이 실제로 채권추심업계에 대한 규제를 강화할 수 있다면, 취약한 채무자들에게 불법적으로 부과되고

처펀드의 행태에 반감을 표하며 아르헨티나의 입장을 지지하자 IMF, 〈국제자본시장협회〉(ICMA)조차 벌처펀드 비난 대열에 합세했기 때문이다.

있는 고통은 경감될 것이다. 그러나 우리는 채권추심업체들의 필요성이 사라질 날을 기대해야 한다. 지금처럼 사적인 위협과 공적인 강제에 의해 실행되는 한 현재의 투기적 신용 시스템은 사회적 필요와 생산적 사용의 원리에 기초해 신용을 이용할 수 있는 경제로 대체되어야 한다. 완숙한 왕당파적 국면의 금융산업에 대한 공적 규제는 극적인 실패로 돌아갔다.[17] 전통적인 소매금융을 더욱 위험한 투자은행으로부터 분리시키는 보호막ringfence 또는 차단벽 Chinese wall의 형태로 나타난 21세기판 〈글래스-스티걸법〉[18]이 금융계의 공정성과 염치를 되살려 낼 것이라는 믿음은 망상일 뿐이다. 은행가들은 그러한 규칙을 실제로 준수할 마음이 없으며, 자신들의 앞길을 가로막는 모든 공직자를 매수할 능력이 있음을 입증해 왔다.

소비성장이나 자본축적에 의해 추동되지 않는 거시경제를 기획하려는 시도는 쉽지 않은 일로 보일 수도 있다. 심지어 저 한 쌍의 강요된 원칙이 우리들 대다수가 공동선으로 여기는 것을 왜곡하고

---

17. 더욱 엄격한 규제 형태에 관한 상세한 설명은 Alternative Banking Group of Occupy Wall Street, *Occupy Finance* (September 2013) 8장에 실려 있다. 이 자료는 http://www.scribd.com/doc/168661471/Occupy-Finance에서 찾아볼 수 있다.

18. [옮긴이] 대공황기에 은행개혁과 투기규제를 목적으로 제정된 법. 공식 명칭은 〈1933년 은행법〉(Banking Act of 1933)이지만 제안자들(Carter Glass & Henry B. Steagall)의 이름을 따서 〈글래스-스티걸법〉으로 불리어 왔다. 상업은행과 투자은행의 겸업 금지, 예금이자 상한제, 연방예금보험공사 창설 등을 골자로 했다. 겸업 금지 규정에 따라 이후 골드만삭스·리먼브라더스 등은 증권 업무 중심의 투자은행으로, 뱅크오브아메리카·시티뱅크 등은 여수신 업무 위주의 상업은행으로 전문화되었다. 예금이자 상한제와 은행의 증권업 경영 금지 조항은 1980년 〈금융제도개혁법〉에 뒤이어 예금금리가 자유화되고, 1999년 금융산업 현대화를 명분으로 한 〈그램-리치-브라일리법〉(Gramm-Leach-Bliley Act)이 제정됨에 따라 자동 폐지되었다.

오염시킨다는 사실을 알고 있는 사람들조차 그처럼 생각할 수 있다. 혹자들에게는 안정상태의 경제steady-state economy를 달성하기 위해 생산과 소비의 규모를 축소한다는 탈성장의 기본 원리가 위험을 무릅쓰고 시도해 볼 만큼 충분한 설득력을 갖지 않는 것처럼 보일지도 모른다. 탈성장을 옹호하는 경제학자들은 전문가들과 일반 민중들의 여론 지형에서 주변적인 지위를 점할 뿐이다. 그러나 후속할 협동적 경제의 기본적인 구성요소들은 다양한 상호부조적 기업들과 비영리적 신용 기획들 속에 이미 산발적이고 단편적인 모습으로 현존한다. 필요한 요소 중 많은 것들이 이미 발명되어 일상적으로 활용되고 있다. 이러한 실천들은 자본주의 "내부에서" 이루어지긴 하지만 본질적으로 비자본주의적이다.[19] 그 가운데서도 공통재에 기초한 기획들은 점점 더 성공에 이르는 길로 선호되고 있다. 이러한 선호 경향은 특히 아나키즘의 영향을 받은 그룹들 사이에서 두드러진다. 이 그룹들은 협동적 운영을 중시하는 상호부조 구상들에 각별한 관심을 기울인다. 이를테면 〈진짜 자유시장〉Really Free Market, 물물교환 네트워크, 공동체 화폐, 무료 나눔free cycle, 시간은행, 선물경제, 무료 상점free store, 해커 공간hacker space, 지역공동체 크라우드펀딩, 협동 주거co-housing, 자기교육 운동 등이다.

---

19. 대안경제에 대한 보다 체계적인 논의로는 Michael Albert, *Parecon : Life After Capitalism*(New York : Verso, 2003)[마이클 앨버트, 『파레콘 : 자본주의 이후, 인류의 삶』, 김익희 옮김, 북로드, 2003]; Gar Alperovitz, *America Beyond Capitalism : Reclaiming Our Wealth, Our Liberty, and Our Democracy* (Boston : Democracy Collaborative Press and Dollars and Sense, 2nd edition, 2011); Richard Wolff, *Democracy at Work : A Cure for Capitalism* (New York : Haymarket, 2012) 등이 있다.

은행계좌 이전의 날로 선포된 2011년 11월 5일 월가 점거운동의 주도로 은행계좌를 신용협동조합 계좌로 변경할 것을 촉구하는 캠페인이 시작되었다. 월가가 보여준 사기와 탐욕에 혐오감을 느껴서건 단지 은행 [직불카드] 수수료 인상에 염증이 나서건 첫 석 달 만에 무려 560만 명의 대형은행 고객들이 [신용협동조합으로] 예금을 옮겼다.[20] 그 결과 미국의 7,200여 신용협동조합이 포괄하는 조합원 수는 이미 9천5백만 명(총자산 규모로는 1조 달러)을 넘어섰으며, 지금도 급속히 증가하고 있다. 영국의 조합원 수는 페이데이 대부업체들에 대한 캔터베리 대주교의 선전포고로 가입자가 늘어나기 전인 2013년 7월 이미 100만 명에 이르렀다. 성공회 지역 교회들이 대안적인 비영리 금융서비스 실험에 복무하는 신용협동조합들을 운영케 한다는 그의 결정은 심지어 보수 연정으로부터도 지지를 얻었다.[21] 미국의 경우 주로 금융 소외자들[은행 계좌가 없는 사람들]에게 전통적인 은행 서비스가 제공될 수 있도록 연방 우편국의 권한을 회복시키자는 캠페인이 진행되고 있다.[22]

조합원 소유의 상호적이고 협동적인 저축은행들은 19세기와

---

20. Mandi Woodruff, "The Numbers Are In : Find Out Just How Many Americans Have Ditched Their Banks," *Business Insider* (January 30, 2012), accessible at http://www.businessinsider.com/the-numbers-are-in-find-out-just-how-many-americans-have-switched-their-banks-2012-1#ixzz2bksiRAQ1.

21. Andrew Grice, "Coalition Will Support Archbishop of Canterbury Justin Welby's Plan for Credit Unions," *The Independent* (July 28, 2013).

22. Ellen Brown, "What We Could Do with a Postal Savings Bank : Infrastructure that Doesn't Cost Taxpayers a Dime," *Global Research* (September 23, 2013), accessible at http://www.globalresearch.ca/what-we-could-do-with-a-postal-savings-bank-infrastructure-that-doesnt-cost-taxpayers-a-dime/5351175.

20세기에도 널리 활용되었지만, 대부분은 1980년대 들어 수익의 주주 귀속을 의무화한 지분 소유주들의 회사로 변질되고 말았다. 이제 더욱 혁신적인 풀뿌리 기획들이 이 회사들을 대체하기 위한 준비에 나서고 있다. 주요 은행들은 잠재적 고객들에게 "자유로운 은행 이용"을 약속하는 선전용 광고 공세를 퍼붓지만, 그 결과는 정반대로 나타난다. 진정으로 자유로운 신용 시스템이라면 늘 지역사회 신규 개발사업community venture 선행투자 비용과 같은 사회적 필요를 충족하기 위해 무이자 혹은 무이자나 다를 바 없는 금리로 대부를 제공하기 위해 힘쓸 것이다. 은행점거 실무그룹은 새로운 유형의 협동적인 전국 규모 은행을 신설하려는 계획을 추진해 왔다. 이 계획은 1970년대에 창립되어 금융공황의 와중에서 파산하기 전까지 한때는 미국 최대의 지역사회개발 금융기관으로 인정받기도 했던 쇼어 은행Shore Bank으로부터 영감을 얻었다. 2013년 7월 실무그룹은 첫 성과물인 오큐파이 카드를 원형으로 삼아 〈오큐파이 금융협동조합〉 Occupy Money Cooperative을 출범시켰다. 이 카드는 일종의 선불형 직불카드로서 저비용으로도 다양한 서비스를 제공하도록 고안되었다.

1만 개가 넘는 미국 내의 노동자 소유 기업들과 노동자협동조합들도 르네상스를 구가하고 있다. 실제로 유엔 지정 '국제 협동조합의 해'인 2012년을 기준으로 40% 혹은 1억3천만 명의 미국인들이 (총 2만 9천 개에 이르는) 각종 협동조합에 소속되어 있다. 여기에는 지역 사업체들(식료잡화점, 커피숍, 극장, 탁아시설, 예술가, 의료, 택시 서비스), 대규모 농업협동조합과 전기협동조합(〈전미지방전기협동조합연맹)NRECA], 더 나아가 연합통신AP·랜드 오레이크Land O' Lakes·선키스트·에이스 하드웨어Ace Hardware·오션 스프레이Ocean Spray 등 『포춘』 선정 500대 기업들까지 망라된다. 그 대부분은 이해관계자 중심으로 운영되면서 점점 더 경제 전체에서 차지하는 몫을 키워 왔다. 주거 분야에서는 5천여 개의 지역사회개발조합들이 필수 서비스를 제공하면서 비영리 원칙에 따라 건설·관리되는 저소득층 주택을 공급한다. 전원도시운동[23]에 역사적 뿌리를 둔 공동체토지신탁Community Land Trusts은 젠트리피케이션을 차단하고 신탁 토지에 대한 담보권 행사를 미연에 방지함으로써 적정 가격의 주택, 공동체 텃밭, 기타 공공 건축물을 유지하는 데 이바지한다. 공동체지원농업은 산업적 식량 시스템에 대한 대안으로 급성장하고 있다. 이와 더불어 공정무역 운동은 개발도상국의 생산자 협동조합에 시장을 제공한다.

8만 3천여 명 이상의 노동자들과 100여 개의 자회사를 아우르는 바스크 지방의 거대한 몬드라곤 협동조합 연합체와 같은 제조업 협동조합들은 산업민주주의와 신용 공급의 모범들이다. 2009년 산업별 노동조합의 모태인 〈전미철강노조〉USW와 몬드라곤은 생산

---

23. [옮긴이] 전원도시운동(Garden City movement) : 영국의 도시계획가 에버니저 하워드(Ebenezer Howard)의 사상에서 영감을 얻은 도시계획운동. 하워드는 1899년 〈전원도시협회〉를 창립하고, 1903년 자연과의 공생·토지공유를 근간으로 런던 북부의 전원도시 레치워스(Letchworth)를 건설했다. 그는 옴스테드(Frederick Law Olmsted)의 시카고 지역 교외거주지 계획, 크로포트킨의 유기적 농·공 결합 개념, 모리스(William Morris)의 낭만적 사회주의의 세례를 받아 주거·산업·농업의 기능적 균형에 기초한 자족 도시를 이상향으로 삼았다. 하워드의 구상은 이후의 공유주택운동들에도 뚜렷한 영향을 미쳤다.

적 투자에 관심을 가진 협동조합은행 혹은 신용조합들의 자금 지원을 받아 노동조합/협동조합 복합형 조직을 창립한다는 협약을 체결했다. 이러한 조합[노동자협동조합]의 출현은 1970년대 당시 전미철강노조가 폐업한 제강공장을 회생시켜 독자적으로 운영하려던 영스타운 노동조합원들의 시도에 반대했던 전례에 비추어 보면 기분 좋은 후기라고 할 만하다. 이 새로운 협력은 그사이에 전통적인 위계적 노동조합 모델이 얼마나 쇠퇴해 왔는지를 분명히 보여주었다.[24] 아르헨티나의 공장회복 운동 fábricas recuperadas은 성공적으로 운영되는 200여 개 이상의 협동조합들을 창출했다. 이 기업들에서 일하는 노동자들은 2001년 경제위기 이후 공장주가 버리고 떠난 작업장을 재점유해서 가동해 왔다.[25] 아르헨티나의 자주관리 모델은 그리스와 스페인의 공장폐쇄에 직면한 노동자들을 고무했다. 자주관리 모델은 미국의 옛 리퍼블릭 윈도우스 앤 도어스 Republic Windows and Doors 노동자들에게도 영감을 제공했다. 이 기업은 뉴 에라 New Era라는 이름으로 회생해서 2013년 5월 영업을 재개했다. 협동조합 운동의 발상지 영국에서는 1980년대부터 협동조합의 전

---

24. 가 알페로비츠(Gar Alperovitz)는 철강 노동자들에 대한 조언자로서의 역할을 활용해 협동경제에 대한 전반적 전망에 착수했다. 그 결과물은 *What Then Must We do? Straight Talk about the Next American Revolution* (Washington DC: Chelsea Green, 2013), 28~30쪽에 수록되어 있다.

25. Lavaca Collective, *Sin Patrón: Stories from Argentina's Worker-Run Factories* (New York: Haymarket Books, 2007). 2004년 나오미 클라인(Naomi Klein)과 아비 루이스(Avi Lewis)에 의해 제작된 다큐멘터리 *The Take*, 그리고 마리나 시트린(Marina Sitrin)의 *Horizontalism: Voices of Popular Power in Argentina* (Oakland, CA: AK Press, 2007)도 참조하기 바란다.

반적인 쇠퇴 흐름이 반전되기 시작했다. 영국의 협동조합들은 오늘날 신생 소규모 식품업체들에서 거대 유통기업 존 루이스 파트너십John Lewis Partnership에 이르기까지 계속 번성하고 있다. 존 루이스 파트너십은 영국에서 세 번째로 큰 유한회사이며, 종업원들이 지분 전체를 소유한 기업이다.

주류 경제학자들은 위에서 언급된 상호부조적인 형태들을 주변적인 것으로 간주한다. 저들은 당연하다는 듯이 이러한 형태들에 "이단"이라는 낙인을 찍는다. 하지만 이 형태들 각각은 세계 곳곳의 사회들에서 장구한 역사를 거치며 작동해 왔다. 비록 생산물은 공통재이고, 모두가 신용을 이용할 수 있어야 하며, 노동자/조합원들은 참여자이자 수익자로서 관리자와 동등한 자격을 지닌 협력자라는 원리가 이 형태들을 완벽하게 규정하지는 않을지라도 최소한 이 형태들에 영향을 미치고 있는 것은 사실이다. 상호부조의 형태들은 자본주의 체계 내부에서 작동하며, 그로 인해 시장의 압력에 노출된다. 그렇지만 이 형태들이 자본주의적 원리에 의해 전일적으로 지배당하는 것은 아니다. 혹자들은 이러한 대안들을 본질적으로 다른 부류의 사례들로 간주하기도 한다. 아나키스트의 문구를 사용하자면 "낡은 세계의 외피 안에서 새로운 세계 건설하기"의 사례들이라는 것이다. 물론 아나키스트들은 일반적으로 종업원 지주제와 같은 대안이 제시하는 것보다 한층 더 근원적이거나 수평적인 민주주의적 수단을 원하지만 말이다. 예컨대 몬드라곤은 노동자 소유 기업이지만 노동자들에 의해 관리되지는 않는다. 확고한 참여 민주주의 원리로서의 자기조직화는 투명성, 정보공유, 합의를 일관되게 견지할 것을 요구한다. 마찬가지로 공통하기 — 공통재의 이용과 보존을 위한 사회적 협동의 실천 — 는 지나치게 까다로운 민주적 절차가 억압하기 쉬운 직관적인 창의력을 기반으로 확장된다.

국가의 핵심 권력을 공적 자원의 사유화에 제멋대로 활용해 온 지난 30여 년간의 신자유주의하에서 청년 세대는 공적 급여를 지켜 내려는 열의를 잃어 왔다. 따라서 기본재가 공공재와 공공서비스 형태로 공급되도록 재구성하는 과제에 대한 관심 또한 점점 식어 가고 있다. 위에서 언급한 기획들 가운데 다수는 공적 급여의 범위 외부에서 작동하며, 국영 공공사업기관 모델과도 완전히 다르다. 그러나 대안적인 경제체제를 태동시키는 일에서 국가가 반드시 배제되어야 할 이유는 없다. 향후 공통하기에 대한 열망이 훨씬 더 강력한 변화의 원천으로 자리 잡더라도 행정기관의 권한과 공적 급여는 부득이할 것이다. 금융산업의 정부 지배를 깨뜨리기 위해서는 입법기관을 철저하게 변화시켜야 할 것이다. 금융 그 자체에 관한 한 은행들이 국가의 피조물이라는 사실, 그리고 은행들을 실제로 공동체들에 유익한 서비스 기관으로 전환하기 위한 국가의 강력한 행동이 필요하다는 사실을 기억하는 것이 중요하다.

공영은행은 국가소유에 수반하는 책임을 회피하지 않는 하나의 대체 모델로서, 최근 들어 많은 관심을 끌고 있다. 미국 연방정부는 다양한 명목의 대부와 보조금 교부를 위해 140여 개나 되는 은행 및 준은행들을 운영하고 있다. 그렇지만 미국에서 공영은행은 흔치 않은 경우에 속한다. 바로 그 때문에 지역사회의 요구 충족과 관련된 공영은행의 잠재력은 신선한 매력으로 다가온다. 노스다코타 은행은 현재 미국의 유일한 주립은행이다. 이 은행은 금융시장 파탄에 대한 면역력은 물론이고 공공의 이익에 적절히 복무하는 능력 면에서도 완고한 보수주의 성향의 노스다코타 주민들 사이에서 깊은 신뢰를 얻고 있다. 노스다코타 주 농민들이 월가에 농장을 빼앗기던 1919년 당시에 창립된 이 은행은 주 정부 세입을 신용협동조합과 지역사회 은행들이 제공하는 저리 대출의 재원으로 활용하고 있다. 이러한 비영리 기관들은 지대를 추구하는 상업적 투자은행들이 거부하는 유익한 대출들을 실행하며, 주 정부의 일반기금[일반회계]에 이익금을 반환한다. 공적 소유 은행인 캐나다의 앨버타 트레저리 브랜치Alberta Treasury Branches도 비슷한 성과를 거두고 있으며, 더 나아가 유럽의 공영은행들은 막대한 액수의 유럽연합 자산까지 관리하고 있다. 이 자금들 거의 전부가 지역사회 내에서 운용되고 있으며, 고금리가 공공재와 공공서비스 요금 인상을 부추기는 일도 없다. 공통의 부는 신용부도 스와프 등 위험한 투자에 유용되지 않도록 보호되고 있다.[26] 최근 들어 월가의 신용 사기에 부를 편취당하는 데 신물이 난 수많은 국가, 지역, 도시의 당국자들은 공적으로 소유·운영되는 유사한 형태의 은행 설립 여부를 놓고 고심 중이다. 2011년 〈공공은행 연구소〉가 설립된 것도 이러한 전환을 촉진하기 위해서다.

우리에게는 국가소유 은행의 잠재력뿐만 아니라 누구나 예외

---

26. http://publicbankinginstitute.org에 소개된 〈공공은행 연구소〉의 홍보 활동을 참조하기 바란다.

없이 이용할 수 있는 공공재 또한 계속해서 필요할 것이다. 적정한 교육·의료·주택의 공적 공급은 여전히 다양한 사회·경제적 배경을 지닌 사람들을 포괄하는 대규모 정치적 조직체의 형평성을 보증할 최선의 수단이다. 공공재의 공적 공급 못지않게 중요한 것이 저탄소 생활로의 획기적인 이행이다. 이러한 이행은 당연히 재생에너지 기반시설로의 방향 전환을 요구한다. 그리고 오직 국가권력과 공적 기관들만이 요구되는 기한 내에 적합한 규모의 재생에너지 기반시설을 제공할 수 있다. 지붕마다 태양열 전지판을 설치하고 공동체의 설비 관리권을 확립하는 것은 에너지 민주주의 옹호자들의 장기적인 목표이다. 하지만 탄소배출을 줄이고 지속 가능한 대안들의 비용-효과성을 높이기 위해서는 정부 차원의 석탄화력발전소 폐쇄, 탄소세 중과重課 등 광범위한 효력을 발휘할 정책수단들도 긴급하게 요구된다.

요컨대 새로운 경제체제는 혼합경제로 귀결될 가능성이 크다는 것이다. 그것은 낡은 사회민주주의적인 의미의 혼합경제도 아니고 심지어 시장사회주의적인 혼합경제도 아닌 경제체제, 공적인 것과 공통적인 것이 더욱 교통적이고 협력적인 관계를 맺는 경제체제이다. 이상적인 경우라면 어떠한 상황에서도 어느 한편은 (효율성과 혼동되지 않는) 더 많은 민주주의의 실현 가능성이라는 기준에 따라 다른 편을 인정할 것이다. 예를 들어 창업 단계에 있는 지역사회 내의 노동자협동조합을 지원하는 일에는 신용협동조합이 더 나을 수도 있지만 한 국가 내의 여러 지역에 지부 또는 공급체인점들을 갖추고 출범한 협동조합의 경우 공영은행의 지원이 더욱 효과적일지도 모른다.

맺음말, 민주주의에 대하여

이 책은 채권자 권력의 해체와 분산 없이는 민주주의가 지켜 낼 수 있는 미래도 없다는 주장을 검토하는 데 상당한 지면을 할애했다. 대의민주주의에 대한 대중적 신뢰는 오래전부터 약화되기 시작했다. 면세 혜택을 누리면서도 기여라고는 거의 없는 초국적 기업들은 국민적 분배 몫을 공정하게 할당할 수 있는 선출된 입법자들의 능력에서 알맹이를 제거해 버렸다. 안정적인 사회보험을 체험한 적도 기대한 적도 없는 40대들이 더욱 직접적인 형태의 민주주의에 대한 강렬한 열망을 키워 왔다는 것은 놀랄 만한 일이 아니다. 조부모들은 부채를 풍족한 삶에 이르는 수단으로 기꺼이 받아들였을지도 모르지만, 실상 이들 세대에게서 아메리칸 드림이란 빚을 지지 않고 살아가는 것에 지나지 않는다. 그들은 현재 정부와 거대 금융기관들이 도저히 분리할 수 없을 만큼 긴밀하게 유착된 것으로 보고 있다. 2011년 겨울 튀니지에서 시작되어 전 세계 수천만 참여자들의 창조적 활력과 지지를 아우르며 확산된 새로운 민주주의 운동은 위에서 언급한 대안들에 대한 열망이 널리 공유되어 있음을 증명했다.

마드리드의 뿌에르따 델 솔을 비롯한 스페인의 여러 광장에 모인 인디그나도스^{indignados}[분노한 사람들]과 아깜빠다스^{acampadas}[야영자들], 아테네 신타그마 광장을 점거한 아가낙티스메노이[aganak-tismenoi[분노한 사람들], 주코티 공원과 세계 곳곳의 수많은 장소에 모여든 월가 점거시위 지지자들은 전체 민중의 희생을 대가로 경제적 과두세력에게 이득을 안겨 주는 이중기준의 폭로에 만족할 수 없었다. 대안사회의 청사진이 공개적으로 표명되어야만 했다. 이러한 청사진의 일부 내용은 지구적 정의 운동에서 빌려온 "이것이 바로 민주주의!"라는 강령으로 제시되었다. 이 강령은 스페인의 "데모끄라시아 레알 야!"[¡Democracia Real YA!, 그리스의 "아메시 디모크라티아 토라!"Amesi Dimokratia Tora!, 영국, 독일 등지의 "리얼 데모크라시 나우!"Real Democracy Now!, 아랍 곳곳에서 울려 퍼진 "앗샤압 유리드 으스꽛 안니담!"Ash-shab yurid isqat an-nizam![체제를 전복하라!]이라는 요구와 함께 어우러졌다. 합의적 의사결정에 기초한 민중집회(그리고 대변인 회의)는 면대면 토의의 진기한 경험을 제공하면서 놀랍도록 공개적으로 그러한 토의의 광경을 시연해 보였다. 민중집회들은 다채로운 점거운동 실무그룹들의 노고가 집약된 회의와 활동들의 과정에서 공개적인 발언과 자율적인 행동의 기회를 제공했다.

소규모 공동생활체micro community를 건설하려는 민주적 실험도 마찬가지로 활발하게 펼쳐졌다. 점거운동가들은 세계 언론의 주목 속에서 주코티 공원이라는 사적으로 전유된 공적 공간을 공동 취사장, 거리의 의사들, 위생관리팀, 사회적 노동자들, 자유대학, 그리고 자치도시에 준하는 다양한 시설들을 적소에 배치한 공유지로 탈바꿈시켰다.[27] 이 공간에서 상호부조의 원리는 철저히 참여자들 모두에게 유익함을 제공할 수 있도록 실험되었다. 음식을 구하기 위해, 그리고 잠시나마 사회적 멸시에서 벗어나기 위해 찾아드는 오갈 데 없는 사람들에 대한 처우는 주코티 공원의 예시적 공동생활체가 자본주의 사회에 의해 한계선상으로 내몰린 사람들을 환대할 수 있을지를 판단하는 시금석이 되었다.[28] 점거운동은 모든 사람에게 공간을 제공했다. 따라서 얼마나 많은 사람이 "자본주의의 해로운 영향 아래 놓여 있었던가"를 고려하면 다소간의 부적절한 행동은 예상 가능한 일이었다. 점거운동 주체들은 다양한 성향을 지닌 사람들이었지만, 그들 사이에는 아나키즘적인 행동규칙에 따라 자유롭게 움직인다는 무언의 합의가 존재했다.[29] 가장 중요한 한 가지 교훈은 진정으로 자유인답게 행동하기 위해서는 상당한 수준의 단련과 규율이 필요하다는 것이었다. 그 필요성은 특히 예상되는 경찰의 억압과 충돌하는 것까지를 포함하는 직접행동에서 두드러진다. 수많은 점거운동 주체들이 이러한 충돌을 용납할 수 없을 만큼 폭력적이고 부조리한 국가기구와의 피할 수 없는 결전으로 간주한다.[30]

---

27. Writers for the 99 percent, *Occupying Wall Street: The Inside Story of an Action that Changed America* (New York: OR Books, 2011)[시위자 쓰고 그림, 『점령하라: 99%로부터 터져 나온 저항의 목소리, "1%를 위한 자본주의를 점령하라!"』, 임명주 옮김, 북돋움, 2012].
28. Astra Taylor, Keith Gessen et al, eds., *Occupy!: Scenes from Occupied America* (New York: Verso Press, 2012)[슬라보예 지젝 외, 『점령하라: 세계를 뒤흔드는 용기의 외침』, 유영훈 옮김, 알에이치코리아, 2012].
29. Nathan Schneider, *Thank you, Anarchy: Notes from the Occupy Apocalypse* (Berkeley: University of California Press, 2013); Mark Bray, *Translating Anarchy: The Anarchism of Occupy Wall Street* (London: Zero Books, 2013).
30. 점거운동의 특색은 *The Occupied Wall Street Journal, Occupy! Gazette, Tidal,*

데이비드 그레이버가 언급했다시피 2013년 들어 터키와 브라질에서 점거운동의 기미를 보이며 분출한 대중적 저항들은 진정한 민주주의에 대한 열망이 여전히 "전염성"을 지니고 있음을 분명하게 보여주었다.[31] 이 봉기들에는 저마다 특유한 사회적 구성, 불만의 원인, 지역적 공격 대상들이 존재한다. 그러나 이 봉기들은 흔히 수평주의자라는 꼬리표가 따라붙는ㅡ개방적이고, 지도자가 따로 없으며, 인민주의적이고, 합의적인ㅡ공통의 특성을 공유한다. 수평주의는 아르헨티나에서 2001년 민중봉기의 일환으로 채택된 일종의 작업 개념이다. 하지만 이 개념은 곧 지구적 정의 운동을 상징하는 용어로 수용되었다. 수평주의의 합의적인 절차는 특히 미국 내에 깊이 뿌리내리고 있다. 아메리카 민주주의의 인디언적 기원을 조사하는 학자들이라면 〈이로쿼이 연맹〉의 공동주택[32]에서 그러한 절차

The Occupied Times of London 등 점거운동 주체들이 발행한 정기간행물들에 가장 정확하게 기록되어 있다.

31. David Graeber, The Democracy Project[데이비드 그레이버, 『우리만 모르는 민주주의』].

32. [옮긴이] 〈이로쿼이 연맹〉(Iroquois longhouse) : 16세기 후반 무렵 형성된 북아메리카 인디언 연맹. 애초에는 뉴욕 오대호 일대에 거주하던 5개 부족(모호크, 오나이다, 오논다가, 카유가, 세네카)으로 결성되었으나 1722년 투스카로라족의 합류로 6개 부족 연맹체가 된다. 이로쿼이 구성원들은 공동주택(longhouse)에 거주하면서 자신들을 '긴 집에 사는 사람들'로 불렀다. 공동주택 내부는 칸막이로 분리된 가운데 개방된 중앙 통로를 통해 연결되었다. 부족들은 공동회의가 열리는 공동주택 중앙의 모닥불을 연맹의 상징으로 삼았다. 연맹의 의사결정은 합의제로 운영되는 대회의(Grand Council)를 통해서 이루어졌다. '위대한 평화의 법'으로 불린 헌법에 따라 부족 내부의 문제는 각 부족 스스로 결정했고, 대회의에서는 조약, 국경분쟁, 전쟁, 강화 협상 등 연맹 전체와 관련된 사안이 논의되었다. 벤저민 프랭클린(Benjamin Flanklin)이 이로쿼이 공동주택에서 얻은 영감을 미국 헌법에 투영했다는 사실은 익히 알려져 있다.

의 유래를 찾을 수 있을 것이다. 앵글로 커뮤널리즘Anglo Communal-ism의 연대기에서 합의적 절차가 차지하는 지위는 대체로 퀘이커 교파의 관습과 결부되어 있다. 더 정확히 말하면 점거자 총회의 절차와 규칙 중 많은 부분은 퀘이커 교파의 문화로부터 영감을 얻은 1970~80년대의 〈조가비 연맹〉Clamshell Alliance에서 나온 것들이다. 수평적 절차는 시민권 운동과 여성운동에도 보급되어 구좌파의 하향식 리더십 문화에 대한 대안으로 수용되었다.

현시점에서 수평주의는 사회의 일상적 활력소로 자리 잡았다고 평가할 만하다. 하지만 수평주의가 과연 대의민주주의의 역할을 대체할 수 있을까? 아마도 당분간은 어려울 것이며, 설령 가능하다 하더라도 지역적 집회의 범위를 넘지는 못할 것이다. 그러나 수평주의는 세대 관습으로 단단히 뿌리내려 왔고, 어떻든 미래의 시민적 행동 규범으로 자리 잡아 나갈 것이다. 이것이 바로 진정한 민주주의라면, 우리 모두는 워싱턴-월가 부채동맹axis of debt의 통치 아래 놓인 현재의 민주주의 형태를 부채의 지배라는 더욱 정확한 이름으로 불러야 할 것이다. 하지만 비난조의 명명하기란 쉬운 일이다. 맑스의 말처럼 문제는 정작 그것을 변혁하는 데 있다.

:: 감사의 글

    부채저항운동의 많은 동료 활동가들이 아이디어, 토론, 영감, 공동체적 사랑으로 이 책의 집필에 도움을 주었다. 조지 카펜치스, 크리스 카수치오, 앤 라르손, 팸 브라운, 애스트라 테일러, 로라 해너, 예이츠 맥키, 데이비드 그레이버, 아론 본스타인, 토마 고키, 수잔 코야도, 수 미니, 아민 후세인, 니타샤 딜런, 닉 미르조에프, 마리사 홈즈, 크리스 브라운, 알렉산드라 페리시치, 새라 맥대니얼, 맷 프레스토, 앤드루 힐러, 크리스티나 대니얼, 샤이암 칸나, 자크 라로슈, 힐러리 굿프렌드, 브라이언 칼브레너, 니콜 할라, 루크 헤린, 크리스틴 낼랜드, 숀 맥알핀, 크리스띠앙 메히아, 샌디 너스, 제리 고랄닉, 짐 콘스탄조, 마이크 앤드루스, 스티븐 트란-크레게, 막스 코헨, 라이언 히키, 로버트 옥스퍼드, 더그 배럿, 닉 캐터비치, 마이크 모니셀리, 사라 버크, 저스틴 위드스, 모니카 존슨, 한나 아펠, 비올라 제제, 매튜 팅커, 르네 가브리, 아이린 아나스타스, 빌 탈런, 자끄 서빈, 실비아 페데리치, 애슐리 도슨, 마리나 시트린, 네이던 슈나이더, 오스틴 게스트, 마크 리드, 말라브 카누가, 모건 벅, 코너 토머스 리드, 잭 그린, 잉그리드 버링턴, 레이나 보카르, 크리스 캐스퍼, 애니 스펜서, 니나 메타, 카일 벤튼-코넬, 졸탄 글뤽, 미셸 하디스티, 아이샴 크리스티, 크리스티 손턴, 스튜어트 슈레이더, 대니얼 코헨, 그리고 함께 붙잡혀 있던 로럴 프탁과 매튜 코너스가 그들이다.

동료 저술가 사라 재피, 마이크 콘찰, 크린 조한센, 앨런 컬린지, 스티브 프레이저, 리처드 디인스트, 마이클 하트, 크리스 뉴필드, 타마라 드라우트, 사미르 손티, 아돌프 리드, 제프 윌리엄스, 프레드 모튼, 애냐 카메네츠, 니키 핀투, 세스 애커먼, 팸 마튼즈, 레이첼 지 그녀는 부채의 킬링필드 여정을 함께 헤쳐 왔다.

〈섹스턴 계획에 반대하는 뉴욕대학교 교원모임〉FASP에서 중추적인 역할을 수행했던 동료 마리 모나코, 마크 밀러, 레베카 칼, 몰리 놀란, 버텔 올만, 크리스틴 해링턴, 애덤 베커, 제프 굿윈, 짐 유레만, 안젤라 지토, 패트릭 디어, 보 리꼬보노, 데니스 지러니머스, 애나 매카시, 로비 코헨, 스티브 던컴, 바버라 와인스타인, 마이클 레컨월드, 어네스트 데이비스, 다니엘 홀크, 린다 그로스에게도 심심한 사의를 표한다.

이 책의 편집자이자 친구인 콜린 로빈슨(자넨 결코 혼자가 아니라네), 그리고 존 오크스와 다시 일하게 되어 참으로 즐거웠다. 나타샤 루이스, 에밀리 프라이어, 저스틴 험프리스, 코트니 안두야르는 오어 북스OR Books 최고의 팀이었다. 원고 작성에 도움을 준 잭슨 스미스에게도 고마운 마음을 전한다.

아내 매기는 "오큐파이 생과부"인 척하면서도 변함없는 지지를 보내 주었다. 그리고 [어린 두 딸] 졸라와 스텔라가 가장 이른 나이의 작고 귀여운 붉은 정사각형들로 자란 것을 진심으로 기쁘게 생각한다.

지구적 부채저항운동을 기다리며

부채의 지배, 그 일상의 단면들

겨우내 비상계단 한구석에 세워 두고 눈길조차 주지 않았던 낡은 자전거 바퀴에 공기를 주입했다. 탱탱하게 부풀어 오르는 타이어를 보면서 오늘만은 기어이 바닷가로 난 오솔길을 달리며 새벽바람을 쐬고 오리라 마음을 다잡았다. 안장 위에 수북이 앉은 먼지를 마른 걸레로 대충 훔치고 서둘러 집을 나섰다. 쌩하니 앞질러 가는 차들을 슬금슬금 곁눈질하면서 부지런히 페달을 밟았다. 이제 나지막한 언덕 하나만 오르면 외국인 전용 카지노와 위락시설이 들어선다는 △△시티 부지가 한눈에 들어올 것이다. 저 멀리 연륙교를 배경으로 흉물스럽게 늘어선 일곱 개의 네모난 입간판이 맨 먼저 모습을 드러낸다. 벌써 몇 년째 저 자리에서 비바람을 맞고 서 있다. "금·나·와·라·똑·딱, ××경제자유구역청." 짜증도 시효가 있는 것인지 피식 헛웃음이 새어 나온다.

허연 김이 피어오르는 냄비를 식탁에 내려놓고 TV 리모컨을 집어 들었다. 주섬주섬 안경을 찾아 쓰니 육중한 체구의 한국인 메이저리거가 화면을 가득 메운다. 그런데 오늘은 어쩐지 영 신통찮다. 연신 헛방망이질이다. 채널을 돌리니 낯익은 대부업체 미끼 광고가 등장한다. "첫 신용대출 고객이면 30일 동안 이자 0원!" 친절하게도 '대출은 수입과 지출을 고려해 계획적으로' 받으라는 충고까지 아끼지 않는다. 신경질적으로 채널을 이리저리 돌리다 이내 TV를 꺼 버렸다. 밥상을 물리고 나니 노곤함이 빠르게 밀려왔다. 잠시라도 소파에 몸을 누이고 싶은 마음은 간절했지만 산더미처럼 쌓인 설거지감이 슬슬 걱정되기 시작했다. 결국 그릇부터 닦기로 작심했다. 설거지통이 비어 갈수록 기분은 점점 더 상쾌해졌다. 나도 몰래 콧노래가 흘러나왔다. "18××─8282, ○○ 저축~은행♬."

집 앞 정류장에서 버스를 기다리고 섰다. 벌써 20분째다. 이러다 늦을지도 모른다. 식은땀이 나기 시작했다. 마트 옆 공터에 진을 친 유세 차량 확성기에서 흘러나오는 장광설이 점점 지겨워졌다. 시장 재임 시절 '용산 개발사업'의 열 배도 넘는 메가 프로젝트를 성사시키겠노라 애드벌룬을 띄우다 통째로 엎어먹은 인사다. 국회로 보내주면 이번에는 지역개발 한번 원 없이 해보겠다며 거품을 제대로 문다. 버스는 좀처럼 오지 않았다. 서서히 뒷목까지 뻣뻣해졌다. 결국 건너편에서 하염없이 손님을 기다리던 택시를 이용하기로 했다. 늑장을 피운 것도 아닌데 아까운 택시비를 지출하자니 영 입맛이 썼다. '빈곤세'란 아마도 이럴 때를 두고 하는 말일 것이다. 횡단

보도를 건너자 초로의 여성이 다가와 익숙한 솜씨로 전단지를 건넨다. "사장니~임, ××아파트 모델 하우스 보고 가세요. 구경만 하셔도 두 냥짜리 순금 열쇠 추첨권 드려요." 사탕 봉지와 물티슈만 낚아채듯 받아들고 황급히 택시에 올랐다. 택시는 텅 빈 거리를 총알처럼 달려 5분 만에 새로 생긴 역사 앞에 나를 내려놓았다. 썰렁한 역사 주변에 내걸린 현수막이 바람에 펄럭거렸다. "△△ 골드코스트 호텔 객실 분양, 확정수익 연 8%, 총투자액 60% 대출 알선! 실투자금 3천만 원에 2채! 연금처럼 매월 180만 원 입금!"

오늘도 ㅁㅁ은 오지 않았다. 벌써 여러 번이다. 어쩌다 수업에 들어올 때도 천 근 같은 무게로 떨어지는 눈꺼풀을 이기지 못하고 이내 '묵언수행'에 들어가 버린다. 그래서일까. 나는 여태껏 그와 눈인사를 나누거나 말을 섞는 학생들을 본 적이 없다. 그는 올해로 10년째 학적부에 올라 있다. 그래도 만년 3학년이다. 그가 몇 번의 휴학과 복학을 반복했는지는 아무도 모른다. ㅁㅁ과의 인연이 시작된 것은 5년 전쯤이다. 그 무렵 나는 그를 입신의 꿈을 안고 '용맹정진'하는 고시생쯤으로 여겼던 것 같다. 아마도 '올드한' 복색과 낮은 출석률 때문이었으리라. 결석이 잦아 낙제점을 매기려던 차에 그가 불쑥 나를 찾아왔다. 그는 낮고 주눅 든 목소리로 생활고 탓에 시급 4,300원짜리 아르바이트에 주야로 매달릴 수밖에 없는 자신의 절박한 사정을 털어 놓았다. 가끔씩 벌이가 되는 일감이 생기면 지방까지 원정 아르바이트를 다닌다고도 했다. 방학 때면 거제도 어느 소규모 조선소에서 일한다는 이야기도 들은 것 같다. 학자금 대

출은 이미 받을 만큼 받은 듯했다. 당연히 성적은 바닥권을 맴돌았다. 그러니 그에게 스펙이니 어학연수니 하는 것들은 죄다 다른 세계의 일이었을 것이다. 과제물을 제출할 테니 낙제만 면하게 해달라는 '늙은' 학생의 통사정은 뿌리치기 어려웠다. 그 후로도 그와 나 사이에는 비슷한 '거래'가 몇 차례 더 성사되었다. 그 몇 년 사이에 최저시급은 무려 6,030원으로 '폭등'했다. 불 꺼진 강의실을 나서며 오늘은 □□에게 다음 수업에 꼭 나와 달라는 메일을 보내야 하나 고민에 휩싸였다.

되살아난 채무노예제

이 토막 이야기들은 옮긴이들 가운데 한 사람이 하루 동안 겪은 일을 두서없이 늘어놓은 것이다. 그러나 이 소소한 일상의 단면들은 부채가 지배하는 사회에 관해 말할 수 있는 수많은 에피소드 가운데 극히 일부에 지나지 않는다. 게다가 오늘날 우리 시대의 자화상은 위에서 묘사한 것보다 훨씬 더 음울한 색조를 띠고 있다.

바둑판처럼 구획된 전국의 대도시들에서 번갈아 자행되는 젠트리피케이션은 하루가 다르게 주거비용을 치솟게 하면서 주거난민들의 삶을 벼랑으로 내몰고 있다. 전세난에 시달리다 못해 빚을 내어 주택을 구입한 수많은 가구는 하우스푸어 대열에 합류하는 순간 '본원적' 부당이득자들에게 귀속될 지대 흐름을 창출하는 도시재개발 정책의 인질로 꼼짝없이 붙들리고 만다. 200만에 이르는 이 신빈곤층 가구들이 원리금 상환에 허덕이면서 행여 집값이 떨어질세라 전전긍긍하는 사이에 '도시성장연합' 엘리트와 금융자본은 지가상승과 주택저당증권 판매고 증가로 한껏 배를 불린다.

대부업 자본은 케이블과 종편 광고시장에서 큰손으로 대접받으며 한계선상의 불안정 노동자와 저소득 취약계층을 약탈적 대출의 먹잇감으로 삼고 있다. 수백만 대학생과 취업준비생의 좌절감도 깊어가고 있다. 임금노동자로 착취당할 자격을 취득하는 과정에서 생겨난 학자금 부채를 안고 '기한부 노예계약자' 대열에 들어서기를 오매불망 기다리던 청년들의 분노는 이제 임계점을 향해 가고 있다. 노인 빈곤율 OECD 국가 중 1위, 노인 자살률 세계 1위라는 최악의 지표로도 드러나듯이 폐지를 줍거나 마이너스 통장에 의지해 재앙과도 같은 장수시대를 근근이 버텨 내는 노년층의 삶도 위태롭기 그지없다. 이쯤 되면 지옥도가 따로 없다.

결국 우리 시대의 절대다수는 사회적 삶 전부를 칭칭 휘감고 있는 부채의 사슬에서 결코 자유로울 수 없다. 부채는 바늘구멍 통과하기보다 어려워진 계층상승의 기회 포착이라는 측면은 물론 생존에 필수적인 재화의 조달이라는 측면에서도 우리 삶의 전제조건으로 자리 잡은 지 오래다. 신용평가회사들이 우리의 품행에 매기는 신용평점은 사회적 기본재에 대한 접근 수단을 통제할 뿐만 아니라 우리의 행동을 사전에 예측하고 일거수일투족을 제어한다. 저들이 우리에게 내면화하기를 요구하는 '상환의 도덕률'은 우리의 수치심과 무기력감을 강화시키고 자존감과 저항의지를 갉아먹는다. 그 결과 우리는 지금 눈앞에서 금권정치의 득세와 민주주의의 파산을 지켜보고 있다.

그러나 아무 것도 끝나지 않았다

신흥국의 성장세 둔화와 세계금융시장의 불안정화를 시발로 하는 경제위기 경향이 점차 뚜렷해지자 박근혜 정권과 '한국' 자본의 대응도 점차 기민해지고 있다. 현 정부는 노인기초연금과 학교급식비 등 사회지출을 확대하라는 요구를 거부하고, 긴축의 고삐를 바짝 조여서 국가부채 문제를 '관리'한다는 가망 없는 발상에 기대를 걸고 있다. 기업부채 문제와 관련해서는 한국판 '양적 완화'를 통해 제조업체들의 선제적 구조조정을 지원하는 것으로 대응하려는 시도가 점차 가시화되어 왔다.

대대적인 부동산 경기부양 대책들이 쏟아지면서 악화일로를 걸어 온 가계부채 문제는 그야말로 속수무책이다. 현 정부가 내놓은 '가계부채 종합대책'에서는 인위적인 '미세관리' 의지조차 찾기 힘들다. 차입자의 상환능력에 대한 여신심사를 강화하고, 비거치식 분할상환을 유도한다는 예의 저 '유체이탈'형 대책은 미구에 닥칠 가계부채 거품 붕괴에 대비해서 깡통자산 보유자로 전락할 개인들에게 책임을 전가하기 위한 명분 쌓기용에 불과하다. 피해자에게 비난의 화살을 돌리는 고전적인 수법이 어김없이 재현되고 있는 것이다. 이러한 상황에서 이른바 '경제살리기법'의 통과로 노동개악이 강행된다면, 그 결과는 불을 보듯 훤하다. 대량실업과 임금삭감은 곧

바로 가계부채 거품을 폭발시키는 뇌관으로 작용할 것이다. 그 경우 이익의 사유화와 손실의 사회화라는 저 불변의 교의에 따라 사회적 개인들의 삶 전부에 대한 강탈과 노략질이 훨씬 더 격화된 형태로 재현될 수밖에 없다.

'크레디토크라시'는 '난공불락'인가? 우리를 기다리는 것은 '비인격적인 화폐적 채무관계'가 온 사회를 전일적으로 지배하는 잿빛 미래뿐인가? 이 책의 저자 앤드루 로스는 그 대답이 '지금 여기'를 살아가는 우리의 선택과 행동에 달려 있다고 역설한다. 그의 논의는 부채가 사회적 개인의 삶을 옥죄는 속박일 뿐만 아니라 모종의 '사회적 유대'일 수도 있다는 통찰에서 시작된다. 이 점에서 그 역시 리처드 디인스트가 『빚의 마법』(갈무리, 2015)에서 '상호의존에 기초한 자유로운 사회적 유대'로 묘사한 '빚'의 양가적 의미에 주목하고 있는 것으로 볼 수 있다. 왜 아니겠는가. 하지만 로스는 한 걸음 더 나아가 이러한 코페르니쿠스적인 사고의 전환이 오늘날 부채의 사슬에 저항하는 세계 곳곳의 직접행동과 대안적 실험 속에 이미 녹아들고 있음을 풍부하게 예증한다. '더러운 부채'에 대한 상환 거부와 더불어 남반구에서 시작된 부채저항운동은 그로부터 수십 년이 흐른 오늘날 1%의 채권자들에 맞서는 99%의 부채파업, 생태부채 상환을 요구하는 투쟁의 형상으로 북반구와 남반구 전역에서 되살아나고 있다. 그리고 이러한 저항의 과정에서 주목할 만한 '대안경제'의 맹아적 요소들이 새롭게 싹을 틔우거나 자리를 잡아가고 있다.

로스는 신용협동조합, 노동자협동조합, 공동체지원농업 등의 형태로 이미 세계 일부 지역에서 뿌리를 내리고 있는 '상호부조적이고 비영리적이며 공통적인' 제도와 활동을 눈여겨보라고 주문한다. 부채위기 이후 약탈적 경제 시스템에 대한 분노가 팽배한 남유럽 지역들에서 활발하게 모색되어 온 시간은행, 소셜머니, 공동체 화폐와 같은 더욱 실험적인 형태들 또한 우리의 각별한 관심을 요하는 대목이다. 비인격적인 화폐적 채무관계가 "따뜻한 사회적 유대"로 전환되고, 부채가 더는 고통스런 속박이 아니라 "서로를 북돋는 빚, 우리의 자유를 영위하는 과정에서 서로에게 지는 빚"으로 전환될 수 있는 장소가 있다면, 그것은 오직 저 부단한 '저항, 재전유, 발명'의 실험 공간들뿐이기 때문이다. 자기 자신의 실수에서 배우며 한걸음씩 나아가고 있는 이 실험적 형태들이 성공적으로 착근한다면 머지않아 태동할 지구적 부채저항운동의 연결마디이자 배후지로 기능할 수 있을 것이다.

　이 책의 미덕은 무엇보다도 부채의 지배로부터 자유로운 또 다른 존재양식을 추구하는 다양한 저항과 실험 속에 이미 잠재적인 것으로서 실재하는 코뮤니즘의 의의를 환기한다는 데 있다. 로스는 '자본의 코뮤니즘'이라는 디스토피아와 '우리의 코뮤니즘'이라는 유토피아의 상을 극명하게 대비시키는 일 따위에는 도통 관심을 두지 않는다. 그의 메시지에 담긴 요청은 간명하다. 코뮤니즘을 상상하는 데서 그치지 말고 부채의 지배에 저항하며 대안을 만들어 나가는 '지금 여기'에서의 행동에 참여하라는 것이다. 그의 요망대로 남반구와 북반구 전역을 아우르는 부채저항운동이 활성화되고, 지역 차원의 다양한 실험들을 연결하는 지구적 차원의 협동적 네트워크가 건설된다면, 그 역능은 우리의 상상을 훌쩍 뛰어넘을 만큼 거대할 것이다.

물론 이 책의 내용은 언제 어디서든 금방 활용할 수 있는 포켓용 매뉴얼과는 거리가 멀다. 하지만 저자가 우리에게 소개하는 부채저항운동과 대안적 실험의 경험들이 부채의 지배 시스템에 대한 저항 의지를 북돋고, 대안적인 존재양식과 민주주의에 관한 영감을 제공하리라는 것만큼은 분명해 보인다. 판단은 온전히 독자들의 몫이겠지만, 부채의 사슬에서 자유로운 삶을 꿈꾸면서 새로운 부채저항운동의 태동을 열망하는 이들에게 감히 일독을 권한다.

역어 선택과 관련하여 몇 마디를 덧붙이고자 한다. 먼저 이 책의 제목이기도 한 'creditocracy'라는 용어에 관한 약간의 설명이 필요해 보인다. 주지하다시피 이 용어는 'creditor'와 '-cracy'의 합성어다. 이를 그대로 옮기면 아마도 "채권자의 지배" 정도일 것이다. 그러나 저자와 영어판 출판사가 밝히고 있듯이 'creditocracy'는 "생명유지에 필수적인 욕구를 충족하기 위한 재원이 부채로 조달되는 사회"이자 "채권자 계급의 이익에 복무하는 협치 양식 혹은 권력유지 양식"을 뜻한다. 즉, "'비인격적인' 화폐적 채무관계가 사회적·개인적 삶을 전일적으로 지배하는 사회와 그 총체적 기능 양식"이라는 뉘앙스를 강하게 풍긴다. 옮긴이들은 이러한 의미를 살리기 위해 본문 곳곳에서 'creditocracy'를 '부채의 지배' 혹은 '부채의 지배 시스템'으로 옮겼다. 또한 드물지만 원어 그대로를 적시해주는 편이 나을 것으로 판단되는 대목에서는 소리 나는 대로 '크레디토크라시'로 옮긴 경우도 있음을 밝혀 둔다.

3장 셋째 절의 제목인 "당신은 빚이 아니다"라는 문장을 접하고 고개를 갸우뚱거릴 독자들이 있을지도 모르겠다. 이 짧은 글귀에는 집단적 지성만이 빚어낼 수 있는 의외로 심오한 통찰과 번득이는 재기가 깃들어 있다. 이 경우 '빚'을 부채의 지배 시스템하에서 우리가 마땅히 이행해야 할 '경제적 의무로서의 부채'로 보기는 어려울 듯하다. 뒤집어서 "우리의 자유를 영위하는 과정에서 서로에게 지는 빚"으로 읽더라도 의미가 통하지 않기는 마찬가지다. 이 문장이 말하고자 하는 바는 "당신은 무능하거나 경제적 도덕관념이 박약해서 대부분의 사람들이 자기 몫의 의무를 다하며 살아가는 이 사회는 물론 당신이 사랑하는 사람들에게까지 폐를 끼치는 '짐스러운 존재=빚'이 아니라는" 것이다. 우리가 스스로를 그러한 의미의 '빚'으로 여긴다면 저 부도덕한 '상환의 도덕률'에서 헤어날 길은 영영 사라져 버린다. 눈치 빠른 독자들은 벌써 간파했겠지만 "You are not a loan"은 발음상 "You are not alone"과 흡사하다. 실제로 오큐파이 부채거부 운동의 활동가들은 바로 이 점에 착안해 오늘날 부채 문제가 결코 개인적인 도덕 차원의 문제로 환원될 수 없음을 환기하고 있다. 이렇게 본다면 "당신은 빚이 아니다(당신은 혼자가 아니다)"라는 문장은 부당한 채무에 시달리는 수많은 사람들에게 내면의 수치심과 무력감을 극복하기 위한 공적 '커밍아웃'에 나설 것과 부채의 사슬을 걷어 내는 사회적 운동에 함께할 것을 독려하는 메시지인 셈이다.

마지막으로 그간 옮긴이들의 번역 작업에 지혜와 힘을 빌려 주신 분들께 지면을 빌어 감사의 뜻을 표하고자 한다. 먼저 거친 원고를 읽고 생산적인 의견을 제시해 주신 김상철 선생께 감사드린다. 옮긴이들의 게으름과 불찰로 예정된 기일보다 출간이 늦어졌음에도 불구하고 끝까지 차분하게 독려해 주시고 여러 가지 오류를 꼼꼼하게 정정해 주신 갈무리 출판사 편집부 활동가들께도 고마운 마음을 전한다. 옮긴이들의 변변찮은 작업이 또 다른 세계의 가능성을 모색하는 흐름에 미력이나마 보탬이 될 수 있다면, 그것은 순전히 많은 분들의 도움과 배려 때문일 것이다.

2016년 4월, 햇살이 눈부신 어느 토요일 오후

옮긴이들

장표지에 사용한 이미지 출처

37쪽 : https://www.flickr.com/photos/76657755@N04/
86쪽 : https://www.flickr.com/photos/666_is_money/
239쪽 : https://www.flickr.com/photos/zongo/
282쪽 : https://www.flickr.com/photos/armydre2008/